孫楷第文集

中國通俗小説書目

（外二種）

中華書局

圖書在版編目（CIP）數據

中國通俗小説書目：外二種/孫楷第著. —北京：中華書局，2018.10
（孫楷第文集）
ISBN 978-7-101-13442-1

Ⅰ.中… Ⅱ.孫… Ⅲ.古典小説－圖書目録－中國
Ⅳ.Z88；I242

中國版本圖書館 CIP 數據核字（2018）第 213612 號

書　　名	中國通俗小説書目(外二種)
著　　者	孫楷第
叢 書 名	孫楷第文集
責任編輯	俞國林
出版發行	中華書局
	（北京市豐臺區太平橋西里 38 號　100073）
	http://www.zhbc.com.cn
	E-mail：zhbc@zhbc.com.cn
印　　刷	北京瑞古冠中印刷廠
版　　次	2018 年 10 月北京第 1 版
	2018 年 10 月北京第 1 次印刷
規　　格	開本/850×1168 毫米　1/32
	印張 14⅞　插頁 3　字數 320 千字
印　　數	1-2000 册
國際書號	ISBN 978-7-101-13442-1
定　　價	66.00 元

孙楷第先生

孫楷第文集出版緣起

孫楷第(1898—1986)，字子書，河北滄縣人。1922年考入北平高等師範（即今北京師範大學）國文系，期間，師從楊樹達、黃侃、黎錦熙等學者，深受乾嘉學派的影響。1928年畢業後留校任教，兼中國大辭典編纂處編輯。後任北平圖書館（即今中國國家圖書館）編輯，並先後兼北京師範大學、輔仁大學、北京大學等校講師。抗戰勝利後，任北京大學、燕京大學教授。1953年，由北京大學調入新成立的中國科學院文學研究所（即今中國社會科學院文學研究所）任研究員，工作直到去世。

孫楷第先生是中國現代小説戲曲研究的開創者和奠基人。從二十世紀三四十年代起，他就着力研究中國通俗小説和戲曲，先後出版了日本東京所見中國小説書目(1932)、大連圖書館所見中國小説書目(1932)、中國通俗小説書目(1933)、也是園古今雜劇考（原名述也是園舊藏古今雜劇，1940)等著作，其深厚的樸學功力和開創性的學術成就，得到學術界的公認。建國後，孫楷第先生仍潛心學術，先後出版了元曲家考略(1952)、滄州集(1965)、滄州後集(1985)。這些著作蜚聲學界，其資料多爲學者所稱引，其見解早爲學界所熟知，已經成爲文學研究的經典性作品。但是，多年以來，這些著作散見各處，搜羅不易；有的斷版已久，難以尋覓。因此，爲孫楷第先生編訂文集，彙編其所有著作，已成爲學術界的迫切需要。

　　孫楷第先生一生以"讀書""寫書"爲志業,心無旁鶩,一意向學。即使在抗戰時期和"文化大革命"時期,其學術工作多受干擾,仍不改初衷,專注學術。在勤於著述的同時,孫楷第先生還注重修訂充實舊作,精益求精。如元曲家考略始撰於二十世紀四十年代,1949 年開始陸續發表,結集初版於 1952 年,增訂再版於 1981 年;直到去世,他仍然在做補充修改。也是園古今雜劇考,1940 年初版問世之後,孫楷第先生在至少六個本子上做過精心細緻的修改,並先後寫過三個跋語,還專請余嘉錫先生作序。滄州集,初版於 1965 年,直到去世前,孫楷第先生在多個本子上反復校訂。"文化大革命"期間,孫楷第先生的上萬冊藏書和文稿損失殆盡,其中包括反復校訂修改的著作原本。之後雖多方努力,苦苦追求,仍未能尋回,成爲孫楷第先生的終生憾事。藏書散失後,孫先生更下決心,要盡餘生之殘力,將畢生著述出版一份定本,以反映自己一生苦心孤詣的學術探索。可以說,出版文集,是孫楷第先生的心願。

　　從 1982 年開始,中國社會科學院文學研究所的楊鐮先生即在孫楷第先生的指導下,着手協助其收集散佚的藏書、整理數百萬字的著述。戲曲小說書錄解題、小說旁證兩部著作在孫先生身後的 1990 年和 2000 年得以出版問世。整理孫先生文稿的工作,得到文學研究所歷屆領導的重視,特別是在 2006 年——孫先生去世二十周年之際,文學研究所學術委員會通過決議,爲研究孫楷第先生的學術思想,整理孫楷第先生的文集,成立了專門的課題組,由楊鐮先生主持。同時,由於得到孫先生哲嗣孫泰來的通力合作,社會各界熱心人士的協助,孫先生在"文化大革命"中散佚的文稿和有其批校的書籍,幾乎全部神奇地被重新找到,爲整理工作奠定了基礎。此次整理出版的孫楷第文集,所有著述都是依據孫先生手訂批校本和生前留下的手稿重新校訂而成,可以完整、準確地體現孫楷第先生畢生的學術成就。新發現的孫先生所著數十萬字學術回憶錄與日記,將另編入孫楷第治學錄一書。

當此孫楷第文集出版之際,我們對中國社會科學院文學研究所各屆領導的關心支持、對楊鐮等各位先生的辛勤工作,表示衷心的感謝。

中華書局編輯部
2008 年 12 月

附筆:計劃出版的孫楷第文集,包括滄州集、滄州後集、中國通俗小説書目、日本東京所見小説書目、大連圖書館所見小説書目、小説旁證、也是園古今雜劇考、元曲家考略、戲曲小説書錄解題、曲錄新編、孫楷第治學錄等十餘種。這些著作,囊括了孫楷第先生畢生的治學成果。尤爲重要的是,鑒於孫楷第先生生前一直對已出版作品作出修訂校改,以期不斷完善,本文集皆以孫先生手訂本爲底本,參以各項增補資料,使之可稱爲孫楷第先生畢生著述的定本,以實現孫先生晚年心願。但也正因如此,極大地增加了孫楷第文集的整理出版難度。孫楷第文集於 2008 年始已陸續推出數種,由於底本情況複雜,進度緩慢,兼以 2016 年 3 月楊鐮先生不幸因車禍於新疆驟然離世,文集的後續整理出版工作一度陷入停滯。2018 年是孫先生誕辰的一百二十周年,我們謹以新排本孫楷第文集的出版,作爲對孫先生的誠摯紀念,及對楊鐮先生的深切緬懷。

中華書局編輯部
2018 年 8 月

整理説明

　　本書收孫楷第先生中國通俗小説書目、日本東京所見小説書目、大連圖書館所見小説書目三種。著錄自宋至清末已佚及今存之小説書目近千種。所著錄書目均注明存佚，今存者並附版本情況、作者名氏、圖版行款，或略作題記；於已佚、未見之本，則詳加考校掌故内容，使有所考稽，不至湮没。孫先生於是書態度極爲嚴謹，凡著錄書目，必經目驗，對版本也非遇者即錄，是研究我國通俗小説極有價值的參考用書。

　　中國通俗小説書目單行本曾於 1958 年由作家出版社、1982 年人民文學出版社出版，1958 年人民文學出版社出版日本東京所見小説書目、大連圖書館所見小説書目二種合訂本。兹據本局 2008 年三種合訂版重排，改正原錄排之誤，重新核訂引文，依版本情況調整排式，並參照孫先生生前手批作家出版社、人民文學出版社版原書三種四册修訂增補，無法改入正文之批注，則以"補注"方式注於相應文字頁下，或輔以本版編輯按語（編按）。書末附書名索引，按漢語拼音音序排列，收錄三種書目所列全部條目。因各書目體例不盡相同，同一書名重複出現亦分列條目，各自標注頁碼，以便檢索。

中華書局編輯部

2018 年 8 月

目　　録

中國通俗小説書目

日本東京所見小説書目

大連圖書館所見小説書目

中國通俗小説書目

重訂通俗小説書目序

　　我的中國通俗小説書目，寫完在一九三二年上半年，明年三月出版。從書寫完到出版，中間經過大半年光景。在此短期間內，已經發覺我的書目記載間有錯誤；並且見到我前所未見的書。所以，我作了補正、補遺各一篇，附於本書之後。從一九三三年書出版到解放，又二十多年。在這個長時間內，我新知新見的書重要的有：

　　　　明萬曆本金瓶梅詞話（一九三三、三四年間徐森玉先生、趙萬里先生和我在琉璃廠文有堂發現，替北平圖書館買的）

　　　　清順治原刊本丁耀亢續金瓶梅（我於一九三七年得一殘本，傅惜華先生續得一完本）

　　　　明嘉靖刊本雨窗集、欹枕集（一九三三年馬隅卿先生在寧波發現）

　　　　明崇禎刊本隋史遺文（一九三五年我爲北京大學買一黑紙本，缺數頁，後來孫蜀丞先生買得一白紙本，係日本人收藏過的，精絶。聞此本今歸國立北京圖書館）

　　　　鈔本龍圖耳録（一九三四年我得一舊鈔本。此書近不少見）

　　不甚重要的書儘管稀見而作的不好、且係俗本如樵史演義、筆獮豸、天然巧等不下二三十種（樵史演義，一九三六、三七年間北京大學買得一部），皆是我一九三一年編書目時所未見的。

　　在這個期間，日本也出了不少善本小說。日本豐田穰先生有晁山慈眼堂觀書錄初稿一文。工藤篁氏有織田確齋氏舊藏中國小說紹介一文，皆記所見異書。豐田穰先生所見的小說，我的書目或有或無。無的如：

　　　　明閩書林劉龍田刊本通俗演義三國志傳

　　　　明尚友堂原刊本拍案驚奇（豐田穰氏另有專文記此書，
　　　　　　見斯文第二十三編第六號）

　　　　明萬卷樓刊本掃魅敦倫東度記

　　　　明刊本禪真逸史（作者清溪道人即方汝浩，方汝浩名見
　　　　　　此本）

　　　　明刊本禪真後史

　　　　明余氏雙峰堂刊本水滸志傳評林（我的書目著錄的是
　　　　　　殘本）

　　工藤篁氏所記以小說總集錦繡衣、四巧說爲罕見。餘多爲我書目所有。此外，日本宋槧醉翁談錄之發見，也是重要發見。因爲此書卷一有“小說開闢”一文，文中列舉了許多話本名目，至今研究小說人喜歡引用，是大家都知道的。

　　以上這些中國外國所發見的善本或稀見小說，我雖然看見或知道了，但並沒有着手增補我的書目，只有筆獮豸等一二十種書，隨意批在書上。

　　一九五四年，作家出版社派人和我接洽，要求把我的小說書目修訂重版。我此時病情頗嚴重，一點不能工作。我的朋友張榮起先生願意幫我忙。張先生和我談話，我請求他做六件事。（一）書目正文錯誤的地方照書末所附補正篇改正。（二）把書末

補遺篇所列諸書分別列入正文。(三)把我所批的各條整理一下,使與我所著錄的方法體例一致。(四)把二十年來中國陸續發見的善本和稀見本補入本書。(五)把日本豐田穰先生、工藤篁先生在日本調查所得的善本和稀見本補入本書。(六)把日本印醉翁談錄"小說開闢"篇所引話本名目摘出來,放在本書宋元部。

張先生對於小說版本很内行,對修改工作非常熱心。他不但把我要求他做的六件事全做了,並且把他所知見的善本替我補了若干種。例如:

英國牛津大學藏明劉龍田刊本三國志傳

英國牛津大學藏余氏雙峰堂刊本三國志傳

日本早稻田大學藏明余象斗刊本三國志傳評林①

北京圖書館藏明黄正甫刊本三國志傳

鄭西諦先生藏清平山堂刊翡翠軒梅香爭春話本

鄭西諦先生藏明嘉靖間刊忠義水滸傳殘本

鄭西諦先生藏天都外臣序本水滸傳

此外,少見的俗本小說也補了若干種,如快士傳、錦疑團、今古傳奇等。並且參考近人的著作,如玉瓶梅據戴不凡的小説見聞錄著錄,百緣傳、雙峰記據阿英的小說閒話著錄。聽取師友的談論如:

如意君傳有青露室刊本,引劉衡如先生的話。

他是做事的人,很忙。他盡了最大努力,以數月的業餘工夫,替我補好,交給我。我看了,亦驚亦喜。喜的是:他勝利地完成了這個幫忙的任務。驚的是:他寫的字太小(蠅頭小字),我看

---

① 編按:此條下原有"英國牛津大學藏笈郵齋刊本三國志傳"一條,據孫先生一九五八年版自用本及一九八一年版二次自校本删。

不了，看了幾頁，眼就花了。

作家出版社編輯部催稿甚急。我不得已，把張先生的批注本（用我的一本爲底本）交給他們。我提議，張先生所添的平常本子似乎過於繁多，請他們整理一下，稍微節一節。他們就依我話做了，仍希望我看一看。但我因病不好，勸他們即可以編輯部整理本付印，不要再讓我看了。

一九五五年冬我從大連養病回來，作家出版社編輯部將此書初印的樣張全份寄給我，要我看看。我此時精神略好些，便從頭看起，隨看隨改。看了一個多月，病又發了，將稿送回。休息了兩三個月，又好了些。於是索回稿重看。又用了一個多月的工夫，始將樣張全部看完。前後兩次看樣，書名添了二三十個，書解題後的附録添了七八處，小傳改作了幾個。對於原本文字，遇有不宜者，亦略加點定。宋元部據醉翁談録著録的宋人話本，每項下所有説明，也是張棨起先生作的。此次，我亦略加點定。並對於此一段書目的形式有所變動。張君所添注的本子，較平常者，此次經我手删去的，大約又三分之一而強。我所以把這些本子删去的緣故，並不是我認爲書目注版本不必詳；或者張先生添注的不對。而是因爲我的書目，原有的版本注並不是遇本即書，把所見本子，毫無分別的放在一塊，而是閲書時曾經把諸本大致比較過，略知其異同得失，編目時按次第甲乙寫的。所以我的注目自有條理。張先生所添諸本，既爲我所未見，在我的版本注中，頗覺難以位置。而且，我的解題，是與所注諸本相應的。張先生所注諸本，我既不詳其序跋，現在引用，亦恐與我的解題不相應。所以，我反覆考慮，結果是不敢多用。所謂"不求有功，但求無過"也。

我自一九五一年患病，久而不愈，長期不能用功，所有書稿文稿皆不能自料理。小説書目是我早年所作的書，歷時既久，必須增訂校補，始可以重行問世。張棨起先生是我的學生。他對於小説版本學有多年的修養，用力甚勤，而且年青力壯，博見洽聞，他這次替我起草增訂小説書目，添出不少的書名版本，對我書裨益甚大。

　　作家出版社編輯部諸同志，替我整理稿子，校對稿子，費神亦不少。而且，當工人同志把字排好之後，我多所添改，致屢次改版，給工人同志添了不少麻煩，作家出版社也因此付出不少改版費。這事使我甚不安。謹於此處向他們一一致謝。

附記

　　我這部書所録小説，以舊孔德中學圖書館、舊大連圖書館、已故馬隅卿先生、日本内閣文庫所藏書爲主。其他中外圖書館或私人所藏，本書著録者，多或數種，少只一種。雖有精品，總不如此數處所藏之富。舊孔德中學所藏書，聞解放後大部分歸北京市圖書館，一小部分歸國立北京圖書館（北京市圖書館今改稱首都圖書館），小説具在，並未散佚。舊大連圖書館，今改爲旅大市圖書館。近閱旅大市圖書館參考研究部一九五七年七月所編善本書目，小説唯隋史佚聞已失，餘大致完整。馬隅卿先生所藏小説，抗戰前全部歸北京大學。我最近看過北京大學圖書館的馬氏書卡片，亦算完整。日本内閣文庫及宮内省圖書寮書，聞經第二次世界大戰，俱保存如故。所以本書所注藏書之地，其重要者大致尚可據。唯私人藏書則二十餘年間必有變化，無從調查耳。

孫楷第

一九五七年十月六日

重排補記

　　本書此次重排，又補充了一些材料，并有幾處地方作了補正。

孫楷第

一九八一年十二月二日

凡　　例

　　一　本書所收，以語體舊小説爲主。凡已佚、未見及見存諸書，都凡八百餘種。正書七卷，以四部總之：一曰宋元部，二曰明清講史部，三曰明清小説部甲，四曰明清小説部乙。第四部又分四類：曰煙粉第一，靈怪第二，説公案第三，諷諭第四。其存疑目一卷，叢書目一卷，日本訓譯中國小説目録一卷，①並附于後。魯迅先生小説史略録通俗小説自宋起至清季止，今亦從此例，自一九一二年後至今日，雖仍有相同之語體舊小説，概不著録。

　　二　諸類中除講史外，皆以作者時代先後爲次。其同演一故事或故事同屬一系統之書，則不論著者之人，悉附于最初演此故事書之後，庶因類尋求，不至先後參差，亦四庫提要於箋釋舊文則從所注之書之例也。又：説解之書與小説有關，亦一併録入，附原書之後。至講史書，因子目按朝代分較方便，故著録從朝代次序。而在每一朝代講史目中，則仍以作者時代爲次，其故事屬於同一系統者附於最初之書，一如他部之例。

----

① 編按：孫先生二次自校本此處補入"西譯中國小説略目、滿文小説目各一卷"字樣，并於此凡例末鈔附二條云：
　　　"卷十一　附録四　西譯中國小説簡目(作者英籍猶太人，其漢文譯音人名是哪個)(所譯爲文言或近代創作小説及不知據中國何書者入此)
　　　　卷十二　附録五　滿文譯文小説簡目……"
　　惜此二種暫未覓得，無從補録。

　　三　作者姓名可考，而原書用別號署題者，則逕書真姓名，曰某朝某某撰，而仍錄原題於下。作者姓名不可考，則書某朝無名氏撰，亦兼錄原題。其書成於清季而其人入民國者，則只云某某撰，不冠以朝代。

　　四　靜安先生曲錄於劇本後，時附注關於此劇之軼聞掌故，既便參考，亦博趣味。本編於書名後亦摘錄有關斯書之筆記瑣聞，但取切要與他書所未曾載者，若繁文考證之語，一概不錄。

　　五　朱竹垞經義考、謝蘊山小學考，每書後皆有題記。題記於此書序跋外，兼錄前人考證論列之語，搜輯甚備，雖便參考，頗爲凌雜。本編見存各書，其題記力求簡要，不多徵引。偶有說明本書之處，亦隨意及之，不爲定例。至各書序跋有時可供參考，則存序作者姓名及作序年月於記中，但亦不涉及文字。至已佚及未見之本，則視本人力之所及，於其掌故內容，詳加考校，不以繁瑣爲嫌。蓋前人苦心著書，不幸散佚，若並其崖略而不存，則負前人；且使留心小說文獻者無所考稽，或舊聞因此日就湮沒，則又負來者，故於此則加詳也。

　　六　朱氏經義考、謝氏小學考，並注存佚，用意至善。但存者不記板本，作者蓋以史家著錄，無注板本之例，事近瑣碎，故不爲此。繆荃孫氏書目答問記板本特詳，雖自謂便初學之書，而今雖鴻儒碩學亦莫能廢焉，則其體之善也。本書除已佚及未見外，並注明某某本，其舊本善本且及于行款圖相，以云瑣碎，此實難免。然注某本與兼注某本之行款圖相，僅詳略之微異耳。但求有益於人，何必以簡爲高。區區用心，達者或不以此見疵。

　　七　自明季以迄於清，宋元珍本日少，藏書大家，競嗜收集，秘本一出，則傳錄借觀，相與艷羨不置，其書且與人俱顯。後世板本學者著書，如邵亭書目等，板本之外，且有時記其藏書之人，蓋物稀則足貴，固有如是也。小說之書，明清舊本原刻，因夙昔之鄙棄而日少，與四部宋元舊本，因代遠而日少者，其原因雖不同，而至於今日其因稀而見珍於世也則同。本編於孤本珍本，皆記收藏之地與人。其應屬善本而尚非罕見與非善本而近冷僻之書，則亦間注收藏之處。或詳公而略私，或注此而遺彼，隨意爲之，原無成見。且本書原是簿錄之書，因目錄而兼及板本，因板本而偶及藏書之地、藏書之人，略供儉學者一臠之求，其用意不過如此，固非專門調查一切板片之書也。

八　坊肆刻小說，率將原書妄加品題或改易名稱，以炫耀世人。今於書同名異之本，並存其名，比原書低一格書之。

九　附錄存疑目，以書之已佚未見不能知其文體內容者入之。又：叢書目以彙刻書爲限，其總集與一人自著總集，不入叢書目。

十　小說分類，事屬草創，其分類名稱以及出入之故，另爲文說明之。

分類説明

　　通俗小説，自來不登於史籍，故其流別在往日亦不成問題。魯迅先生小説史略於傳奇及子部小説之外，述宋以來通俗小説尤詳。自第十二篇以下，略以時代詮次，而加以品題。其目曰宋之話本、宋元之擬話本，此宋元舊本一。曰元明傳來之講史，曰明之講史，以清人書附之，此講史者流二。曰明之神魔小説，以清人一二書附之，此神魔小説三。曰明之人情小説上，以金瓶梅及續書屬之。曰明之人情小説下，以才子佳人書屬之。曰清之人情小説，以紅樓夢及續書屬之。此明清人情小説四。曰明之擬宋市人小説及後來選本、清之擬晉唐小説及其支流，此明清短篇小説五。曰清之諷刺小説、清之以小説見才學者、清之狹邪小説、清之俠義小説及公案、清末之譴責小説，此五目皆屬於清人書，品題殆無不當。唯此乃文學史之分類，若以圖書學分類言之，則仍有不必盡從者。史略“講史”二字，用宋人説話名目。考宋人説話，小説有“靈怪”，實即“神魔”；有“煙粉”，實即人情及狹邪小説。有“公案”，實即“俠義”。故余此書小説分類，其子目雖依小説史略，而大目則沿宋人之舊。此非以舊稱爲雅，實因意義本無差別，稱謂即不妨照舊耳。

　　宋人言風土之書，如夢華録、都城紀勝、夢梁録、武林舊事，記説話人色目略同。除説經演佛經故事、合生商謎爲對答商略

外,其演世間事者爲講史、小説二類。而小説子目又有四五種:
曰煙粉,意謂煙花粉黛,男女情感之事也。曰靈怪①,神鬼變化
及精怪之事也。曰公案,注云"皆是朴刀桿棒發跡變泰之事",則
是江湖亡命遊俠招安受職之事,即俠義武勇之屬矣。曰鐵騎兒,
注云"士馬金戈之事",語意亦明。曰傳奇,其義難定,或是古今
奇節至行,非上四類所能範圍者屬之。凡此數者,後來短篇小説
中皆有其體,長篇則傳奇一派,罕見其例。清以來有專主勸誡之
作,與傳奇用意似相近而又不盡同。且藉小説以醒世誘俗,明善
惡有報,天網恢恢,疏而不漏,則凡中國舊日小説,亦莫不自託於
此,然皆以此自飾,從無自始至終本此意爲書者,則清之勸誡小
説乃自成一體,爲古昔所無。又講史與小説,一緣講諸史通鑑而
所須之時間甚長;一緣講朝野雜事而所須時間較短。因性質之
不同,而話本之長短有異②。後來文人撰作,乃有言家庭社會雜
事,而鴻文瀟灑,篇章與講史書抗衡者。是故語其朔則講史爲長
篇,而小説爲短篇;語其變則小説有短篇亦有長篇,其長者且與
講數百年之史事者等。而簿録分類,宜以性質區畫,不得以形式
爲判,故余此書不用長篇短篇之名,略因時代先後立四部以統
之:曰宋元部,以宋元講史小説書隸之。曰明清講史部,以講史
書隸之。曰明清小説部甲,以小説短篇合於最初體制者隸之。
曰明清小説部乙,因古今之宜立四目:曰煙粉,靈怪,公案,諷諭,
以長篇小説之變古者隸之。其因書未見致書之性質文體不明
者,另爲存疑目一卷附于後。

　　簿書分類,本以辨析源流,於龐雜衆書之中分別部居,使以

---

① "靈怪"名稱唐時已有。如太平廣記卷七四"俞叟"條引宣室志記呂氏子遇市門監
　俞叟事,云:"後數年,與友人語及靈怪,始以其事説於人"是也。
② 余有三言二拍源流考一文曾詳言之。

類相從，縱橫上下，具見條理，則列朝著作之淵源系統與夫異同多寡，可得而稽考，意至善也。然百家著書，有時非晚近四部所能牢籠，雖簿錄學者可以意品題，而作者實非有定格。故四部書中，除"經"至嚴而解說有定，"集"至寬而僅憑形式外，其"子""史"二部中之書，史家升降，往往異趣。若執一而繩，則失之拘矣。四部書已如此，若通俗小說，其界限初雖明顯，自明以降，則雜糅實甚。本書所分，不過略示限斷，而其間往往有相似不同，驟難爬梳，僅以意斷之。雖史家有互見之例，事涉繁複，今不沿用。以下舉二例，以見品題分類，事屬權假，不得以嚴格繩之，學者苟別有所見，亦不必相襲，要其大端近是而已。

一　小說甲部乙部之分，有時頗費斟酌。如上所說，宋說話人之講史，其詞意較繁，後之講史書是其苗裔。小說者其詞寡，後之宋明短篇即出於此，本書目以小說甲部。又後而小說亦出鉅製，同於講史，斯爲變體，本書目以小說乙部。而小說甲部中有每篇分爲若干回者，如鼓掌絕塵、鴛鴦針、載花船、十二樓、弁而釵、宜春香質、珍珠舶等是，其多者每篇分十回，少亦三四回五六回不等。有演一故事自始至終爲一篇，中不分節段者，如宋元舊本及三言二拍等是。前者因後來小說多分章回習而用之，後者乃最初話本形式也。然書標回數，固是後來刻書人所爲，而自昔說唱，中間即有休歇（間歇處伎藝人謂之務頭）。講史固非多次莫辦，小說亦不能限於一場，如宋明舊本雖祇是一篇，施之說唱，則非一時所能盡也。（宋人西山一窟鬼小說云：因來臨安取選，變做十數回小說。元無名氏貨郎旦劇其第四折爲說唱貨郎兒，演李姓瑣事，而云：編了二十四回小說。即小說說唱時分回之證。）故分回與否，絕非小說甲乙部區別所在。此顯然易見之理，無待贅述也。唯坊肆間書，往往有短拙之本，尤以乙部煙粉類爲多。凡此等書，其大劑不過二三十回，其少者僅十餘回乃至八回。論其文固誠是短篇，而其説佳人才子，性質與鼓掌絶塵、五色石、珍珠舶等正同。鼓掌絶塵等既屬甲部總集，則即目此爲甲部單行本，似亦合于事理。唯余此編，仍以此類書入乙部。其意以爲此類書，明清之際，始見繁多，稍著者如玉嬌梨、平山冷燕、情夢柝，雖皆祇二十回，而語其局度分量，固猶是小説乙部之書，特其波瀾氣魄較爲狹小耳。然作者稍具小才，文能通順，即非佳著，亦差可觀覽。而其矯揉關目，卻爲世俗人所喜。書既風行，效之者多，雖瑣瑣不足道，僅成短書，要其意固自附于玉嬌梨、平山冷燕者流，非真有意於耳猶、初成之作也。若珍珠舶等，特以才子佳人作風施於總集，其有意倣甲部小説之體，與其書之應隸甲部小説，則至顯然。故於此斷入甲部。其短拙之才子佳人書，則附乙部玉嬌梨等書之後，以見其末流有若是而已。（乙部猥褻類勸誡類亦多短書，其不入甲部之故與此同。）

二　通俗小説中講史一派，流品至雜。自宋元以至於清，作者如林。以體例言之，有演一代史事而近於斷代爲史者；有以一人一家事爲主而近於外傳別傳及家人傳者；有以一事爲主而近於紀事本末者；亦有通演古今事與通史同者。其作者有文人，有閭里塾師，瓦舍伎藝。大抵虛實各半，不以記誦見長。亦有過實而直同史鈔，憑虛而全無根據者，而亦自託於講史。如斯紛紛，欲以一定標準絜其短長，殆非易事。今於此等第以朝代之先後爲次，以故事之演化爲綱領。其同演某一代史事者，雖巧拙不同，虛實異趣，體例攸分，苟其上繫下屬在此系統之内，悉目以講史。而在此一系統之中，更以書成先後依次排比之。今舉隋唐事爲例：如羅貫中兩朝志傳，渾然本色，即是講史正宗。熊大木唐書則直録綱目，稍加緣飾，雖閭里傳説尚存一二，要之，實而近迂矣。艷史以隋煬爲主，全本唐宋傳奇文爲書，行文近雅，自爲一體。隋史遺文演瓦崗諸豪事，以市人話本爲底本，雖託史事，而摹繪鋪陳悉由意想，其不羈略似兩朝志傳，而瑣細過之。以文而論，其屬詞比事固是忠實爲通俗小說者矣。自兹厥後，褚人穫乃綜此四書，演爲隋唐演義。一變而爲説唐全傳，本褚書改作。又變而爲説唐後傳，稍本熊書，其書開羅通征北、薛仁貴征東二事，則由群雄而入于羅薛二氏。又有征西演義，亦演仁貴事，則多鈔褚書。① 又有征西説唐三傳，演薛丁山樊梨花事，反唐演義演薛剛、薛强事，並演薛家，故以附于征西演義之後。粉粧樓演羅家，以事相鄰類，則亦附焉。如是種種不齊，悉置之隋唐講史之下，蓋其體本雜，無可如何也。昔宋人記説話人講史，謂之“半實半虛”。以是爲説，則講史即難有標準。夫半實半虛謂之講史，七實三虛如三國演義，不謂之講史不可也。三實七虛如隋史遺文，則亦講史也。推而至於過實，過虛，或文而近腐，或俚而荒率，然皆託稗官之體，亦自附于講史書，不謂之講史亦不可也，其標準本無一定，則以廣博寬容者統之，固其宜也。余爲此目，初擬仿史例，分“斷代史”及“別傳”“紀事本末”三類。嗣因講史中以事爲主與以人爲主者，其性質難定。如大宋中興演義一名武穆王演義，其演中興諸將事或岳飛一人事，作者於此，即無定見。又書不存者多，但據書名而判其色類，實至危險。故不用此而以朝代區畫之。其同演一故事或故事屬於一系統者，則在某朝之中各自爲族焉。

又水滸、平妖二傳，皆有本事，故史略悉入講史。今按：水滸唯方臘事信而有徵，其三十六人雖人名非假，而事實容多捏合；又其書鋪張壯烈，或不以演史爲主。今逕入公案類。平妖傳事

---

① 編按：此句下原有“如是三者，不謂之講史亦不可也”二句，孫先生二次自校本於此處批云：“此句擬删。此處文似經出版社編輯删節，与原本文稍異，曰‘如是三者’，曰‘亦不可’，詞意承上文而上下文殊不貫串。”據此删去。

雖有據,究以演靈怪爲主,亦猶西遊玄奘之比,今逕入靈怪。此因各人意見不同自可異其出入,事雖兩歧,實無關係也。

　　小説簿録,事屬草創,謹詳述其分類名稱,書籍出入之由,亦略闡其流別,供學者參考。

宋　元　部

講　史

新編五代史平話（梁唐晉漢周各分上下二卷）　　存

- 曹元忠藏宋刊本。梁史漢史皆缺下卷。
- 董氏誦芬室影印本。
- 一九二五年商務印書館排印標點本。

宣和遺事　存

- 士禮居叢書本。
- 金陵王氏洛川校正重刊本。分元亨利貞四集。
- 中國科學院圖書館藏明本，二卷。九行，行二十字。卷首有圖，題"旌德郭卓然刻"。乃璜川吳氏舊藏本。日本長澤規矩也云：葉敬池本醒世恒言記刊工有郭卓然之名，則此明季刊本也。
- 一九一四年上海掃葉山房影印士禮居本。
- 商務印書館排印本，從王本出。

　　按：此書記徽欽事多取南燼紀聞，唯宋江三十六人事出

於話本。雖摻合評話語氣，實書肆雜湊之書，非純粹通俗小
說也。

新刊全相平話武王伐紂書上中下三卷（別題呂望興周）　　存

- ·元刊本。【日本內閣文庫】
- ·影印本。

新刊全相平話樂毅圖齊七國春秋後集上中下三卷　　存

- ·元刊本。【日本內閣文庫】
- ·影印本。

新刊全相秦併六國平話上中下三卷（別題秦始皇傳）　　存

- ·元刊本。【日本內閣文庫】
- ·影印本。

新刊全相平話前漢書續集上中下三卷（別題呂后斬韓信）　　存

- ·元刊本。【日本內閣文庫】
- ·影印本。

　　　　以上四種影印本合名全相平話。

至治新刊全相平話三國志上中下三卷　　存

- ·元刊本。【日本內閣文庫】
- ·日本大正丙寅鹽谷溫影印本。
- ·商務印書館影印本。
- ·古佚小說叢刊本。

　　　　以上五種並元至治間建安虞氏刊。上圖下文。記
　　　刻工有"樵川吳俊甫黃叔安"字樣。書存五種，實不祇
　　　此數。

吳越春秋連像評話（？）　　未見

　　　　見日本毛利家藏書目。

小　　説

楊元子　　佚

汀州記　　佚

崔智韜　　佚

　　廣記卷四百三十三引唐薛用弱集異記有崔韜。宋周密武林舊事官本雜劇段數有雌虎，注云“崔智韜”。

李達道　　佚

紅白蜘蛛　　存

　　醒世恒言卷三十一。恒言題作鄭節使立功神臂功。寶文堂目作紅白蜘蛛記。南戲及明楊景賢劇均有紅白蜘蛛。

鐵甕兒　　佚

水月仙　　佚

　　疑演邢鳳遇西湖水仙事。事見綠窗新話及田汝成西湖遊覽志餘卷二十六。

大槐王　　佚

妮子記　　佚

鐵車記　　佚

葫蘆兒　　佚

　　寶文堂目有葫蘆鬼。

人虎傳　　佚

　　疑演李徵化虎事。徵事見太平廣記卷四二七引唐張讀宣室志。

太平錢　　佚

南戲有朱文太平錢。

巴蕉扇　　　佚

八怪國　　　佚

無鬼論　　　佚

以上靈怪

推車鬼　　　佚

灰骨匣　　　佚

呼猿洞　　　佚

鬧寶錄　　　佚

燕子樓　　　存（?）

疑即警世通言卷十錢舍人題詩燕子樓篇。

賀小師　　　佚

楊舜俞　　　佚（?）

楊舜俞越娘事，見青瑣高議別集三。元尚仲賢有鳳凰
坡越娘背燈劇，亦演此事。

青脚狼　　　佚

錯還魂　　　佚

側金盞　　　佚

寶文堂目有元霄編金盞。

刁六十　　　佚

鬪車兵　　　佚

錢塘佳夢　　　存

宋司馬才仲遇蘇小小事，見何薳春渚紀聞卷七。明刊
李卓吾評本西廂記前附小説一篇，題"錢塘夢"，當即此本。

錦莊春遊　　　佚

　　　李嘯倉云：事見綠窗新話卷上金彥遊春遇會娘篇。情
　　史卷十有李惠娘。

柳參軍　　佚

　　　太平廣記三四二引唐溫庭筠乾臊子華州柳參軍事，當
　　即此本所演。

牛渚亭　　佚

　　　　　　　以上煙粉

鶯鶯傳　　存（?）

　　　疑即警世通言卷二十九之宿香亭張浩遇鶯鶯。寶文堂
　　目著錄作宿香亭記。

愛愛詞　　存（?）

　　　不知是警世通言卷三十之金明池吳清逢愛愛否？

張康題壁　　佚

錢榆罵海　　佚

鴛鴦燈　　存（?）

　　　事見醉翁談錄負心類紅綃密約張生負李氏娘篇。熊龍
　　峰刊張生彩鸞燈傳（即古今小說卷二十三之張舜美燈宵得
　　麗女）入話演此事。南戲有張資鴛鴦燈。

夜遊湖　　佚

紫香囊　　佚

徐都尉　　佚

惠娘魄偶　　佚

王魁負心　　佚

　　　周密齊東野語卷六引初虞世說云：有妄人託夏噩姓名
　　作王魁傳。傳今佚，大略見醉翁談錄負約類王魁負心桂英
　　死報篇。南戲及元尚仲賢劇均有王魁負桂英。

桃葉渡　　佚

牡丹記　　佚

花萼樓　　佚

章臺柳　　存(?)

> 疑即熊龍峰刊本之蘇長公章臺柳傳。寶文堂目有失記章臺柳。

卓文君　　存(?)

> 不知即風月瑞仙亭否?

李亞仙　　存(?)

> 寶文堂目有李亞仙記。明余公仁刊燕居筆記七有鄭元和嫖遇李亞仙記。文甚短拙，必非宋話本。或據舊本删節爲小文也。元石君寶、明周憲王並有李亞仙花酒曲江池劇。

崔護覓水　　佚

> 事見唐孟棨本事詩。南戲有崔護覓水。元白仁甫、尚仲賢均有崔護謁漿劇。

唐輔採蓮　　佚

以上傳奇

石頭孫立　　佚

姜女尋夫("姜"字上疑脫"孟"字)　　佚

憂小十　　佚

驢垛兒　　佚

大燒燈　　佚

商氏兒　　佚

三現身　　存(?)

> 疑即通言卷十三之三現身包龍圖斷冤。

火杴籠　　佚

八角井　　佚

藥巴子　　佚

獨行虎　　佚

鐵秤槌　　佚

河沙院　　佚

戴嗣宗　　佚

大朝國寺（"朝"字疑"相"字之誤）　　佚

聖手二郎　　佚

　　　　　　以上公案

大虎頭　　佚

李從吉　　佚

楊令公　　佚

青面獸　　佚

季鐵鈴　　佚

賴五郎　　佚

聖人虎　　佚

王沙馬海　　佚

燕四馬八　　佚

　　　　　　以上朴刀局段

花和尚　　佚

武行者　　佚

飛龍記　　佚

梅大郎　　佚

鬭刀樓　　佚

　　寶文堂目有鬭刀樓記。

攔路虎　　存(?)

　　疑即清平山堂刊之楊温攔路虎傳。

高拔釘　　佚

徐京落章("章"字疑"草"字之誤)　　佚

五郎爲僧　　佚

王温上邊　　佚

狄昭認父　　佚

以上桿棒

月井文　　佚

金光洞　　存(?)

　　疑即初刻拍案驚奇卷二十八之金光洞主談舊蹟,玉虚尊者悟前身。

竹葉舟　　佚

　　寶文堂目有陳季卿悟道竹葉舟傳。陳季卿事見太平廣記七十四引李玫纂異記。元范康有陳季卿悟道竹葉舟劇。

黃糧夢　　佚

　　寶文堂目著録作黃粱夢。此"糧"字誤。元馬致遠有邯鄲道省悟黃粱夢劇。事本唐沈既濟枕中記。

粉合兒　　佚

馬諫議　　存(?)

　　疑即古今小説卷五之窮馬周遭際賣䭔媼。

許岩　　佚

四仙鬭聖　　佚

謝溏落梅　　佚

以上神仙

西山聶隱娘　佚

聶隱娘事，見唐袁郊甘澤謠。太平廣記一九四引裴鉶傳奇有聶隱娘篇，文與甘澤謠同。疑廣記誤引。

村鄰親　佚

嚴師道　佚

元白仁甫有閻師道趕江江劇。

千聖姑　佚

皮篋袋　佚

驪山老母　佚

驪山姥見太平廣記六十三引集仙傳。

貝州王則　存（?）

疑即舊刊二十回本平妖傳。

紅線盜印　佚

紅線事見甘澤謠。

醜女報恩　佚

疑演賢愚經金剛品醜女事。今所見敦煌卷子有醜女變。

以上妖術

上八類一百零四種見醉翁談錄小說開闢篇。此篇小說名皆直行連書。其應合若干字為一詞有不易辨者，今以意定之。

大唐三藏取經記三卷　存

・宋槧本。舊藏日本高山寺，今歸德富蘇峰成簣堂文庫。第一卷缺首。第二卷全缺。半葉十行，行十七字十八字不等。

・羅振玉吉石菴叢書本。

大唐三藏取經詩話上中下三卷　　存

- 宋槧本。舊藏日本高山寺,今歸大倉喜七郎。書上卷缺第一則,中卷缺第八則。
- 一九一六年羅振玉影印本。
- 一九二五年商務印書館排印本。

　　按:此取經詩話與上之取經記實爲一書。

梁公九諫一卷　　存

- 士禮居叢書本。

燈花婆婆(一名劉諫議傳,一名龍樹王斬妖)　　佚

　　晁瑮寶文堂目子雜類,錢曾述古堂目(鈔本,下同)卷十,也是園目卷十著録。

　　按:唐段少卿西陽雜俎前集卷十五載劉積中事,即此本所演。馮夢龍新平妖傳第一回亦演此事,而情節較略。

種瓜張老　　存

- 古今小説卷三十三。
- 寶文堂目、述古堂目、也是園目著録。

　　按:古今小説題作張古老種瓜娶艾女。

紫羅蓋頭(一名錯入魏王宮)　　佚

　　寶文堂目、述古堂目、也是園目著録。

女報冤　　佚

　　寶文堂目、述古堂目、也是園目著録。

風吹轎兒(一名危橋夫妻)　　佚

　　寶文堂目、述古堂目、也是園目著録。

錯斬崔寧(一名小劉伶)　　存

- 京本通俗小説第十五卷。
- 醒世恒言卷三十三。

· 寶文堂目、述古堂目、也是園目著録。

　　按：恒言題作十五貫戲言成巧禍。題下注云"宋本作錯斬崔寧"。寶文堂目、也是園目並作錯斬崔寧。

山亭兒　　存

· 警世通言卷三十七。

· 寶文堂目、述古堂目、也是園目著録。

　　按：通言題作萬秀娘仇報山亭兒。結云"話名只喚作山亭兒，亦名十條龍陶鐵僧孝義尹宗事蹟"。述古堂目有注云："一名朴刀事蹟，一名十條龍。"醉翁談録小説開闢篇朴刀局段有十條龍陶鐵僧。十條龍陶鐵僧名俱見小説。

西湖三塔　　存

· 明洪楩清平山堂刊本。

· 寶文堂目、述古堂目、也是園目著録。

　　按：寶文堂目清平山堂本俱作西湖三塔記。

馮玉梅團圓（原名雙鏡重圓）　　存

· 京本通俗小説第十六卷。

· 警世通言卷十二。

· 寶文堂目、述古堂目、也是園目著録。

　　按：通言題作范鰍兒雙鏡團圓①。寶文堂目作馮玉梅記。述古堂目題作馮玉梅團圓記。也是園目作馮玉梅團圓。

簡帖和尚（一名胡姑姑，又名錯下書）　　存

· 清平山堂刊本。

---

①補注：通言題作范鰍兒雙鏡團圓，云鰍兒在建州軍中所娶婦是關西人呂仲翊之女，不云姓馮。與京本通俗小説及寶文堂目、述古堂目、也是園目所録本不合，然與宋人所著録摭青雜記説合，非無本也。

- 古今小説卷三十五。
- 寶文堂目、述古堂目、也是園目著録。

> 按：古今小説題作簡帖僧巧騙皇甫妻。

李煥生五陣雨　　佚

> 寶文堂目、述古堂目、也是園目著録。

> 按：寶文堂目作李煥生五陣雨記。

小金錢　　佚

> 寶文堂目、述古堂目、也是園目著録。

> 按：寶文堂目作小金錢記。

> 上自燈花婆婆以下十二種，述古堂目、也是園目俱入"宋人詞話"類。

碾玉觀音　　存

- 京本通俗小説第十卷。
- 警世通言卷八。
- 寶文堂目著録。

> 按：通言題作崔待詔生死冤家。注云"宋人小説作碾玉觀音"。寶文堂目作玉觀音。

西山一窟鬼　　存

- 京本通俗小説第十二卷。
- 警世通言卷十四。

> 按：通言題作一窟鬼癩道人除怪。注云"宋人小説舊名西山一窟鬼"。

定山三怪　　存

- 京本通俗小説本佚，見繆跋。
- 警世通言卷十九。

> 按：通言題作崔衙内白鷂招妖。注云"古本作定山三

怪,又名新羅白�鷂"。

金主亮荒淫二卷

- 京本通俗小説本佚,見繆跋。
- 葉敬池本醒世恒言卷二十三金海陵縱欲亡身篇似有增益,非原本。

　　　　上西山一窟鬼以下三種,諸家藏書目不著録,似本亦單行。

四和香　　佚

　　周密志雅堂雜鈔一引云"北本靈怪小説"。

豪俠張義傳　　佚

　　志雅堂雜鈔一引云"北本靈怪小説"。

唐平黄巢　　佚

　　寶文堂目著録。

　　醉翁談録小説開闢篇云"説黄巢撥亂天下"。輟耕録金人院本有黄巢。

趙正侯興　　存

- 古今小説卷三十六題作宋四公大鬧禁魂張。
- 寶文堂目作趙正侯興,蓋是原題。

　　按:元鍾嗣成録鬼簿上陸顯之小傳云:"汴梁人,有好兒趙正話本。"似趙正小説陸顯之始爲之。然醉翁談録小説開闢篇有"説趙正激惱京師"之語。醉翁談録乃南宋人書。是趙正故事,元與南宋皆有話本。蓋本汴宋舊話。陸顯之亦但就舊本改編,非創爲之也。

吕相青雲得路　　佚

　　醉翁談録小説開闢篇云:"談吕相青雲得路,遣才人着意群書。"吕相,當指吕蒙正。

霜林白日昇天　佚

　　　　醉翁談録小説開闢篇云："演霜林白日昇天,教隱士如初學道。""霜"字疑"雙"字之誤。明趙清常鈔内本雜劇有釋迦佛雙林坐化。

柳耆卿翫江樓記　存

- 清平山堂刊本。
- 繡谷春容四御集,萬錦情林一,何大掄燕居筆記十,余公仁燕居筆記七並有此記。
- 述古堂目著録。

　　　　按:古今小説緑天館主人序引宋人話本有翫江樓,以爲鄙俚淺薄,不知是此本否?

合同文字記　存

- 清平山堂刊本。
- 初刻拍案驚奇卷三十三係改訂本。
- 述古堂目、寶文堂目著録。

風月瑞仙亭　存

- 清平山堂刊本。
- 三桂堂本警世通言卷二十四。
- 兼善堂本通言卷六入話。
- 述古堂目、寶文堂目著録,並作風月瑞仙亭,與清平山堂本合。三桂堂本通言題爲卓文君慧眼識相如。

朱希真春閨有感　佚

　　　　述古堂目、寶文堂目著録。述古目"春閨"下脱"有感"二字,今據寶文目書之。

蕭回覓水記　佚

　　　　述古堂目、寶文堂目著録。南戲有蕭回覓水記。

上自甕江樓以下五種,鈔本述古堂目俱入"宋人詞話"類。今以清平山堂刊三種考之,其文字殊簡拙,不類宋人筆。然余所閱述古堂目,乃錢曾稿本。曾以爲宋人詞話,或自有據。今姑入"宋元部"。

小　説　總　集

京本通俗小説殘存七卷(存第十卷至第十六卷)　　　存

- 繆荃孫刻煙畫東堂小品本。
- 有正書局影印繆本。
- 商務印書館排印標點本。
- 亞東圖書館排印本,加入葉德輝刊之金虜海陵王荒淫一卷,總名宋人話本八種。後復去海陵王一種,改名宋人話本七種。

煙粉小説四卷　　　佚

見也是園目。

按:此所録小説蓋皆屬煙粉類,故總題煙粉小説也。

中國通俗小説書目　卷二

明清講史部

按鑑演義帝王御世盤古至唐虞傳二卷十四則（簡稱盤古誌傳）　　存
- 明書林余季岳刊本，上圖下文，半葉十行，行十八字。【日本内閣文庫】

　　　明無名氏撰。題"景陵鍾惺景伯父編輯"，"古吳馮夢龍猶龍父鑒定"。有鍾惺序及歷代統系圖、歷代帝王歌。

按鑑演義帝王御世有夏誌傳四卷十九則（簡稱有夏誌傳）　　存
- 明刊本，上圖下文，半葉十行，行十八字。當與盤古誌傳爲同時一人作刻。【日本内閣文庫】
- 清嘉慶間稽古堂刊夏商合傳本，六卷，十九則。

　　　明無名氏撰。題"景陵鍾惺景伯父編輯"，"古吳馮夢龍猶龍父鑒定"。首鍾惺序。

按鑑演義帝王御世有商誌傳四卷　　存
- 明本未見。
- 清嘉慶間稽古堂夏商合傳本十二則。

　　　明無名氏撰。題"鍾惺伯敬父編輯"，"馮夢龍猶龍父鑒定"。

新刊按鑑編纂開闢衍繹通俗志傳六卷八十回　　存
- 明刊本，附圖，半葉九行，行十八字。

・麟瑞堂刊本。

・清道光十年刊本。

　　　明周游撰。題"五岳山人周游仰止集","靖竹居士王黌
子承釋"。封面題"鍾伯敬先生評"。卷首有崇禎乙亥（八
年）王黌序。所記自盤古氏開天闢地起，至周武王弔民伐
罪止。

虞初小説二十四回

　　　宋育仁撰。未成書。育仁字芸子，四川富順人。

　　　　　以上古史

西周志　　未見

　　　黃摩西小説小話引云："鋪張昭王南征，穆王見西王母
及平徐偃王事。較列國志稍有變化，而語多不根。"

列國志傳　　存

　　　明余邵魚撰。書不分回，每節隨事立題。開端爲武王
伐紂事。邵魚字畏齋，福建建甯府建陽縣人。余象斗萬曆
時重刻此書，呼爲"先族叔翁"，蓋嘉隆時人也。

　　　此書萬曆前本未見。今所見萬曆本有二本。一爲八卷
本，名新刊京本春秋五霸七雄全像列國志傳。一爲十二卷
本，名新鐫陳眉公先生批評春秋列國志傳。分志於下：

新刊京本春秋五霸七雄全像列國志傳八卷

・明內府鈔本。有彩繪插圖。眉欄橫標文中重要節目。
半葉十三行，行二十五字。

・明萬曆丙午（三十四年）三台館余象斗重刊本。分三
欄：上評，中圖，下文。正文十三行，行二十字。刻極
工，圖亦雅飭。每卷題"後學畏齋余邵魚編集","書林
文台余象斗評釋"。此本日本蓬左文庫藏一全部，大連

圖書館所藏殘存第二卷至第六卷五卷。

· 古吳文英堂刊小字本，又文錦堂刊小字本，題"李卓吾評點"。劣。

新鐫陳眉公先生批評春秋列國志傳十二卷①

· 明萬曆間刊本。每卷前附圖五葉。正文半葉十行，行二十字。刻繪俱工。首陳繼儒序。題"雲間陳繼儒重校"，"姑蘇龔紹山梓行"。此爲十行本。【日本內閣文庫】

· 又萬曆乙卯（四十三年）本。正文半葉十一行，行二十字。陳序外有朱篁序。亦龔紹山梓。與前一本同本而不同板，蓋重刊本。【北京圖書館】

· 坊刊十六卷本，十九卷本，首陳繼儒序，書題新刻史綱總會列國志傳。

新列國志一百零八回(不分卷)　　存

· 明金閶葉敬池梓本。圖五十四葉。正文半葉十行，行二十二字。【日本內閣文庫】

· 清初覆本。【北京圖書館】【北京大學圖書館】

· 鄭西諦藏一古吳德聚堂坊刻本。書名新刻出相玉鼎列國志，亦一百零八回。係重刻馮書，但據舊本增臨潼鬥寶事。

　　明馮夢龍新編。凡余邵魚書疏陋處，皆根據古書，加以改訂。夢龍字猶龍，一字耳猶，南直隸吳縣人。崇禎中官福建壽甯縣知縣。

蔡元放評定本東周列國志二十三卷一百零八回　　存

· 原本像二十四葉，半葉十二行，行二十六字。

---

①編按："批評"二字，原作"評點"，據前頁文及本書後所收日本東京所見小說書目改。

- 星聚堂本。
- 義合齋本。

咸豐四年漢口森寶齋硃墨本。

清蔡元放評點。此本流傳最廣，刊本亦極多。卷首蔡序，或題乾隆元年，或題乾隆十七年，或題乾隆丁亥三十二年，殊不一律。元放名昻，號野雲主人，江寧人。

列國志輯要八卷一百九十節　　存

- 清乾隆間金閶□三堂刊本。【鄭西諦】

清楊庸撰。首自序，又彭元瑞序。取馮夢龍新列國志要刪爲書。庸字邦懷，號慎園，江西豐城人。

新鐫全像孫龐鬭志演義二十卷　　存

- 明崇禎刊本。圖二十葉，記刊工曰"項南洲刻"。半葉九行，行二十字。【日本內閣文庫】
- 清初刊六卷本。
- 嘯花軒刊前後七國志本，書名孫龐演義，不題撰人，四卷，二十回。首康熙丙午（五年）梅士鼎公變序，實即此書。
- 孫龐演義又一刊本，題"澹園主人編次"，"清修居士參訂"。實亦此書。

明無名氏撰。明本題"吳門嘯客述"，首望古主人序，崇禎丙子（九年）戴氏主人書於挹珠山房序，又丙子錚城居士跋。

鬼谷四友志三卷不分回（一名孫龐演義七國志全傳）　　存

- 清嘉慶八年博雅堂刊本。
- 文淵堂刊本。
- 上海書局石印本題"四大英雄奇傳"。

清楊景淐撰。題"東泖楊景淐澹游父評輯"（疑是華亭人）。目録題"東泖三爻主人評點"，蓋是一人。首乾隆六十年楊氏自序，謂嫌坊刻孫龐鬪志之俚，參考列國志傳，增飾爲是書。

鋒劍春秋十卷六十回　　存

· 清同治甲子三和堂刊本。

· 光緒乙亥上海順城書局石印本，改題後列國志。

　　清無名氏撰。刊本有同治四年四和氏序，蓋即作者。所演以孫臏爲主，如戰毛奔，擺五雷陣等，近世戲曲有之。與孫龐鬪志演義不同。

後七國志樂田演義四卷二十回　　存

· 嘯花軒刊前後七國志本。

· 另一前後七國本作四卷十八回。

　　清徐震撰。題"古吳煙水散人演輯"，"茂苑遊方外客較閱"。無序。四卷十八回本有遯世老人序。震，字秋濤，浙江嘉興人。

走馬春秋四卷十六回　　存

· 廣東坊刊小本。

　　清無名氏撰。演樂毅伐齊事，甚荒誕，與元人平話小異。

以上春秋戰國

京本通俗演義按鑑全漢志傳十二卷（西漢六卷、東漢六卷）　　存

· 明萬曆十六年刊本。黑口。四周雙線。上圖下文。半葉十四行，行二十二字。東漢末有木記云"清白堂楊氏梓行"。【日本蓬左文庫】

　　明熊大木撰。題"鰲峰後人熊鍾谷編次"，"書林文台余世騰梓"。西漢卷首有序。大木一作大本，字鍾谷，福建建

甯府建陽縣人，嘉靖時書林。

京板全像按鑑音釋兩漢開國中興傳誌六卷（西漢四卷、東漢二卷）　　*存*

- 明萬曆乙巳(三十三年)刊本。四周雙線，上圖下文。半葉十一行，行二十三字。【日本蓬左文庫】

　　不知撰人。題“撫宜(按：似是江西撫州府宜黃縣)黃化宇校正”，“書林詹秀閩繡梓”。無序跋。

　　按：日本長澤規矩也云：此本較萬曆十六年刊本爲詳。

新刻按鑑編集二十四帝通俗演義全漢志傳十四卷（一名全像按鑑演義東西漢志傳）　　*存*

- 清寶華樓覆明三台館本，上圖下文。半葉十三行，行二十三字。【北京大學圖書館】
- 曾見一明本殘帙，行款與此覆本同，殆即三台館本。

　　題“漢史臣蔡邕伯喈(寶華樓本誤作“皆”)彙編”，“明潭陽三台館元素訂梓”。首袁宏道序，乃後來所加。

　　上三書爲閩刻舊本

重刻西漢通俗演義八卷一百零一則　　*存*

- 明萬曆壬子(四十年)金陵周氏大業堂刊本。綿紙。無圖。正文寫刻，半葉十四行，行三十字。【日本宮内省圖書寮】
- 劍嘯閣批評東西漢通俗演義本所收西漢即此本，題“西漢演義傳”，比大業堂本少一則。
- 日本内閣文庫藏劍嘯閣評原本。
- 金閶書業堂東西漢全傳本，拔茅居刊東西漢傳本，並從劍嘯閣本出。
- 同文堂東西漢演義本西漢改一百則爲一百回，亦從劍嘯閣本出。【北京圖書館】

　　明甄偉撰。大業堂本題"鍾山居士建業甄偉演義"，"繡谷後學敬弦周世用訂訛"，"金陵書林敬素周希旦校鋟"。首甄偉自序（諸本除大業堂原本外皆不題撰人）。

重刻京本增評東漢十二帝通俗演義十卷一百四十六則　　存

- 明周氏大業堂刊本。無圖。字扁體。半葉十二行，行二十八字。【日本宮內省圖書寮】
- 劍嘯閣批評東西漢通俗演義本所收東漢演義傳即此本，題東漢演義傳，刪爲一百二十五則。
- 日本內閣文庫藏劍嘯閣原本。
- 金閶書業堂東西漢全傳本，拔茅居東西漢傳本並從劍嘯閣本出。

　　明謝詔撰。大業堂本題"金川西湖謝詔編集"，"金陵周氏大業堂評訂"。首陳繼儒序（諸本除大業堂原本外亦不題撰人）。

東漢演義評八卷三十二回　　存

- 善成堂刊本。
- 同文堂東西漢演義本。

　　清無名氏撰。題"珊城清遠道人重編"。首自序。此清人重編本，較謝詔本爲通博。

班定遠平西記　　未見

　　小說小話引云：杜撰。

雙鳳奇緣二十卷八十回（亦名昭君傳）　　存

- 清嘉慶間坊刊本。
- 道光辛丑維揚二西堂刊本。
　　　　以上均有像。
- 光緒二十年上海寶善書局石印本。

清無名氏撰。題"雪樵主人"。

以上兩漢

三國志通俗演義

舊題"羅本貫中撰"。貫中太原人,號湖海散人。樂府隱語,極爲清新。所撰雜劇有趙太祖龍虎風雲會、忠正孝子連環諫、三平章死哭蜚虎子("蜚虎子"即李克用)。今唯風雲會存。元至正時曾遊江浙。元亡不知所終。見天一閣本錄鬼簿續編。

此書刊本甚多。今所知見明本已不下二十餘種。書賈刻書時,屢易名色,極不一致,今各依其本稱,詮次如下:

三國志通俗演義二十四卷二百四十則　　存

- 明嘉靖壬午(元年)刊大字本。黑口。半葉九行,行十七字。無圖。北京圖書館藏足本。
- 日本文求堂主人藏本,缺第一本。
- 商務印書館藏殘本,存七册。
- 日本德富蘇峰藏殘本,只存七八兩卷。
- 商務印書館影印本。

題"晉平陽侯陳壽史傳","後學羅本貫中編次"。首弘治甲寅庸愚子序。章二,曰"金華蔣氏",曰"大器"。又:嘉靖壬午關中修頴子引,有"關西張尚德章"。

按:三國志通俗演義,今所見者以此本爲最早。此外各家所記,則百川書志六史部野史有三國志通俗演義二百四十卷。晁氏寶文堂書目子雜類有三國通俗演義,注云"武定板",即郭勛所刻者。鄭以楨本三國志演義封面題記,有金陵國學本。古今書刻有都察院刊本(書名三國志演義)。疑皆嘉靖刊本。此本刊極精,似是官刻書。今未知與諸本之關係。

　　　　上二十四卷二百四十則

新刻校正古本大字音釋三國志通俗演義十二卷二百四十則　　存

- 明萬曆辛卯（十九年）金陵周曰校刊本。板心下題"仁
  壽堂刊"。修髯子引後，有字一行，云"萬曆辛卯季冬吉
  望刻于萬卷樓"。精圖，左右有題句。記繪刻人姓名曰
  "上元泉水王希堯寫"，"白下魏少峰刻"。正文半葉十
  三行，行二十六字。【北京大學圖書館】【日本村口書店】

- 日本内閣文庫、蓬左文庫藏覆本。插圖無刻工姓名。

　　　題"晉平陽侯陳壽史傳"，"後學羅本貫中編次"，
　　"明書林周曰校刊行"。有庸愚子序，關中修髯子引（無
　　章）。封面上方有周曰校識語，謂"是書也刻已數種，悉
　　皆譌舛。輒購求古本，敦請名士，按鑑參考，再三讐校，
　　俾句讀有圈點，難字有音注，地里有釋義，典故有考證，
　　缺略有增補，節目有全像"云云。

新刊校正古本大字音釋三國志傳通俗演義十二卷（當亦二百四
十則）　　存

- 明夏振宇刊本。無圖。四周單邊。半葉十二行，行二
  十五字。每葉上欄有六字標題，橫書之。板心上題"官
  板三國傳"。【日本蓬左文庫】

　　　題"平陽侯陳壽史傳"，"後學羅貫中編輯"，"書林
　　夏振宇繡梓"。首弘治甲寅序，嘉靖壬午引。内容文
　　字，並同周曰校本。當從周曰校本出。

新鐫校正京本大字音釋圈點三國志演義十二卷二百四十則　　存

- 明鄭以楨刊本。有圖，正文下有注。評在欄外。每卷
  末記年代起訖。【商務印書館】

　　　此本封面題"李卓吾先生評釋圈點三國志，金陵國
　　學原板，寶善堂梓"。卷第下題"晉平陽侯陳壽史傳"，

　　　　"明卓吾李贄評注"，"閩瑞我鄭以楨繡梓"。所附詩詞
　　　　多採自萬曆壬辰余氏雙峰堂刊本（見下），亦有周靜軒
　　　　詩，據鄭西諦所記。

古今演義三國志十二卷　　　　未見

　　　　　見也是園目十。

　　　　　按：此十二卷本。似亦二百四十則。書題與周曰
　　　　校本、夏振宇本均不同，爲另一刻本。

　　　　　　上十二卷本二百四十則

新刻按鑑全像批評三國志傳二十卷二百四十則　　　存

・明萬曆壬辰（二十年）余氏雙峰堂刊本。上評，中圖，下
　　文。半葉十六行，行二十七字。【英國不列顛博物院】
　　【英國牛津大學圖書館】牛津本只存第十一卷第十二卷
　　兩卷①。

　　　　題"東原貫中羅道本編次"，"書坊仰止余象烏批
　　評"，"書林文台余象斗繡梓"。此書增加批評及詩，稍
　　異舊本。所評者爲事實，不涉文字。有周靜軒詩云云。
　　據鄭西諦所記。

新刊校正演義全像三國志傳評林二十卷　　　存

・明萬曆間余象斗刊本。上圖，下文。每册前有大型繡
　　像一幅。半葉十五行，行二十五字。書缺六卷②，存一
　　百六十四則。【日本早稻田大學圖書館】

----

①補注：柳存仁書有英國博物院藏殘本，僅得最後的第十九、第二十兩卷。○柳存仁
　　書英國博物院藏殘本，馬幼垣文作大英圖書館殘本。○地名有歧異：英國不列顛
　　博物院（鄭西諦記載）、倫敦博物院、英國博物院（柳存仁書）、大英圖書館（馬幼垣
　　文）。編按：柳書即倫敦所見中國小説書目提要，書目文獻出版社版。馬幼垣文即
　　影印兩種明代小説珍本序。
②補注："缺六卷"，此六卷之卷第未説明，缺六卷則是存十四卷。馬幼垣云早稻田本
　　存十六卷。

　　　　題“晉平陽陳壽史傳”，“閩文台余象斗校梓”。

新刻京本補遺通俗演義三國全傳二十卷　　存

・明萬曆丙申（二十四年）書林熊清波刊本。插圖。半葉
十四行，行二十八字。【北京圖書館】【日本德富蘇峰成
簣堂】

　　　　題“東原羅貫中編次”，“書林誠德堂熊清波鍥行”。
首重刻杭州考正三國志傳序。

新鐫京本校正通俗演義按鑑三國志二十卷（封面題三國赤帝餘編，
當亦二百四十則）　　**存**

・明萬曆乙巳（三十三年）閩建鄭少垣聯輝堂三垣館刊
本。上圖，下文。正文半葉十五行，行二十七字。卷末
木記“萬曆乙巳歲孟秋月閩建書林鄭少垣梓”。日本内
閣文庫、蓬左文庫、尊經閣文庫、德富蘇峰成簣堂，均藏
此本。

　　　　題“東原貫中羅本編次”，“書林少垣聯輝堂梓行”。
首顧充序。

新鍥京本校正通俗演義按鑑三國志傳二十卷　　存

・明萬曆辛亥（三十年）閩書林鄭世容刊本。四周單邊。
十五行，行十七字。木記“萬曆辛亥歲孟秋月閩書林鄭
雲林梓”。【日本京都帝大】

　　　　題“東原羅貫中編次”，“書林雲林鄭世容梓行”。

重刻京本通俗演義按鑑三國志傳二十卷二百四十則　　存

・明萬曆庚戌（三十八年）閩建楊起元閩齋刊本。上圖，
下文。正文半葉十五行，行二十八字。卷末木記“萬曆
庚戌歲孟秋月閩建書林楊閩齋梓”。【日本内閣文庫】

　　　　題“晉平陽侯陳壽史傳”，“明閩齋楊起元校梓”。
内容與周曰校本大同小異。

新鋟全像大字通俗演義三國志傳二十卷①　　存

- 明萬曆間笈郵齋刊本。上圖，下文。封面題"全像英雄三國誌傳"，"笈郵齋藏版"。二十卷後有牌子云"閩書林笈郵齋梓行"。【英國牛津大學圖書館】

　　日本鹽谷温藏一殘本與此本題名相同，不知是一本否？

新鋟全像大字通俗演義三國志傳二十卷②　　存

- 明閩書林劉龍田刊本。上圖，下文，半葉十五行，行二十五字。封面題"喬山堂鋟"或題"笈郵齋藏板"③。【日本日光晃山慈眼堂】【英國牛津大學圖書館】【日本鹽谷温藏本缺卷四至卷七】

　　首屠維季冬朔日清瀾居士李祥序④。

新刻按鑑演義全像三國英雄志傳二十卷二百四十則　　存

- 明閩書林楊美生刊本。上圖，下文。圖上欄外有八字標題。圖兩旁文各三行，行三十六字。圖下十行，行二十九字。板心上題"新刻三國志傳"。

- 馬隅卿藏楊美生本鈔本。

---

①補注：二百四十則，半葉十五行，行二十五字。

②補注：二百四十則。

③補注：劉氏喬山堂是萬曆間建陽書坊中的一個刻小說、戲曲和醫書的書坊。他刻行的書，多在萬曆四十年前後。劉龍田，福建的縣志孝友傳有傳。他的兒子天啓間中進士。修業假定啓禎間喬山堂歇業，將版售與笈郵齋。

牛津大學圖書館藏新鋟全像大字通俗演義三國志傳（卷內題），次行題"書林喬山堂梓行"，卷九題"書林喬山堂劉氏"，卷十二題"書林劉龍田梓行"。首李祥序署歲在屠維季冬朔日。

笈郵齋本即劉龍田本，亦即喬山堂本。

牛津本是完本，修業書（編按：即劉修業古典小說戲曲叢考，作家出版社版。）六十八頁所記甚詳，可參考。

此與上文笈郵齋本是一本，唯書名"新鋟"作"新鋟"。

④補注：太歲在己曰屠維。萬曆間歲行值己者數次，今未能定爲何年。

- 清嘉慶間翻楊美生本。

題"晉平陽侯陳壽史志傳","元東原羅貫中演義"，首閩西桃溪吳翼登序。

新刻音釋旁訓評林演義三國志史傳二十卷二百四十則（亦題新鍥官板全像音釋旁訓演義三國志傳） 存

- 明刊本。上圖，下文①。圖上有六字標題。半葉十四行，行二十四字。

題"古臨冲懷朱鼎臣輯"。②

鍾伯敬先生批評三國志二十卷 存

- 明刊本。十二行，行二十六字。無圖。板心題"批評三國志"。【日本千葉掬香】

題"景陵鍾惺伯敬父批評"，"長洲陳仁錫明卿父較閱"。序缺。

天德堂刊本李卓吾先生評三國志二十卷二百四十則③ 未見

日本寶曆甲戌舶載書目著錄此本。首閩西吳翼登序，則從楊美生本出。余見明八卷本武穆精忠傳爲天德堂刊本，則天德堂亦明書肆也。

新刻京本按鑑考訂通俗演義全像三國志傳二十卷二百四十段 存

- 明天啓間閩芝城潭邑黃正甫刊本④。上圖，下文。圖上有橫標題。半葉十五行，大行三十四字，小行二十六

---

① 補注：柳云每面（半葉）下都有一幅繪圖，"下"是"上"之誤。
② 補注：卷一題"建邑□□□梓"。
③ 補注：柳存仁書八十四頁二十九條倫敦博物院藏本內封面中央題"三國志傳"，右上"李卓吾先生批點"，左下"敬堂王泗源刊行"，首玉屏山人如見子三國志小引，卷十三題"古臨冲懷朱鼎臣輯"，卷十四"羊城冲懷朱鼎臣編輯"。修業書七十一頁：倫敦博物院圖書館王泗源就朱鼎臣舊版補刻本。
④ 補注：柳書一百至一百一頁云：黃正甫本與英國博物院藏藜光堂本全像三國志傳極相似，行款同。（柳書藜光堂本小説書目未收。）

字。【北京圖書館】

　　首癸亥正月山人博古生序。次君臣姓氏附錄。

三國志二十卷二百四十回　　存

・明崇禎間雄飛館合刻英雄譜本，下層爲三國志。回數
注於正文題目下。圖六十二葉。半葉十四行，行二十
二字。日本內閣文庫及尊經閣均藏此本。

　　題"晉平陽陳壽史傳"，"元東原羅貫中編次"，"明
溫陵李載贄批點"。

李卓吾批三國志傳二十卷二百四十則

　　煙水散人編次本。未見。日本松澤老泉彙刻書目
外集著錄。煙水散人爲徐震，所編次多爲嘯花軒刊。
則此殆清初嘯花軒刊本耳。

　　上二十卷二百四十則

新刻按鑑演義京本三國英雄志傳六卷二百四十則　　存

・清三餘堂覆明本。圖十二葉（像二十四）。正文半葉十
五行，行三十二字。【北京大學圖書館】

　　題"晉平陽侯陳壽志傳"，"元東原羅貫中（誤作"貴
志"）演義"。首玉屏山人序。馬隅卿云：標題內容與楊
美生二十卷本同，但字句間有改正之處。

　　上六卷二百四十則

李卓吾先生批評三國志一百二十回不分卷　　存

・明建陽吳觀明刊本。精圖一百二十葉。有"書林劉素
明全刻像"字樣。正文半葉十行，行二十二字。有眉批
總評。【北京大學圖書館】【日本蓬左文庫】

　　此本封面二：一題"刻李卓吾批點三國志全像百二
十回"；一題"三國志演義評"。首禿子（李贄）序，繆尊
素序，無名氏序（實即庸愚子序），讀三國史答問，宗寮

姓氏,目録。

　　按:此本以二則爲一回,目録每回二句,即取前後二則標題。唯書中第九回下所題,仍是一句爲題,其下一句夾于此回正文中間,題則夾於正文之内,事實上仍與舊本分則者同。每回總評,每有"梁溪葉仲子謔曰"云云。

李卓吾先生批評三國志真本一百二十回不分卷　　存

・吳郡寶翰樓刊本。圖一百二十葉。行款同吳觀明本。

　　封面題"李卓吾先生評新刊三國志"。首繆尊素序。無宗寮,有目録,有眉批總評。

李卓吾先生批評三國志一百二十回不分卷　　存

・明刊本吳郡緑蔭堂本從此本出。【日本日光晃山慈眼堂藏二部】

・清初吳郡緑蔭堂覆明本。圖一百二十葉。【北京市圖書館】【日本宫内省圖書寮、無窮會】【法國巴黎國家圖書館】

　　首繆尊素序,有宗寮,目録。緑蔭堂本有康熙丁卯戴易書富春關侯祠壁文。

李卓吾先生批評三國志一百二十回不分卷　　存

・清吳郡藜光樓楠槐堂刊本①。圖一百二十葉。【北京圖書館】【北京大學圖書館】

　　封面題"綉像古本李卓吾原評三國志"。首繆尊素序。有宗寮,目録。其板刻形式與緑蔭堂本同,唯改眉批爲夾批。

①補注:柳書一百一頁引條有藜光堂全像三國志,與藜光樓本非一本。藜光堂乃明富沙劉榮吾堂名。編按:柳書所引爲劉修業古典小説戲曲叢考。

　　　　　　　上一百二十回不分卷（自寶翰樓本以下，均從
　　　　　吳觀明本出）

三國志二十四卷一百二十回　　　存

- 清遺香堂刊本。板心有"遺香堂"三字。正文半葉十
　　行，二十二字。每回分兩截。

- 北京大學有殘本，存九十五至一〇三回。

- 周紹良亦有殘本。首壬申（崇禎五年）夢藏道人序。有
　　目錄。現存細圖存四十二頁。正文缺一至四回，三十
　　二至三十八回，四十六至四十七回，六十三至六十六
　　回，一〇八至一一一回，共缺二十一回。夢藏道人序，
　　文已不全。序稱"羅貫中書遭一剖剟即遭一改竄，令讀
　　者幾以貫中為口實"云云。

李笠翁批閱三國志二十四卷一百二十回　　　存

- 清兩衡堂刊本。行款與遺香堂本同。圖一百二十葉。
　【北京市圖書館】【法國巴黎國家圖書館】
　　　　封面題"笠翁評閱繪像三國志第一才子書"。首湖
　　上笠翁李漁序。有目錄，宗寮。有眉批，無總評。評語
　　與卓吾評不同。對原本文字偶有改動之處。其回目一
　　依舊文，每回文字分二截，亦如吳觀明本。

　　　　　　　上二十四卷一百二十回

毛宗崗評三國志演義六十卷一百二十回　　　存

- 清康熙刊本。首順治甲申（元年）金聖歎序。

- 覆本。

- 通行本。

　　　宗崗字序始，江南長洲人。

　　　按：劉廷璣在園雜誌卷二論三國演義有云：杭永年
　　一倣聖歎筆意批之，似屬效顰，然亦有開生面處。今坊

間通行本三國演義多於毛宗崗題名後另行題云"吳門杭永年資能氏定"。疑永年未嘗自爲書，但取宗崗評本稍加評語。劉氏所據或即此等本，因誤以書屬之杭永年耳。又：日本松澤老泉彙刻書目外集記唱經堂外書別行本有第一才子書六十卷百二十回。似聖歎於三國亦曾有論評。今坊刻本所附"聖歎外書"，或實有所據。唯此別行本三國余未見，不敢定也。

　　　上六十卷一百二十回

　　　以上三國

新刻續編三國志後傳十卷一百三十九回　　存

- 明萬曆十四年刊本。插圖，記刻工曰"金陵魏少峰刻像"。半葉十二行，行二十七字。【北京圖書館】

　　明無名氏撰①。卷首有序有引。序署"萬曆歲次己酉"。此書所記以前趙劉曜事爲主。謂曜乃蜀漢後裔。

後三國石珠演義三十回(亦名三國後傳)　　存

- 舊刊大字本。封面題"聖歎外書"，"李卓吾評"。實無評論。
- 通行小字本，尤劣。

　　清無名氏撰。題"梅溪遇安氏著"。首庚申(無年號)澹轅主人序。演劉淵、石勒等事。

東西晉演義(西晉四卷東晉八卷)　　存

- 明萬曆四十年周氏大業堂刊本。圖嵌正文中。記繪工曰"王少淮寫像"。半葉十二行，行二十四字。眉欄有注釋。【北京大學圖書館】
- 覆本。英德堂重刊兩晉志傳本即從此本出。劣。

---

① 補注：題"晉平陽侯陳壽史館雜記"，"西蜀西陽野史編次"。

· 清光緒二十二年上海石印本。

　　明無名氏撰。題"秣陵陳氏尺蠖齋評釋"，"繡谷周氏大
業堂校梓"。首雉衡山人（即楊爾曾）序。正文前有東西晉
及十六國元魏東西魏紀年。每卷記年代起訖。此書東西晉
分叙。不標回數。

別本東西晉演義十二卷五十回　　　存

　　明無名氏撰。

　　此書今所見者有二本：一爲三台館刊本，書名新鐫全像
東西兩晉演義志傳；一爲武林刊本，書名新鐫東西晉演義。
並十二卷五十回。而異其署題。今分記如下：

新鐫東西晉演義十二卷五十回

· 明武林刊本。前附圖，頗精細。正文半葉十行，行二十
　二字。【北京大學圖書館】

· 日本尊經閣亦藏此本。

　　明楊爾曾編。"武林夷白主人重修"，"泰和堂主人
參訂"。爾曾字聖魯，號雉衡山人，浙江錢塘人。第一
回前記年代起訖。東西晉不分叙，比大業堂本爲詳。
北京大學藏武林刊本，序已失去。大業堂本之雉衡山
人序，疑當屬之此本。

新鐫全像東西兩晉演義志傳十二卷五十回

· 明三台館原刊本。未見。

· 清嘉慶四年敬書堂覆明本。上圖，下文。圖左右有題句。
　正文半葉十四行，行二十四字。【北京大學圖書館】

　　題"雙峰堂主人鑒定"，"三台館余氏梓行"。序
不署名，即雉衡山人序。此本與武林刊本同。實是
一本。

兩晉演義　存

- 清宣統元年上海群學社出版説部叢書本。

　　此書余所見只二十三回。

　　清吳沃堯撰。首自序。沃堯字繭人（亦書作趼人），自號我佛山人，廣東南海人。

　　　　以上兩晉

精繡通俗全像梁武帝西來演義十卷四十回（一名梁武帝全傳）　存

- 清初余氏永慶堂原刊本。無圖。半葉十行，行二十七字。

【日本宮内省圖書寮、帝國圖書館】

- 嘉慶乙卯（二十四年）抱青閣刊小字刊別題"梁武帝全傳"。

　　清無名氏撰。永慶堂本題"天花藏主人新編"。首天花藏主人序。小説小話著録梁武帝外傳一書云與東西漢相伯仲，疑即此書。

南北史演義（南史六十四卷、北史三十二卷）　存

- 清乾隆癸丑（五十八年）原刊本。前附像讚，南北史各十六葉。正文半葉九行，行二十字。
- 嘉慶二年自怡軒重刊本，行款同。

　　清杜綱撰。許寶善評。題"玉山杜綱草亭編次"，"雲間許寶善穆堂批評"，"門人譚戴華校訂"。北史有許寶善序。綱字草亭，江蘇崑山人。

　　　　以上南北朝

鐫楊升庵批評隋唐兩朝志傳十二卷一百二十二回　存

- 明萬曆己未（四十七年）姑蘇龔紹山刊本。四周單邊。半葉九行，行二十字。板心魚尾上題"隋唐志傳"，下記卷數。

【日本尊經閣文庫】

　　題"東原貫中羅本編輯"，"西蜀升庵楊慎批評"。首楊慎、

林瀚二序。此書記隋末及唐一代事。至僖宗乾符五年而止。

唐書志傳通俗演義　　　存

明熊大木撰。大木字里見前。

此書所演以唐開國事爲主，明時刻本亦多。今所見者，有楊氏清江堂、唐氏世德堂、余氏三台館，及武林藏珠館四本。除清江堂本外，均不著作者之名。今分志如下：

新刊參采史鑑唐書志傳通俗演義八卷（別題秦王演義）

・嘉靖癸丑（三十二年）楊氏清江堂刊本。無圖。半葉十二行，行二十五字。【日本内閣文庫】

署“金陵薛居士的本”，“鰲峰熊鍾谷編集”。首嘉靖癸丑李大年序。此爲最初刊本。標題九十節，實八十九節。

新刊出像補訂參采史鑑唐書志傳通俗演義題評八卷

・明唐氏世德堂刊本，白紙大字。正文半葉十二行，行二十四字。全書八十九節。眉欄有評。圖嵌正文中，記畫工曰“王少淮寫”。【日本靜嘉堂文庫、尊經閣文庫】

・北京圖書館藏黑紙本，同板。書不全，存七卷七十八節。

不著撰人。題“姑熟陳氏尺蠖齋評釋”，“繡谷唐氏世德堂校定”。一作周氏大業堂。首無名氏序，署癸巳陽月，蓋是萬曆二十一年。

新刻按鑑演義全像唐書志傳八卷

・明余氏三台館刊本。上圖下文。正文半葉十三行，行二十三字。【日本宫内省圖書寮】

題“紅雪山人余應鰲編次”，“潭陽書林三台館梓行”。首三台館主人序，序文與世德堂本同。

新刊徐文長先生評**唐傳演義八卷**（別題隋唐演義）

- 明萬曆庚申（四十八年即泰昌元年）武林藏珠館刊本。前附圖三十二葉。正文半葉十行。行二十一字。眉欄有評。板心下題"藏珠館"。【日本內閣文庫】

　　　題"武林藏珠館繡梓"。首萬曆庚申錢塘黃士京二馮序。亦不著撰人。書九十節。

新刻徐文長先生批評**隋唐演義十卷一百一十四節**　　　存

- 明武林精刊本。圖四十葉。半葉十行，行二十一字。有旁批總評。【北京市圖書館】

　　　明無名氏撰。首徐文長序。不題撰人。此書第十節以下至九十八節，同熊鍾谷唐書志傳通俗演義。開首數節及九十九節以後，同羅貫中隋唐兩朝志傳。

新鐫全像通俗演義**隋煬帝豔史八卷四十回**　　　存

- 明人瑞堂精刊本。插圖精絕。正文半葉九行。行二十字。
- 覆本。

　　　明無名氏撰。題"齊東野人編演"，"不經先生批評"。魯迅先生以爲馮夢龍撰，未知何據。有咲痴子序，崇禎辛未檇李友人委蛇居士題詞，及崇禎辛未自序（署野史主人）。又凡例十二條。

劍嘯閣批評秘本出像**隋史遺文十二卷六十回**　　　存

- 明崇禎刊本。圖三十葉，六十面。四周單邊。正文九行，行十九字。板心上有"隋唐"二字。【日本東京帝國圖書館、米澤市立米澤圖書館、宇治山田神宮文庫】【大連圖書館】

　　　明袁韞玉撰。不署名。首崇禎癸酉（六年）自序，後署"吉衣主人題於西湖冶園"。章二：曰"令昭氏"，曰"吉衣主人"。書不署名，據此知爲韞玉所作。韞玉一名晉，又名于

令,字令昭。號甚多:曰白賓,曰簹庵,曰梟公,皆一人。吳
縣人。入清,官荆州府知府。

四雪草堂重訂通俗隋唐演義二十卷一百回　　存

- 清康熙刊本。圖五十葉。半頁十行,行二十三字。板心有
  "四雪草堂"字樣。

　　　　清褚人穫撰。首康熙己亥(五十八年)自序。人穫字稼
軒,一字學稼,江蘇長洲人。

大隋志傳四卷四十六回　　存

- 坊刊本。

　　　　清無名氏撰。題"竟陵鍾惺伯敬編次","温陵李贄卓吾
參訂"。卷首載林瀚序。實即割裂褚人穫書前半部爲之,而
改題名目。

説唐演義全傳六十八回　　存

- 清乾隆癸卯(四十八年)刊本。半葉十一行,行二十五字。
- 嘉慶辛酉(六年)會文堂重刊本。
- 善成堂刊本,析原書爲八卷,改題説唐前傳。回目一律改爲
  七言。刊工尤劣。
- 維經堂刊小本。

　　　　清無名氏撰。首乾隆元年如蓮居士序。會文堂本封面
署"鴛湖漁叟較訂"。書以褚人穫書爲底本而敷演之,所記
特爲粗獷。

瓦崗寨五卷二十回　　存

- 清同治甲戌廣東坊刊小本。

　　　　清無名氏撰。無署題。析説唐全傳前半爲之。

新刻增異説唐後傳五十五回　　存

- 清乾隆戊子(三十三年)鴛湖最樂堂發兑本。

- 乾隆癸卯(四十八年)觀文書屋刊本。
- 嘉慶辛酉會文堂刊本。
- 桐石山房刊本。

　　清無名氏撰。封面署"鴛湖漁叟較訂"。即林瀚書第七十則至九十八則，演爲羅通征北、薛仁貴征東二事，較之説唐前傳尤爲荒誕。

別本説唐後傳八卷　　　存

- 尚友齋梓行本(見日本寶曆甲戌舶載目)。
- 善成堂本。
- 光緒己丑(十五年)上海珍藝書局石印本。

　　清無名氏撰。題"姑蘇如蓮居士編次"。首鴛湖漁叟序。此書以卷首上、卷首下爲説唐小英雄傳，共十六回。以卷一至卷六爲説唐薛家府傳共四十二回。實即五十五回本之説唐後傳，但將一書分爲兩截耳。薛家府傳曾見坊間有單行本。

ᵃ異説征西演義全傳六卷四十回　　　存

- 清乾隆刊本。
- 道光庚寅(十年)寶華樓重鐫本。

　　清無名氏撰。題"中都逸叟原本"，"吳門恂莊主人編次"。首乾隆五十年恂莊主人重刻征西傳序。自褚人穫書六十八回鈔起，省略馬賓王蕭后事，憑空捏出薛仁貴征西一事。第十一回以下全襲褚書第七十回以下文。

薛家將平西演傳八卷三十二回(一名混唐後傳)　　　存

- 福建坊刊小本。

　　題"竟陵鍾惺伯敬編次"，"溫陵李贄卓吾參訂"。首竟陵鍾伯敬混唐後傳序。此書實即恂莊主人編之異説征西演義全傳,唯卷首征西事稍略。

征西説唐三傳十卷八十八回（一名異説後唐傳三集薛丁山征西樊梨花全傳）　　存

　　·坊刊本。

　　　　清無名氏撰。題"中都逸叟編次"。首如蓮居士序。

則天外史　　　　未見

　　　　小説小話引云："頗有依據,筆亦姚冶,可與隋煬豔史相匹。"

異説反唐演義傳（一名武則天改唐演義。嘉慶丙子本改題異説南唐演義。後來坊本又有題大唐中興演義傳者）　　　存

　　·瑞文堂刊大字本。板心上題"反唐全傳"。一百四十回。

　　·嘉慶丙子重刊本,十卷一百回,係節本。

　　·魯迅故居藏十卷百回本。像十二葉。正文半葉十一行,行二十八字。序署"如蓮居士題於似菊別墅",無年月。有魯迅先生夾簽題識云："三和堂版本,首葉作'反唐女媧鏡全傳',兩旁夾寫'內附鳳嬌投水''徐孝德下山'。序末作'時乾隆癸酉仲冬之月如蓮居士録于似山居中'。每卷第一行皆作'新刻異説反唐演義傳'。"

　　　　清無名氏撰。題"姑蘇如蓮居士編輯"。首乾隆癸酉（十八年）如蓮居士序。演薛剛、薛強事,以睿宗復辟結。

粉粧樓全傳八十回　　　存

　　·清嘉慶二年寶華樓刊本。

　　·清光緒三十二年泉城郁文堂刊本。

　　　　清無名氏撰。題"竹溪山人撰"。

忠孝勇烈奇女傳四卷三十二回　　　存

　　·清光緒四年道生堂刊本。

- 光緒癸巳（十九年）品文堂刊本。
- 積善堂刊本。

> 清無名氏撰。演木蘭事。云奎斗馬祖降壇所演。

> 以上隋唐

金統殘唐記（金統，黃巢年號）　　未見

> 明錢希言桐薪卷三云：金統殘唐記載黃巢事甚詳，而中間極誇李存孝之勇，復稱其冤。爲此書者，全爲存孝而作也。後來詞話，悉俑於此。武宗南幸，夜忽傳旨取金統殘唐記善本，中官重價購之。肆中一部售五十金。今人躭嗜水滸、三國而不傳金統，是未嘗見其書耳。

殘唐五代史演傳六十則　　存

- 八卷本題"李卓吾批點"。有圖，半葉九行，行二十字。
- 六卷本題"玉茗堂批點"。每回附評，仍作卓吾云云。有圖，半葉十一行，行二十五字。
- 同治辛未重刻"書業德記藏板"本，六卷六十則。有圖。【天津圖書館】
- 坊刻十二卷本。

> 題"貫中羅本編輯"。首長洲周之標君建序。

> 以上五代殘唐

南北兩宋志傳（據明三台館本題）　　存

- 明建陽余氏三台館刊本。書名全像按鑑演義南北兩宋志傳。南北宋分叙。合爲二十卷。南宋題"陳繼儒編次"；北宋不題撰人。上圖，下文。扁字。正文半葉十三行，行二十三字。首三台館主人序。【日本內閣文庫】
- 明唐氏世德堂刊，陳氏尺蠖齋評釋本。不知其全書總名。南北宋各十卷五十回。書題"姑孰陳氏尺蠖齋評釋"，"繡谷

唐氏世德堂校訂”。插圖。記畫工曰“王少淮”。半葉十二
行，行二十四字。南宋序後署“時癸巳長至泛雪齋叙”。北
宋序署“時癸巳長至日叙”。序文與三台館本不同。此爲金
陵刊本。【日本内閣文庫】

* 明葉崑池刊玉茗堂批點本。書名新刻玉茗堂批點繡像南北
宋傳。題“研石山樵訂正”，“織里畸人校閲”。南北宋各十
卷，五十回。圖南北宋各十六葉，記刊工曰“李翠峰”。半葉
十行，行二十字。南宋序署“織里畸人書於玉茗堂”。北宋
序署“萬曆戊午玉茗主人題”。然序文與世德堂本全同。此
爲蘇州刊本。今通行本皆從此本出。【日本宮内省圖書寮】

* 鄭因伯藏明刊本。書名新刻全像按鑑演義南北宋傳題評。
上圖下文，半葉十二行，行二十二字。殘存卷四至卷七。内
容與通行本異。此書余未見，不知其板刻原委。日本友人
長澤規矩也來信云，最近見殘本南北宋傳，是余象斗作。

　　明熊大木撰。見明三台館主人南北兩宋志傳序。

　　按：此書南宋演太祖事，北宋演宋初及真、仁二朝事。
命名至爲不通。疑南宋傳本名宋傳，北宋傳本名宋傳續集
（説詳拙著日本東京所見小説書目）。北宋傳據世德堂本葉
崑池本第一回按語云：“前後集收集楊家府等傳參入史鑑年
月編定”，恐非熊大木作。

北宋金鎗全傳十卷五十回　　　存

* 清道光癸未博古堂刊本。

　　題“江甯研石山樵訂正”，“鴛湖廢閑主人校閲”。首道
光壬午鴛湖廢閑主人序。即萬曆戊午北宋志傳玉茗主人
序。此與玉茗堂批點本北宋志傳實爲一書。

　　按：清乾隆間清涼道人聽雨軒筆記三餘紀引當時評話
有金鎗。

舊本飛龍傳　　未見

吳璿删定本飛龍全傳序引。

飛龍全傳六十回　　存

- 崇德書院刊大字本。【北京大學圖書館】
- 舊刊中型本。半葉十行，行二十字。
- 清同治九年翠隱山房重刊小型本。分二十卷。不精。
- 清光緒壬辰（十八年）上海書局石印八卷本，劣。

清吳璿删定。崇德書院本題"東隅逸士編"。首乾隆戊子（三十三年）自序。同治九年本增嘉慶丁巳（二年）杭世駿序，載吳璿序亦作嘉慶丁巳。

按：清乾隆間清涼道人聽雨軒筆記三餘紀引評話有飛龍。

宋太祖三下南唐八卷五十三回　　　存

- 清同治乙丑（四年）丹桂堂刊本。

清無名氏撰。題"好古主人撰"，荒誕。

上演宋藝祖及宋初事

大宋中興通俗演義八卷八十則　　　存

明熊大木撰。題"鰲峰熊大木編輯"。今所見明人演宋中興事者，以此書爲最早。

此書傳本甚多，今所見本子，有嘉靖壬子楊氏清白堂刊本（此爲原本），萬曆間周氏萬卷樓刊本，明内府鈔本。皆一本。署"熊大木編"。書名大宋中興通俗演義。有萬曆間余氏三台館刊本，改題"余應鰲編"。書名大宋中興岳王傳。有後來天德堂等三本，皆不著撰人。書名武穆精忠傳。名雖再易，實爲一書。今分志如下：

新刊大宋中興通俗演義八卷附會纂宋岳鄂武穆王精忠錄後集

- 嘉靖壬子(三十一年)楊氏清白堂刊本。中型,黑口。圖像共十四葉,第一面爲岳王像。正文半葉十一行,行二十一字。卷一第一行題"新刊大宋演義中興英烈傳"。其餘七卷俱作"新刊大宋中興通俗演義",與各本同。序題又作"武穆王演義"。首嘉靖三十一年熊大木自序。所附精忠錄爲三卷。此爲最初刊本。【日本內閣文庫】

- 萬曆間周氏萬卷樓刊本。圖嵌正文中,記畫工曰"王少淮寫"。正文半葉十三行,行二十六字。首熊大木序。所附精忠錄爲二卷。每卷撰人署名後題"書林萬卷樓刊行"。此書自余氏雙峰堂本出。【日本內閣文庫】【日本日光晃山慈眼堂】

- 法人鐸爾孟藏明內府精鈔本。圖彩繪,甚工細。惜已殘。僅存三卷。

  精忠錄題"李春芳編輯"。有正德五年重刊精忠錄序。

新刊按鑑演義全像大宋中興岳王傳八卷(不附精忠錄)

- 萬曆間三台館刊本。上圖,下文,半葉十三行,行二十三字。題"紅雪山人余應鰲編次",實即熊大木所編。序亦是大木序,但改署"三台館主人"。【日本內閣文庫】

新鐫全像武穆精忠傳八卷八十則

- 明天德堂精刊本。封面題"李卓吾評宋精忠傳"。圖十六葉。正文半葉十行,行二十一字。有圈點旁勒。【北京市圖書館】

- 吳門萃錦堂刊本。半葉十行,行二十字。【大連圖書館】

- 清初映秀堂本。卷首岳飛、李綱、韓琦(?)、宗澤四像。

每卷前附圖四葉。正文半葉十一行，行二十二字。眉欄有評。序題"岳鄂武穆王精忠傳"。封面題"精忠全傳"。【北京大學圖書館】

此三本不題撰人，冠以李春芳序，乃誤以精忠錄序逐置此書者。

岳武穆王精忠傳六卷六十八回　　存

- 舊刻本。封面題"玉茗堂原本"。半葉十二行，行二十八字。【北京市圖書館】
- 清初刊本。圖十五葉。首岳韓像。正文半葉十一行，行二十八字。【北京圖書館】

明無名氏編。題"鄒元標編訂"。此書即熊大木本删節歸併。回目用偶語，省略處不甚合理，按語論斷均删去，當係假託。

岳武穆盡忠報國傳七卷二十八則　　存

- 明崇禎刊本。封面署"友益齋梓行"。正文半葉十行，行二十字。有眉評。每回後總評。【鄭西諦】

明于華玉撰。卷一題"臥治軒評"。嫌熊大木書繁瑣，要删爲此書。華玉字輝山，江蘇金壇人，官浙江衢州府西安縣知縣。書即崇禎十五年任內所刻。

説岳全傳二十卷八十回　　存

- 通行大字本。
- 石印本。

清錢彩撰。題"仁和錢彩錦文氏編次"，"永福金豐大有氏增訂"。首金豐序。以岳飛爲大鵬臨凡，秦檜爲女土蝠轉生[1]，

---

[1] 編按：據説岳全傳，秦檜爲鐵背虬龍轉生，秦檜妻王氏爲女土蝠轉生。

始見於此書。此書清乾隆間曾查禁，見禁書總目。

上演中興諸將事以岳飛爲主

楊家通俗演義八卷五十八則（別題新編全像楊家府世代忠勇通俗演義）　存

- 明萬曆丙午（三十四年）精刊本。圖嵌正文中。左右各半葉爲一幅。正文半葉十行，行二十字，寫刻。【北京圖書館】【北京大學圖書館】

　　明無名氏撰。題"秦淮墨客校閲"，"煙波釣叟參訂"。首萬曆丙午秦淮墨客序。據章，秦淮墨客爲紀振倫，字春華。

天門陣演義十二寡婦征西十九回　　存

- 坊刊小本。【鄭西諦】

　　清無名氏撰。無署題。析楊家府後半爲之。

平閩全傳六卷五十二回　　存

- 光緒十一年坊刊本。

　　清無名氏撰。演楊文廣平閩事，甚荒誕。

説呼全傳十二卷四十回　　存

- 清乾隆己亥（四十四年）金閶書業堂刊大字本。無圖。半葉九行，行十八字。
- 又己亥寶仁堂本。同板。

　　清無名氏撰。題"半閒居士學圃主人同閲"。首乾隆四十四年滋林老人序。目錄標題與正文不盡同。據章，滋林老人爲張溶，字默虞。

五虎平西前傳十四卷一百十二回　　存

- 同文堂刊本。【北京大學圖書館】
- 嘉慶辛酉（六年）坊刊本，題作"新鐫異説五虎平西珍珠旗演

義狄青前傳"。【北京圖書館】

- 經綸堂刊本。
- 寶華順刊本。
- 光緒乙未（二十一年）上海書局石印本，六卷。

　　　清無名氏撰。首嘉慶六年序。

五虎平南後傳六卷四十二回　　存

- 同文堂刊本。【北京大學圖書館】
- 寶華順刊本，題作"新鐫後續繡像五虎平南狄青演傳"。

　　　清無名氏撰。卷首序同平西前傳。

萬花樓楊包狄演義十四卷六十八回　　存

- 羊城長慶堂刊本。
- 近文堂刊本。
- 沈鶴記書局石印本，六卷。

　　　清李雨堂撰。長慶堂本題"西湖居士手編"。首雨堂自叙。

後續五虎將平南後宋慈雲走國全傳八卷三十五回　　存

- 清嘉慶庚辰二友堂刊本。
- 道光庚子坊刊小本。

　　　清無名氏撰。演徽宗事，無稽。

雪窖冰天録　　未見

　　　小説小話引。云即阿計替南渡録改編爲章回小説。並取宋人稗史增益之。

采石戰記　　未見

　　　小説小話引。云以虞允文戰功爲主，而多記完顔亮穢亂事。

後精忠傳　　未見

　　　小説小話引。云所演以孟珙爲主，程度與岳傳相似，而稍有新意。

賈平章外傳　　未見

演賈似道事。見小説小話。云即紅梅閣所本。襄樊城守數回涉神怪，無謂。

雙忠記　　未見

小説小話引。云以張順、張貴爲主人翁。雖寥寥短簡，尚能傳二張之忠勇。

楚材晉用記　　未見

小説小話引。云以譚峭爲仙人，張元、吳昊原脱"昊"字、叩馬書生、施宜生、張宏範等皆出其門下。作者用意，蓋不勝其沉痛云。

痛史　　未見

清吳沃堯撰。見一九一九年五月古今小説評林。云痛史爲趼人未完之作，其寫南宋滅亡之慘，元人淫殺之酷，蓋有爲而言之。

以上宋

大元龍興記　　未見

小説小話：大元龍興記鋪揚功德，崇拜番僧回將，侈述元之發祚，頗覺可笑。

庚申君外傳　　未見

小説小話引。云大半採演撲兒傳，加以裝點，無甚歷史小説價值。然宮禁秘事多有所本。

奇男子傳　　未見

小説小話：元末群雄，史多不詳。此書足補其闕。唯以常開平與擴廓爲伍胥申胥變相，未免擬不於倫。

以上元

皇明開運英武傳（即英烈傳）　　存

明無名氏撰。相傳爲嘉靖時武定侯郭勛所作。今演明開國事者，以此書爲最早。

此書今所見明本有三本，書名卷數不同，實一書。分記於下：

新鍥龍興名世録皇明開運英武傳八卷（別題皇明英武傳）

・明萬曆辛卯（十九年）書林楊明峰刊本。上圖，下文。雙邊有界。正文半葉十四行，圖下行十八字，圖旁者低一格，行二十五字。書八集，以“金石絲竹匏土革木”爲目。題“南京齊府刊行”，“書林明峰楊氏重梓”。【日本內閣文庫】

新刻皇明開運輯略武功名世英烈傳六卷（別題官板皇明全像英烈志傳）

・明三台館刊本。圖嵌文中。正文半葉十三行，行二十五字。首無名氏序。有木記云“書林余君召梓行”。清乾隆間禁書總目有“君召余應詔刊英烈傳”，即此本。【日本內閣文庫、成簣堂】

・明刊本，無木記。圖嵌文中。正文半葉十三行，行二十六字。【日本日光晃山慈眼堂】

皇明英烈傳六卷

・明刊本。每卷前附圖，甚精。正文低一格，半葉十行，行二十一字。每卷題“玉茗堂批點”。首崇禎戊辰（元年）某氏序，與余應詔本所載序全同。末有萬曆甲寅（四十二年）黃冠野叟跋。此本與余應詔本爲一本。【北京圖書館】

雲合奇蹤（亦題英烈傳）　　存

題“徐渭文長甫編”。當係依託。此本以舊本皇明開運英武傳爲底本,而加以剪裁,間有裝點處。

　　此書亦有二本:一每則標題爲四言聯對,似最初形式,今目爲甲本;一每回標題爲七言隻句,今目爲乙本。二本內容文字全同,分記如次:

一、甲本(標題聯對四言,多載徐如翰序)

- 明刊二十卷本。八十則。書名京本雲合奇蹤。板心題"雲合奇蹤"。前附圖二十葉,四十面。半葉十行,行二十字。題"徐渭文長甫編","玉茗堂批點"。首萬曆丙辰(四十四年)徐如翰伯鷺序。【北京圖書館】
- 日本舶載書目享保間目著錄載道堂本十二卷八十回。書名繡像英烈傳。題"稽山徐渭文長甫編"。有崇禎癸未(十六年)樂此道人序。書未見。
- 坊刊五卷八十回本。載徐如翰序,亦題"稽山徐渭文長甫編","玉茗堂評點"。文多刪節,劣。

二、乙本(每回標題七言隻句,而目錄皆七言聯對,皆載東山主人序)

- 清懷德堂刊本。有像無圖。半葉十行,行二十二字。題"稽山徐渭文長甫編"。首東山主人序。章二:曰"東山",曰"墨憨"。似託之馮夢龍。
- 英德堂本亦有像無圖。行款署題,均與上本同。亦載東山主人序。
- 道光丁酉務本堂坊刊本,劣。

　　以上三本,並十卷八十回,有東山主人序(各本序文不盡同),徐序刪去。

真英烈傳　　未見

　　小說小話引。云:似因反對英烈傳而作。開國諸將中,于郭英多所痛詆,而盛述傅友德、胡德濟(原注:即平

話中之王于)、邵榮(原注：即平話中之蔣忠)功業。平川
之役，特表萬勝。勝前書多矣。又謂沐英爲高后私生子，
而懿文與永樂皆畜養於宮中者。永樂爲庚申君遺腹，其
母甕妃，爲藍玉俘獲，太祖納諸宮中，而玉曾染指。亦見
明人野史。

承運傳四卷(不分回)　存

- 明萬歷間福建坊刊本。上圖，下文。正文寫刻，半葉十行，
行十七字。【日本內閣文庫】

　　明無名氏撰。記成祖靖難之役。

三寶太監西洋記通俗演義二十卷一百回　　存

- 明萬曆間精刊本。大型，插圖。
- 步月樓本別題"映旭齋藏板"，係覆萬曆本。
- 咸豐己未(九年)廈門文德堂覆明本。中型。書二十卷，一
百二十回。題"三寶開港西洋記"。半葉十三行，行二十六
字。寫刻。【北京大學圖書館】
- 申報館排印本，不精。
- 商務印書館排印本。

　　明羅懋登撰。題"二南里人著"，"閒閒道人編輯"。懋
登字登之。今所見萬曆本香山記傳奇，首二十六年戊戌懋
登序，亦署二南里人。曲海總目提要卷十八香山記解題，因
以懋登爲陝西人。

女仙外史一百回　　存

- 鈞璜軒原刊本，半葉十行，行二十二字。
- 光緒乙未(二十一年)上海積山書局石印本，劣。

　　清呂熊撰。署"古稀逸田叟"。熊字文兆，在園雜誌云
吳人。首自序，陳奕禧序。康熙辛卯自跋，又同時葉旉跋，

劉廷璣品題,楊顓評論。演永樂間唐賽兒事。

續英烈傳　　存

- 舊刊大字本,五卷三十四回。半葉九行,行二十一字。
- 道光二十年雙桂堂本,二十回。
- 明本未見。

> 明無名氏撰,舊本題"空谷老人編次"。首紀振倫序,署"秦淮墨客"。似作者即紀氏(小本序亦署空谷老人)。書演建文遜國事。

魚服記　　未見

> 清人撰。見小説小話。云:記山川方物頗有可觀。組織處亦見苦心。作者自謂得諸程濟後人云。

于少保萃忠全傳十卷四十傳(亦名旌功萃忠録,每卷四傳)　　存

- 明萬曆刊本。未見。
- 道光十五年十二世孫士俊重刊本。半葉九行,行二十二字。首于忠肅像。
- 寶翰樓本。
- 務本堂本。
- 雙璧堂本。

> 明孫高亮撰。題"後學孫高亮懷石甫纂述"。道光十五年刊本有萬曆辛巳林從吾序,道光元年十一世孫燦跋,道光十五年十三世外孫朱增惠跋。

于少保萃忠傳十卷七十回　　存

- 舊刊本。【馬彥祥】

> 題"西湖沈士儼幼英父纂述","武林沈士修奇英父批評"。

正統傳　　未見

> 明無名氏撰。演英宗復辟事。以于忠肅爲元兇。見嘯

亭雜録及小説小話。

皇明大儒王陽明先生出身靖難録上中下三卷　　存

· 日本刊本。

　　　　明馮夢龍撰。夢龍字里見前。書題"墨憨齋新編"。此
　　　書所記皆實録。

偉人傳　　未見

　　　　小説小話引。云：以徐武功（徐有貞）、韓襄毅（韓雍）、
　　　王新建（王守仁）、王威寧（王越）四人爲主，蓋小説中之合傳
　　　體。然事蹟多不經，全乖於本傳。又四人功業雖可頡頏，而
　　　以人格論，則亦不免老子韓非之誚。據此，則書中人物，不
　　　出天順、成化、正德三朝，或是正嘉間人作，亦未可知。

豹房秘史　　未見

　　　　小説小話引。云：妖艶在隋煬艷史上。事多憑空結撰。
　　　按：明杜濬變雅堂集有聽武宗平話詩，則明時伎藝人已演武
　　　宗事爲小説矣。

武皇西巡記　　未見

　　　　清無名氏撰。署名"江南舊史"。見小説小話。云觀其
　　　序大約乾隆中官江南，因供應不善而被議者，作此以指斥。
　　　又云：詞采頗豐蔚，所叙巡幸事實，亦似得之躬歷，非强作解
　　　事者比。

大明正德皇遊江南傳四十五回　　存

· 高麗鈔本四卷。【日本宮内省圖書寮】

· 坊刊七卷本。

　　　　　　以上二本並四十五回。

· 坊刊四卷本二十四回。

　　　　清何夢梅撰。首道光壬辰黃逸峰序，又同時自序。演

正德遊幸遇李鳳姐事。書甚陋。夢梅字雪莊（？），廣東順
德人。

新編前明正德白牡丹傳四十六回　　　存

- 光緒辛卯（十七年）上海博古齋刊小本。

清翁山撰。題"武榮翁山柱石氏編"。亦演正德李鳳姐
事。蹇劣與遊江南傳相埒。

青詞宰相傳　　　未見

演夏言事，見小説小話。云極力醜詆桂洲，未免太過。

駿鸞録　　　未見

演世宗崇道流事。見小説小話。云事蹟裝點，唯李福
建、陶仲文、藍道行實有其人。

金齒餘生録　　　未見

題"楊用修撰"。見小説小話。云詞氣不類，當非用修
自著。記用修議大禮事，亦多與史矛盾。惟記苗族風尚，頗
瑰異可觀。

忠國傳　　　佚

九一居主人征播奏捷傳序引。

兵火傳　　　佚

九一居主人征播奏捷傳序引。

征西傳　　　佚

九一居主人征播奏捷傳序引。

上三書不知所演何事。九一居主人序征播奏捷傳
在萬曆三十一年癸卯，則皆萬曆癸卯前書也。

新刻全像音注征播奏捷傳通俗演義六卷一百回　　　存

- 明萬曆癸卯（三十年）蜀刊本。大型，插圖。正文半葉十一
行，行二十六字。【日本尊經閣】

明無名氏撰。署"捃真齋名道狂客演"。首九一居主人引,末有捃真齋玄真子後叙。演李化龍平播酉楊應龍事。

按:四庫全書總目五十四雜史類存目三平播始末解題云:"萬曆間播州宣慰使楊應龍叛,郭子章方巡撫貴州,被命與李化龍同討平之。子章嘗有黔記,頗載其事。晚年退休家居,聞一二武弁造作平話,左袒化龍,飾張功績,多乖事實,乃仿記事本末之例,以諸奏疏稍加詮次,復爲此書,以辨其誣。"所云平話,殆即此征播奏捷傳一類之書。

舊本大紅袍　　未見

演海瑞事,見小説小話。云筆頗整飭,非今日坊間通行之本。

海公大紅袍全傳六十回　　存

·坊刊本。

清無名氏撰。當即小説小話所云坊間通行本。此書有署"晉人李春芳編次"者。蓋因明本海剛峰居官公案署"晉人義齋李春芳編次"耳。

海公小紅袍全傳十卷四十二回　　存

·清道光壬辰刊本。

清無名氏撰。

護國録　　未見

記三案事。小説小話:書中所謂張閣老、朱國公者,不知指何人。叙三案事尚未全失實。唯頗不滿意于沈四明及王之寀;而文致鄭國泰,視爲梁冀一流,雖下流所歸,而不知鄭之庸劣,實不足以當之。

平妖全傳　　存

·馬隅卿舊藏明本。殘存卷二至卷五。卷五止於六十回。不知全書之卷數回數。

　　明無名氏撰。題"吳興會極清隱居士編次","洪都瀛海
嬾仙居士參閱","彭城雙龍延平處士訂正"。演天啓間徐鴻
儒事。

遼東傳(小説小話誤作賣遼東傳)　　未見

　　明史(卷二五九)熊廷弼傳:魏忠賢欲速殺廷弼,其黨門
克新、郭興治、石三畏、卓邁等遂希指趣之。會馮詮亦憾廷
弼,與顧秉謙等侍講筵,出市刊遼東傳譖於帝曰:"此廷弼所
作,希脱罪耳。"帝怒,遂以五年八月棄市,傳首九邊。崇禎
二年,大學士韓爌等言:"廷弼遺骸,至今不得歸葬,從來國
法所未有。今其子疏請歸葬,臣等擬票許之。蓋國典皇仁,
並行不悖。使誅廷弼者按封疆失陷之條,偕同事諸臣一體
赴法,廷弼九原目瞑;乃先以賄贓拷坐楊漣、魏大中等作清
流陷阱,既而刊書惑衆,借題曲殺,斯則廷弼死未心服,海内
忠臣義士亦多憤惋竊嘆者。"詔許其子持首歸葬。

　　劉若愚酌中志(卷二十四):其(馮銓)害熊廷弼者,因書
坊賣遼東傳其四十八回内有馮布政父子奔逃一節,極恥而
恨之,令妖弁蔣應暘發其事于講筵,以此傳出袖中,而奏致
熊正法。其實與貴池相公(丁紹軾)無甚與也。彼時閣中擬
入聖諭,歸乾斷于先帝。體乾(王體乾)、永貞(李永貞)、文
輔(涂文輔)會議曰:"分明是小馮兒與熊家有隙,在講筵害
他,與聖上何干?"遂以原稿上,奏請御筆增入"卿等面奏,出
之袖中"字樣。

　　李遜之三朝野記(卷三上):遼難之發,涿州父方任
□□(當是"遼東"二字)布政,鼠竄南奔。書肆中有刻小説
者,内列馮布政奔逃一回,涿州恥之,先令卓邁上廷弼宜急
斬疏,遂於講筵袖出此傳,奏請正法(原注:時熊在獄中,文

出，揭無投賄楊、左事，内亦忌之矣），擬諭以進。王體乾曰：
"此明係小馮欲殺熊家，與皇爺何預?"請御筆增入"卿等面
奏，出諸袖中"云云。

　　按：帝諭内閣，有"頃八月二十一日，文華殿講讀畢，卿
等五人面獻刊行繡像遼東傳一册，出諸袖中，合詞奏曰：'此
熊廷弼所以掩飾誇功，希圖脱罪。'朕親覽之，竪髮切齒。況
屢經言官郭興治、門克新、石三畏等形於章奏，宜即加兩觀
之誅，庶大快萬民之憤"之語。亦見三朝野紀三上。

　　李清三垣筆記附識（上卷）：遼東傳一書，爲丁輔紹軾等
進呈以殺廷弼者。予曾見此傳，最俚淺不根，而指爲廷弼撰
授，尤誣。

　　小説小話：賣遼東傳曾見傳鈔殘本，雖多落寞曰而頗多
逸聞。惟馮布政奔逃一回，即涿州與東林搆怨之一原因者，
則闕之矣。

峥霄館評定出像通俗演義魏忠賢小説斥奸書四十回（不分卷）　　存
・明崇禎元年精刊本。插圖。正文半葉十行，行二十一字。
有旁批，眉批。【北京圖書館】

　　明無名氏撰。題"吴越草莽臣撰"。首崇禎元年鹽官木
强人序。又同時吴越草莽臣自序，羅刹狂人叙。疑陸雲
龍撰。

皇明中興聖烈傳五卷　　　存
・明刊本，插圖。半葉八行，行十九字。【日本内閣文庫、長澤
規矩也】
・光緒三十二年上海中新書局排印本二卷，改題魏忠賢軼事。
署"西湖野臣原著"，"河間趙雲書輯録"，實即此書。

　　明樂舜日撰。題"西湖義士述"。卷首自序署"西湖野

臣樂舜日”。演魏忠賢事,殊疏。

警世陰陽夢十卷四十回　　　存

* 明崇禎元年刊本。插圖。【大連圖書館】

　　明無名氏撰。題“長安道人國清編次”。首崇禎戊辰
（元年）硯山樵元九序。演忠賢事,而託之冥報,文尤簡拙。

檮杌閒評全傳五十卷五十回附總論一卷　　　存

* 坊刊小本。
* 舊學盦筆記云有大本。未見。小説小話云坊間翻刻,易其
名曰明珠緣。

　　不著撰人。演魏忠賢事。

新鐫出像通俗演義遼海丹忠錄八卷四十回　　　存

* 明崇禎刊本。圖二十葉。半葉九行,行十九字。【日本内閣
文庫】

　　明陸雲龍撰。題“平原孤憤生戲筆”,“鐵崖熱腸人偶
評”。首翠娱閣主人序。雲龍,字雨侯,浙江錢塘人。記明
季遼東之役,以毛文龍爲主。此書清乾隆間曾查禁,見歸安
姚氏刊禁書總目。

近報叢譚平虜傳二卷二十則　　　存

* 明崇禎間坊刊本。【日本内閣文庫】

　　明無名氏撰。題“吟嘯主人撰”。記崇禎初滿洲入
犯事。

放鄭小史四十回　　　佚

大英雄傳四十回(正書二十八回,後傳自二十九回起至四十回止)　　　佚

　　　上二書俱明人撰,以詆鄭鄤者,今無傳本。鄤字謙
止,武進人,天啓二年進士,選庶吉士。值文震孟疏攻
客、魏,留中不發,鄤繼之,俱罷官回籍。崇禎元年,復

官。以丁父母憂，八年，始入京。鄆負盛名，與文震孟、黃道周友善，爲宰輔溫體仁、楊嗣昌、張至發所忌，欲借鄆以傾二人，乃先後劾鄆杖母、惑父披剃事，下刑部獄。體仁黨陸完學復募鄆同鄉許曦等九人，代爲草疏，以實杖母之事，並加入姦媳姦妹事。十二年八月，獄成，磔於市。據鄆所自叙年譜，謂"曦等更深一步，串成穢惡小説，嵌入姓名；陸完善七十四歲之翁，深狃諸惡少而成之"云云。則當時體仁等藉小説以遂其陷害之謀，實與馮銓之遼東傳同，而卑劣猶過之。此二書今雖不見，古學彙刊猶載其目，蓋即曦輩所爲。尚有扶倫信史則文具在，以文言演之，已叙至鄆死。又有烈女傳，演姦媳事，今未見。

新編勦闖通俗小説十回（一名忠孝傳）　　存

- 明弘光元年刊本。【南京圖書館】
- 明刊本。插圖五葉。正文半葉八行，行二十二字。【日本内閣文庫】
- 明寫刻本，半葉九行，行二十六字。板心題"忠孝傳"。有圈點旁勒，附圖頗精。

　　明無名氏撰。題"西吳懶道人口授"。首"西吳九十翁無競氏"序。記李自成起義事始末。至弘光即位南京而止。此書清乾隆間曾查禁，見禁書總目。

甲申痛史　　未見

　　小説小話引。云書中以懷宗爲成祖後身，起義諸人則靖難諸臣轉世報讐者。成祖轉生爲懷宗之説，霜猿集亦載之。而以起義諸人爲胡藍案中人，則西堂樂府亦有此説。

　　按：李清三垣筆記附識補遺載一條云：崇禎初，吾邑子衿袁靖遇禪僧毒鼓於某山下,毒鼓指天象語曰:天遣齊黃輩下界,不久將亂矣。至甲申之變乃驗。

新世弘勳二十二回（一作盛世弘勳,又名定鼎奇聞,後來有題作新史奇觀者）　存

- 慶雲樓刊原本。前附圖五葉。半葉九行,行二十字。【北京大學圖書館】
- 載道堂本。【大連圖書館】
- 嘉慶丙寅刊本,不精。
- 道光丙申文淵堂重刊本。
- 光緒壬辰邗上文運堂刊本,題"新史奇觀"。半葉十行,行二十字。【魯迅故居】
- 姑蘇稼史軒本,題"新世鴻勳大明崇禎傳定鼎奇聞"。半葉十二行,行二十四字。【魯迅故居】
- 文淵堂、邗上文運堂、姑蘇稼史軒三本皆四卷。

　　清無名氏撰。題"蓬蒿子編"（文淵堂本封面改題山樵道人編）。首順治辛卯蓬蒿子序。（邗上文運堂本無蓬蒿子序而有申江居士新史奇觀序,姑蘇稼史軒本無序。）書乾隆間曾查禁。見歸安姚氏刊違礙書目及禁書總目。

　　按:此書實脫胎於勦闖通俗小說,僅增益首尾及刪去書中"虜"字耳。

繡像通俗樵史演義八集八卷四十回　　存

- 清順康間寫刻本。半葉十行,行二十二字。有圖。

　　清無名氏撰。題"江左樵子編輯"。"錢塘抲生批點"。首自序。演明季事,自熹宗即位起,至馬士英降清止。評語引勦闖小說、新世弘勳,則書作當在二書後。

　　按:歸安姚氏刊禁書總目外省移咨應燬書目、北京圖書

館藏鈔本清乾隆四十七年臣寮奏開全燬書目均有樵史。孔
尚任桃花扇下篇考據篇引無名氏樵史二十四段。

鐵冠圖全傳八卷五十回　　存

· 清光緒十六年三餘堂刊小本。

　　清無名氏撰。題"松滋山人編","龍岩子較閱"。首無
名氏序。不記年月。此書所記比新世弘勳爲詳贍。

　　小說小話略謂：鐵冠圖共三本，今通行之新史奇觀即其
中之一，而亦不完全，蓋因有所觸忌而竄改也。其一則全言
因果報應，與甲申痛史大致相同。其一以毛文龍爲主人翁，
吳、耿、孔、尚皆其偏裨（耿、孔、尚確係文龍養孫）；而以洪承
疇爲出毛門下，因至長白山擬師邊大綬故智，爲神所呵；遂
歸順。（此事於明人野史中亦曾見之。）殊極荒謬。惟五龍
會一節（五龍蓋謂清世祖、明懷宗、唐王及李自成、張獻忠皆
逃禪，就一師受記），尚有所本。今說評話者似即據此爲藍
本。按：此所云三本，唯第一本之新史奇觀最通行。第二本
言因果報應與甲申痛史略同者，似尚非松滋山人之鐵冠圖。
第三本記毛文龍、洪承疇及五龍會諸節者，今未之見。

陸沈紀事　　未見

　　小說小話：陸沈紀事自薩爾滸之戰起，至睿忠親王入關
止，其事蹟皆魏源開國龍興紀所不及知者。雖多道路流傳
語，而作者見聞較近，且無忌諱，亦不能盡指爲齊東語也。
書中於遼東李氏、佟氏逸事特多鋪張，而九蓮菩薩會文殊一
回，稽之禮親王嘯亭雜錄，亦非全出傅會也。

鷗鶊記　　未見

　　小說小話：鷗鶊記，書自高煦稱兵以及寘鐇宸濠至靖江
王爲止，或數回叙一事，或一回叙數事，其體格頗特別，似分

非分,似連非連。雖事有詳略,不能勻稱,然亦見其力量之弱矣。

　　按:明靖江王亨嘉於隆武時稱監國,爲總督丁魁楚、巡撫瞿式耜所殺。此小説似當成於清初,亦明遺民所爲也。

七峰遺編(二卷六十回,一名海角遺編)　　存

・虞陽説苑甲編本。

　　清人撰。記常熟嚴栻等舉兵事。説苑甲編本題七峰遺編。注云:瞿氏原本"七峰"作"海角",序目同。首順治戊子七峰樵道人序,與另一本文言紀事之海角遺編同。

　　按:清某氏小説小話及小説考證續編卷一引龐樹柏龍禪室摭談,記此書均作"海角遺編"。云四卷已缺其二。此説苑甲編本二卷六十回,完全無缺,無小説小話所謂後附題贊書中諸人詩一卷者。疑書原有四卷、二卷兩足本。據虞陽説苑本七峰遺編校注,尚有四卷四十回本,缺原書四十一回以下二十回。蓋即龍禪室摭談、小説小話所謂原四卷殘存首二卷之本。鈔書者據此殘本析二卷爲四卷,以符原書卷數耳。

江陰城守記　　未見

　　小説小話:江陰城守記即荆駝遺史中之一種,而易爲通俗小説。書中四王八將,皆有姓氏,而稽之別種紀載,幾若"亡是公"。且國初王之陣亡者,僅有尼堪與孔有德,事在滇粤,不在江陰也。大約所謂王者,係軍中綽號,如混世王、小秦王之類耳,非封爵也。又當鼎革時,降者每要求高爵,或權宜假借,雖未經奏請,而相呼以自貴,蘇郡之變,有所謂"八大王"者,亦其倫也。

殷頑志　　未見

　　小説小話引。云專記大嵐山、朱三太子、一念和尚之

變,而於各處舉義旗者多不及,名殊未稱。亦未可知。

沙溪妖亂志　　　未見

小說小話:聞有沙溪妖亂志一書,亦記朱三、一念事。

鯨鯢錄　　　未見

小說小話:此書搜羅頗廣,自魯監國越中水師,及閩之鄭氏、太湖之吳易黃蜚等義兵,而如赤腳張三等,亦附列焉。惟滿家峒伏莽,地占平原,而謂有隧道可通萊州入海,則真齊東之語矣。投筆集中有所謂阮姑娘者,當即此書中阮進之妹。飛龍、飛蛟,不知誰屬。

前後十叛王記　　　未見

小說小話:此書於弘光、隆武、永曆之外,加入魯王及李定國、孫可望爲前六王。以孫延齡爲孔有德壻,更其姓爲孔延齡,而附於吳、尚、耿爲後四王。明之三藩,不可云叛;孫李人格絕然相反,豈可並列。然書中所記張勇激變,王輔臣、傅宏烈僞降,及射獵殺孫可望事,皆與劉獻庭廣陽雜記所載相合,亦非漫無根據者。

以上明(明季附)

臺灣外紀三十卷(不標回數)　　　存

- 求無不獲齋原刊本。半葉十行,行二十三字。【江安傅氏雙鑑樓】
- 重刊小字本。字寫刻。行款同上本。
- 上海申報館排印本。
- 上海進步書局石印筆記小說大觀本。
- 坊刊十卷本,亦題求無不獲齋刊。

清江日昇撰。演臺灣鄭氏事。題"九閩珠浦東旭氏江日昇識"。首康熙甲申岷源陳祈永序及"鄭氏世次"。

掌故演義七回　　存

- 清光緒間刊本。【鄭西諦】

　　清無名氏撰。所記爲明末李自成等起義，吳三桂降清，及清平三藩攻陷臺灣諸事，至與俄羅斯訂約而止。似欲演有清一代故事，僅成此數回。

毘舍耶小劫記　　未見

　　記康熙六十年朱一貴抗清朝事。小說小話云：一貴本明裔，所謂"鴨母"（按：一貴以飼鴨爲生故云云），其實龍孫也。一貴驟起驟滅，不過旬月，書中時間，未免延長。又以杜君英爲鄭忠英，指爲克塽之後，不知何本。

平臺記　　未見

　　小說小話引。云亦記朱一貴事，與前書略同。唯詞意多鄙倍。藍鼎元平臺紀略序中所指，當即是書。

　　按：據鼎元自序"自束甯歸，見有市靖臺實錄者，其人其時其事多謬誤"云云。則鼎元所見書名靖臺實錄，不名平臺記，疑非一書也。

繪圖平金川全傳四卷三十二回　　存

- 清光緒己亥富文書局石印本。別題"年大將軍平西傳"。
- 光緒庚子煥文書局刊本。

　　清張小山撰。首光緒己亥（二十五年）惜餘館主序（刊本己亥作庚子）。書甚陋。小說小話所指"年大將軍平西記"即此書。

舊本鼎盛萬年清　　未見

　　小說小話引。云與南巡紀事相出入。

俗本聖朝鼎盛萬年清八集七十六回　　存

- 曾見廣州坊刊本，僅四卷七回。書名"萬年清奇才新傳"。

- 光緒十九年至二十二年間，上海英商五彩公司及上海書局先後石印一二集及三四集，四集以下未見。
- 坊間石印本八卷，改題“乾隆巡幸江南記”。
- 此後續作尤多。

　　清無名氏撰。始作者爲廣東人。上海書賈續成之。書演乾隆事，小説史略偶誤記作康熙。

揚州夢十六回　　存

- 民國四年（一九一五年）國學維持社發行排印本。【鄭西諦】

　　不著撰人。審其口氣，爲清人作。演鄭燮事，改姓爲“陳”。文頗流利。

鶯粟花二十五回　　存

- 書題“明治四十年印”，似印於日本，即中國清光緒三十三年也。

　　題“元和觀我齋主人編”。演鴉片之戰，以林文忠則徐爲主。

羊石園演義七回　　存

- 清光緒二十六年戊戌（一九○○年）廣州東華報館排印本。

　　題“頑叟訂定，笑翁撰述”。首光緒己亥（二十五年）儂影小郎序。末附儂影小郎與漢軍榕坡生來往函。演咸豐七年英法軍陷我廣州，八年英人俘清兩廣總督葉名琛事。本英吉利廣東人城始末（在仰視千七百二十九鶴齋叢書中）。序跋於國事慨乎言之，而小説隱名琛等人名及英、法國名，以草木名代之，殊爲怯懦。

玩寇新書五十六回

　　清貴州某氏撰。演韓超事。超字寓仲，號南溪，直隸昌黎人。咸豐四年官貴州清江廳通判，桐梓縣人楊龍喜舉義師抗清，攻克桐梓、仁懷、安南、普安等縣，超往鎮壓。咸豐

五年三月事定,升知府。時台拱廳苗族革命軍復起,超與提
督孝順再往鎮壓。前後五年,戰爭最烈。同治元年署貴州
巡撫,旋卸任。此玩寇新書小說序目附振綺堂印韓南溪四
種後。有作者自序。又有鈔書人序,云:"貴州幕友某君所
撰。甫將回目編定,將撰書,或阻之,遂輟不作。"則未成書。
所錄小說回目爲五十六回,而超云:"四十八回",不知何故。

左文襄公征西演義四卷三十二回　　存

- 上海共和書局石印本。【鄭西諦】

　　　清無名氏撰。

康梁演義四卷四十回　　存

- 坊間石印本。【鄭西諦】

　　　清無名氏撰。多誣衊語。

鄰女語

- 單行本未見。

　　　清無名氏撰。題"憂患餘生著"。蔣瑞藻小說考證續編
卷一引清代軼聞云:鄰女語記庚子國變事,頗詳確,文筆清
雋可喜,實近日小說之別開生面者。唯十數回以後久未續
成,坊間亦未易尋覓。詢之書賈,多不知其書名矣。云云。
按:鄰女語初刊布於繡像小說,所載僅十二回,似未成書。

遼天鶴唳記四編十六回　　存

- 清光緒甲辰(三十年)石印本。

　　　續編未見。

　　　清無名氏撰。題"氣凌霄漢者評話"。首甲辰序署"賈
生書於趙家乾淨室"。演日本與帝俄之戰。

黃金世界二卷二十回　　存

- 清光緒丁未(三十三年)小說林社發行本。

題"碧荷館主人著"。演華工被虐，我國人抵制美貨事。

以上清

洪秀全演義二集二十九回　　存

· 石印本。【北京大學圖書館】

番禺黃小配撰。首丙午（光緒三十二年）章炳麟序。又自序。題"黃帝紀元四千六百零六年"，則清宣統元年也。

以上太平天國

新中國未來記　　存

· 此書初發表於新小説，後收入飲冰室文集。

梁啓超撰。書僅成四回。

按：啓超此作雖係寓言，然自云"以發表政見"，則亦爲時事而發。且文中所演多指當時事，與演當代事之講史書亦有相近之處，今姑入講史目。

太妃北征録　　未見

小説小話：太妃北征録，余未見首尾。約有百餘回，筆意頗恣肆。太妃不知指何人，蓋合周天后、遼蕭后爲一人者。而清唐國招親一段，尤覺怪異。

上一書無所係屬，姑附列朝講史書之後。

二十四史通俗演義二十六卷四十四回　　存

· 清雍正間原刊本。

· 正氣堂活字本。

· 上海廣百宋齋石印本。

清呂撫撰。首雍正五年李之果桂巖序，雍正十年撫自序。撫字安世，浙江紹興府新昌人。諸生。乾隆元年舉孝廉方正。撫作書時，並無二十四史。其書本名綱鑑演義。傳本作二十四史演義者，乃後來追改。

萬國演義六十卷　　存

> ·清光緒間上海作新社排印本。
>
> 　　清張茂炯、沈惟賢、高繒合編。首光緒二十九年沈維賢序。

泰西歷史演義三十六回　　存

> ·清光緒三十四年上海商務印書館印行本。
>
> 　　署"中國商務印書館編譯所著"。此書初分期載繡像小説,署"洗紅盦主演説"。
>
> 　　以上三書説古今中外史事,以小説體行之,用意在通俗教育,與普通小説書不同。

明清小說部甲

藍橋記　　存

・清平山堂本。

刎頸鴛鴦會(清平山堂本注云：一名三送命，一名冤報冤)　　存

・清平山堂本。

・警世通言卷三十八題作蔣淑貞刎頸鴛鴦會。

五戒禪師私紅蓮　　存

・清平山堂本。

・古今小説卷三十。

・繡谷春容和集收，題作東坡佛印二世相會。

・又，余公仁燕居筆記九，有東坡佛印二世相會傳。

・警世奇觀第十八帙。未見。

　　　　按：田汝成西湖遊覽志餘卷二十引平話有紅蓮，云近世擬作。

陳巡檢梅嶺失妻　　存

・清平山堂本題作梅嶺失妻記。

・古今小説卷二十作陳從善梅嶺失渾家。

陰騭積善　　存

- 清平山堂本。

張子房慕道　　存

- 清平山堂本題作張子房慕道記。

洛陽三怪　　存

- 清平山堂本。

快嘴李翠蓮　　存

- 清平山堂本。

雪川蕭琛貶霸王　　存

- 欹枕集本。

　　　馬隅卿云：張丑名山藏選此本。名山藏余未得見，所選
不知與此同否。

李廣世號將軍　　存

- 欹枕集本題漢李廣世號飛將軍。

馮唐直諫漢文帝　　存

- 欹枕集本題老馮唐直諫漢文帝。

夔關姚卞弔諸葛　　存

- 欹枕集本題夔關姚卞弔諸葛。

范張雞黍死生交　　存

- 欹枕集本題死生交范張雞黍。
- 古今小說卷十六題范巨卿雞黍死生交。

李元吳江救朱蛇　　存

- 欹枕集本。
- 古今小說卷三十四題李公子救蛇獲稱心。

梅杏爭春　　存

- 清平山堂本。

· 殘存五紙。【鄭西諦】

風月相思　　存

· 清平山堂本。

· 熊龍峰本題作馮伯玉風月相思小説。

· 吴敬所國色天香卷八作相思記。此本多用文言，非通俗小
説體。

孔淑芳記　　存

· 熊龍峰本題作孔淑芳雙魚扇墜傳。

　　緑天館主人古今小説序引雙魚墜記、田汝成西湖遊覽
志餘卷二十引平話有雙魚扇墜記，云近世擬作，不知即此
本否？

彩鸞燈記　　存

· 熊龍峰本題作張生彩鸞燈傳。

· 古今小説卷二十三題張舜美元宵得麗女。

羊角哀鬼戰荆軻　　存

· 古今小説卷七題羊角哀一死戰荆軻。

趙旭遇仁宗傳　　存

· 古今小説卷十一題趙伯昇茶肆遇仁宗。

史弘肇傳　　存

· 古今小説卷十五題史弘肇龍虎君臣會。

燕山逢故人鄭意娘傳　　存

· 古今小説卷二十四題楊思温燕山逢故人。

齊晏子二桃殺三學士　　存

· 古今小説卷二十五題晏平仲二桃殺三士。

沈鳥兒畫眉記　　存

· 古今小説卷二十六題沈小官一鳥害七命。

任珪五顆頭　　存

· 古今小説卷三十八題任孝子烈性爲神。

三夢僧記　　存(?)

　　　　或疑即古今小説卷三之新橋市韓五賣春情。

金鰻記　　存

· 通言卷二十題計押番金鰻産禍。注云:舊名金鰻記。

勘靴兒　　存

· 恒言卷十三題勘皮靴單證二郎神。

合色鞋兒　　存(?)

　　　　疑即恒言卷十六之陸五漢硬留合色鞋。

玉簫女兩世姻緣　　存

· 石點頭卷九題玉簫女再世玉環緣。

邢鳳此君堂遇仙傳　　存

· 西湖二集卷十四題邢君瑞五載幽期。

緑珠記　　存(?)

　　　　明何大掄燕居筆記十,余公仁刊燕居筆記八,均有緑珠
墜樓記。謂害石崇者爲王愷,文甚拙,或非此本。

張于湖誤宿女觀記　　存(?)

　　　　明余象斗萬錦情林一,有張于湖記。吳敬所國色天香
十,有張于湖傳。何大掄燕居筆記九,有張于湖宿女貞觀。
余公仁燕居筆記七,有張于湖女貞觀記。文字大同小異,未
知即此本否?

杜麗娘記　　存(?)

　　　　明何大掄燕居筆記九,有杜麗娘慕色還魂。余公仁燕
居筆記八,有杜麗娘牡丹亭還魂記。並以文言演之。不知
即此本否?

柳耆卿記

　　　　不知即柳耆卿翫江樓否？

　　　　　上三十六本寶文堂目子雜類著録。

洛京王焕（南戲有風流王焕賀怜怜，元無名氏劇有逞風流王焕百花亭）

宋人口議

杏壇記

聚賢堂

宋梢公案

空同記

賜遊西苑記

賈島破風詩（明趙清常鈔内本劇有招涼亭賈島破風詩）

郭大舍人記

陶公還金述注解

盧愛兒傳

韓俊遺金

真宗慕道記

新河壩妖怪録

侯寶盜甲記

閩中語録段錦

梅花清韻

合同記（疑即合同文字記）

夜雨催花記

吳郡王夏納涼亭

柳耆卿斷蘭芳菊

徐文秀尹州令記

崔淑卿海棠亭記

風月錦囊

歐陽學賞海棠

桃花源記

白鶯行孝

劉阮仙記（劉晨阮肇事，見太平廣記六十一引神仙記）

蘭昌幽會（薛昭遇張雲容事，見太平廣記六十九引傳記）

郭翰遇仙（郭翰遇織女事，見太平廣記六十八引唐張薦靈怪集）

琴棋書畫小說

曹孟德一瓜斬三妾

真珠箇兒

楚王雲夢遇仁鹿

沒縫靴兒記

孫真人

劉先生通言

彭城降鶴記

臥雲韻雨

張良辭朝佐漢記（疑即張子房慕道記）

坦上翁傳

紅倩難濟顛

忠孝廉潔

天雷無妄

遏惡傳

　　　　上四十五本並見晁瑮寶文堂目子雜類，今無傳本。

　　　晁目此類下著錄諸書，甚爲雜糅。凡六朝以後雜史雜考瑣聞諸書,以及唐以後之傳奇詞話,前後錯出,了無分別。今擇其名目近似話本題目者著錄於右方。其中有可考者,有不可考者。本既不存,無從印證,仍難免有其他雜書在內。但大部分當爲嘉隆以前元明舊話本,則可斷言耳。

翡翠軒　　存

- 清平山堂本。殘。【鄭西諦】

雷峰塔　　存

- 田汝成西湖遊覽志餘卷二十引平話有此目,云近世擬作。通言卷二十八之白娘子永鎮雷峰塔篇,文特古樸可觀,當即田汝成所見本。

月明和尚度柳翠　　存

- 古今小説卷二十九。
- 西湖遊覽志餘二十引平話有柳翠,云近世擬作。
- 繡谷春容仁集,有月明和尚度柳翠,記柳府尹與玉通禪師事。結云:"要知詳細,請看月明和尚度柳翠。"所載僅故事之前半,尚非完本。
- 何大掄燕居筆記九,有紅蓮女淫玉禪師。
- 余公仁燕居筆記八,有柳府尹遣紅蓮破月明和尚記。亦非完本。

珍珠衫記　　存

- 情史卷十六引,當即古今小説卷一之蔣興哥重會珍珠衫。

喜順和樂記　　存

- 通言卷二十三樂小舍拚生覓喜順題下注云:"一名喜順和樂記。"蓋本亦單行。

賣油郎　　存

- 情史卷五史鳳條附錄引。當即恒言卷三之賣油郎獨占花魁。

錯占鳳凰儔　　存

情史卷二吳江錢生條附錄引。當即恒言卷七之錢秀才
錯占鳳凰儔。

王公子奮志記　　未見

兼善堂本通言卷二十四玉堂春落難逢夫題下注云：「與
舊刻王公子奮志記不同。」

蘇知縣報冤　　存

通言卷十一蘇知縣羅衫再合篇結云：「至今閭里傳説蘇
知縣報冤唱本。」是此篇出於詞話。本單行本也。

彩舟記　　未見

情史卷三「江情」條結云：「小説曰綵舟記。」

販香記　　存

古今小説卷二十八平話李秀卿義結黃女篇結云：「有好
事者將此事編成唱本説唱，其名曰販香記。」然則平話固從
販香記出耶？

靈狐三束草　　存

二刻拍案驚奇卷二十九題作「贈芝蔴識破假形　擷草
藥巧諧真偶」。三刻拍案驚奇卷二十題作「良緣狐作合　伉
儷草能偕」。二拍本此篇結云：「這一回書乃京師老郎傳留，
原名爲靈狐三束草。」知此篇本亦單行。

錢塘漁隱濟顛禪師語錄一卷　　存

·明隆慶刊本。【日本内閣文庫】

題「仁和沈孟桦叙述」。按：田汝成西湖遊覽志餘引平
話有濟顛，云近世擬作。此沈氏編次本，雖演以俚語，似尚
非話本。

吕祖全傳一卷附軼事一卷　　存

- 清康熙元年刊本。半葉九行，行二十四字。
- 光緒十一年重刊本。

　　　　託吕祖撰。卷首題云"奉道弟子汪象旭重訂"。象旭字
　　澹漪，原名淇，字右子，里居未詳。此傳口氣爲吕仙自述，然
　　實是小説。

金虜海陵王荒淫一卷　　存

- 一九一九年葉德輝家刻本。半葉十一行，行十八字，字
  扁體。
- 鉛印本。行款同。封面題"壬戌孟夏照宋本印"。
- 鉛印十行本。
- 另有一九二四年上海新民書局鉛印平裝本，署"著者葉德
  輝"，實是一本。
- 又一九二五年乙丑鉛印白紙十二行本。

　　　　書題"京本通俗小説第二十一卷"，據日本長澤規矩也
　　考，此本乃葉氏將衍慶堂本恒言卷二十三抽出單行者，非覆
　　宋，亦非藝風老人刊餘之書。

總　　集

六十家小説

- 明嘉靖間洪楩刊本。

雨窗集十卷　　存

- 北京大學圖書館藏本。板心有"清平山堂"四字，書根
  題"雨窗集上"。有小説五篇，乃集之半。本天一閣
  故物。

　　·一九三四年馬隅卿影印本。

長燈集十卷　　　未見

隨航集十卷　　　未見

欹枕集十卷　　　存

　　·北京大學圖書館藏本。板心上間存"清平山堂"字樣，
　　　書根題"欹枕集上""欹枕集下"。上集只存不完之小説
　　　兩篇，下集有小説五篇。亦天一閣故物。

　　·一九三四年馬隅卿影印本。

解悶集十卷　　　未見

醒夢集十卷　　　未見

　　　　上雨窗等六集，每集十卷，顧修彙刻書目著録。總
　　題曰六家小説。戴望舒著文引之。然以六集爲六家，
　　殊不可解。田汝成西湖遊覽志卷二引作六十家小説，
　　則彙刻書目"六"字下脱"十"字明矣。全書六十卷六十
　　篇，除北京大學存二集十二篇外，其日本内閣文庫之清
　　平山堂刊小説十五篇；鄭西諦之清平山堂刊小説二篇，
　　當亦在六十家小説中。唯不知其應隸何集耳。

清平山堂話本十五種(原書無總名，今依影印本所題稱之)　　　存

　·明嘉靖間洪楩刊本。【日本内閣文庫】

　·一九二九年北平古今小品書籍印行會影印本。西湖遊覽志
　　卷二引六十家小説西湖三塔篇，正在此書中，其爲殘本六十
　　家小説無疑。

古今小説四十卷四十篇　　　存

　·明昌啓間天許齋刊本。精圖四十葉。記刊工曰"素明刊"
　　（即劉素明）。正文半葉十行，行二十字。【日本内閣文庫】

　·又白紙明本，行款形式悉同上書。卷首序亦同。【日本前田

侯家尊經閣】

- 大連圖書館藏日本人據映雪齋本鈔本，題"七才子書"，僅十四篇。

　　明馮夢龍纂輯。夢龍字里見卷二。原書不著撰人，首綠天館主人序，爲所鈔海内奇談四種之一。

喻世明言　　存

- 衍慶堂本二十四卷二十四篇，封面署重刻增補古今小説。題"可一居士評"，"墨浪主人校"。序同古今小説。圖二十四葉。正文半葉十行，行二十字。收古今小説二十一篇，當係古今小説殘板。加以通言一篇，恒言二篇，湊成二十四篇。【日本内閣文庫】
- 馬隅卿藏殘本，存第四卷第五卷第六卷三卷。第五卷之"范巨卿雞黍死生交"，二十四卷本喻世明言未收，知是別本。四十卷本喻世明言即古今小説，今未見傳本。

　　按：原本喻世明言，當爲四十卷，與古今小説爲一書。所謂明言、通言、恒言三言者，實即古今小説（即四十卷本喻世明言）、警世通言、醒世恒言。此二十四卷本喻世明言，乃殘缺不完書賈勉强湊合之本，非第一刻之明言也。以下凡言"三言"，概指古今小説、通言、恒言；不取二十四卷本喻世明言。

警世通言　　存

　　明馮夢龍纂輯。諸本但題評較人，不著作者姓名。

　　此書今所知見者有三本。分志如下：

金陵兼善堂本警世通言四十卷四十篇

- 明刊本。圖四十葉。有"素明刊"字樣。半葉十行，行二十字。【日本蓬左文庫。即鹽谷温所稱尾州本】【日本倉石武四郎】

此本題"可一主人評"，"無碍居士較"，封面識語
"閣"字完好。首天啓甲子(四年)豫章無礙居士序。

衍慶堂二刻增補警世通言四十卷四十篇

- 明本。圖四十葉。亦著"素明刊"字樣。半葉十行，行
二十字。書已不全。卷三十陳可常篇，卷三十二崔待
詔篇，卷三十三李謫仙篇，卷三十四錢舍人篇，卷三十
五宿香亭篇，卷三十六金明池篇，卷三十七趙知縣篇，
卷三十八況太守篇，皆係鈔補。卷二十九晏平仲篇，卷
三十李秀卿篇缺。【大連圖書館】

　　此本題"可一居士評"，"墨浪主人較"。與衍慶堂本
明言題同。封面有"二刻增補"字樣。"閣"字完好。首
豫章無礙居士序。書四十卷中，摻入古今小說四卷。
餘三十六卷同兼善堂本，而卷第不同，唯卷一至卷六，
卷三十九卷四十，尚與兼善堂本一致。

三桂堂王振華刊本警世通言四十卷四十篇

- 覆明本。亦十行，行二十字。【北京圖書館】【清華大學】
【北京大學圖書館】【鄭西諦】

　　題"可一主人評"，"無礙居士較"，封面識語"閣"字
缺壞，首豫章無礙居士序。此三桂堂本今所見者圖多
不全，且缺卷三十七以下四卷，僅三十六卷。唯日本舶
載書目尚載其全目。卷第悉同兼善堂本。唯此本卷二
十四之卓文君慧眼識相如篇，兼善堂本移作卷六俞仲
舉題詩遇上皇篇之入話。而以玉堂春落难逢夫篇入卷
二十四填補之。卷四十葉法師符石鎮妖篇，兼善堂本
以旌陽宮鐵樹鎮妖篇替之。

醒世恒言四十卷四十篇　　存

- 明葉敬池刊本。圖四十葉。半葉十行，行二十字，封面右上

題繪像古今小説。首天啓丁卯（七年）隴西可一居士序。
【日本内閣文庫】

- 明葉敬溪刊本。首天啓丁卯隴西可一居士序。圖及行款，
悉同上本。封面右上僅存"繪像"二字。【大連圖書館】

- 通行衍慶堂刊本。卷首亦載天啓丁卯隴西可一居士序。無
圖,半葉十二行,行二十二字。此衍慶堂本有二本:一爲四
十篇足本。卷二十三爲金海陵縱慾亡身。一本删去此篇,
析原書卷二十張廷秀逃生救父爲上下二篇,分入卷二十及
卷二十一兩卷中,而以原屬卷第二十一卷之張淑兒巧智脱
楊生篇補入卷二十三。今所見者多是此三十九篇本也。

　　明馮夢龍纂輯。原書不著撰人。葉敬池、葉敬溪二本,
題"可一主人評","墨浪主人較"。衍慶堂本題"可一居士
評","墨浪主人較"。

今古奇觀四十卷四十篇（原名古今奇觀）　　存

- 明刊本。

- 通行本。

　　明無名氏輯。題"姑蘇抱甕老人輯","笑花主人閲"。
首姑蘇笑花主人序,不記年月。選三言及初二刻拍案驚奇。

覺世雅言八卷　　存

- 明刊本。【法國巴黎國家圖書館】

　　明無名氏輯。首綠天館主人序。選三言。卷三誇妙術
丹客提金篇出初拍。然實據今古奇觀録入。

今古傳奇十四卷（今古亦作古今）　　存

- 清嘉慶戊寅集成堂刊本①。封面題古今稱奇傳。半葉十二

---

①補注:戊寅是嘉慶十八年。

行,行二十八字。

- 周紹良有殘本①,存卷一至卷三。

　　清無名氏輯。首乙卯夢閒子序。選三言、初二刻拍案驚奇、石點頭、歡喜冤家等書。

博古齋評點小説警世奇觀十八帙　　存

- 日本長澤規矩也藏清刊袖珍本,殘存八帙。

　　清葉岑翁輯。題"古閩龍鍾道人彙輯"、"豫金呵呵主人校閱"。卷首自序署"龍鍾道人"。選三言初拍及無聲戲。

再團圓五卷　　存

- 清泉州尚志堂刊本。黑紙,寫刻。半葉十行,行二十五字。
【日本内閣文庫】

　　清無名氏輯。封面署"步月主人"。選古今小説通言及初拍。乃乾隆間選本。

删定二奇合傳十六卷四十回　　存

- 咸豐辛酉刊大字本。
- 光緒戊寅刊本。

　　清無名氏輯。首芝香館居士序。選初拍及今古奇觀。第三十四回曾孝廉解開兄弟劫,第三十六回毛尚書小妹換大姊,今初拍無之,疑所據是別本。

新選今古奇聞二十二卷(一名古今奇聞)　　存

- 光緒辛卯北京坊刊本。
- 光緒辛卯鉛印本。封面署"燕山耕餘主人校刊"。

　　清無名氏輯。題"東壁山房主人編次","退思軒主人校訂"。首光緒十三年王冶梅序。書選恒言西湖佳話及娱目

---

① 補注:康熙十四年乙卯刊本。

醒心編。

續今古奇觀　　存

- 石印本六卷三十回。
- 三十卷本未見。

　　　　清無名氏輯。此書除第九卷外，全收今古奇觀選餘之
初拍二十九篇。

西湖拾遺四十八卷四十八篇　　　存

- 乾隆原刊本。有畫像。半葉九行，行二十字。
- 嘉慶辛未覆本。
- 道光二十七年晉祁書業堂刊本。
- 申報館排印本。

　　　　清陳樹基撰。題"錢塘陳梅溪（樹基字）搜輯"。首乾隆
辛亥自序。選西湖二集、西湖佳話。

自　著　總　集

拍案驚奇四十卷四十篇　　　存

- 明尚友堂刊本，半葉十行，行二十字。插圖四十葉。封面題
"即空觀評閱出像小説拍案驚奇，金閶安少雲梓行"。每葉
板心下刻"尚友堂"三字。此爲四十卷原本。【日本日光晃
山慈眼堂】
- 覆尚友堂本。三十六卷。【北京大學圖書館】
- 消閑居刊本。原書未見。覆本半葉十一行，行二十四字。
【北京大學圖書館】
- 北京圖書館亦藏覆消閑居本。殘存三十三卷。
- 通行大字本。半葉十一行，行二十四字。

以上覆消閑居等十一行本亦三十六卷。

- 坊刊小字十八卷本,封面亦題"消閑居精刊"。内容多删節,劣。
- 坊刊小字二十三回本實二十六回。

　　明凌濛初撰。卷首自序。署"即空觀主人"。濛初字玄房,號初成,别號即空觀主人,浙江烏程人,歷官上海縣丞、徐州判。

二刻拍案驚奇三十九卷三十九篇附宋公明鬧元宵雜劇一卷　　存

- 明尚友堂原刊本,圖存三十葉。記繪工曰"劉鉴",刻工曰"劉君裕"。正文半葉十行,行二十字。【日本内閣文庫】【日本佐伯文庫藏本未見】
- 北京圖書館藏本,缺卷十三至卷三十。

　　明凌濛初撰。首崇禎壬申睡鄉居士序。又同時凌氏自撰小引。

　　按:以上凌氏二書中,亦間有自舊本出者,唯十之八九爲自著,實自著總集也。

别本二刻拍案驚奇三十四卷三十四篇　　存

- 刊本。【法國巴黎國家圖書館】

　　據鄭西諦調查,此書唯第一卷至第十卷與二刻拍案驚奇同。第十一卷以下不同。蓋爲書肆增添改換者。

幻影八卷三十回(一名型世奇觀)　　存

- 明刊本。半葉九行,行二十字。
- 鄭西諦藏此書殘存一至七回。
- 北京大學圖書館藏三十回足本。改題三刻拍案驚奇。三刻拍案驚奇余爲北京圖書館鈔一部。北京大學圖書館亦有別鈔本。

明無名氏撰。題"明夢覺道人西湖浪子同輯"（北京大學本題"夢覺道人編輯"），前載癸未年序，無年號，疑即崇禎十六年。夢覺道人不知何人。黃文暘曲海總目有鴛鴦簪傳奇，撰者夢覺道人。明祁彪佳遠山堂曲品能品有鴛鴦簪，撰者王國柱。如是一本，則夢覺道人乃王國柱也。書名三刻拍案驚奇，實與凌書無關。此本傳本甚少，唯日本享保十二年（當吾國清雍正五年）舶載書目曾著錄此書。

石點頭十四卷　　存

- 葉敬池梓本，圓圖十四頁。半葉九行，行二十字。有眉評。【北京市圖書館】【鄭西諦】
- 帶月樓刊本。無圖。半葉十一行，行二十二字。
- 同人堂本，行款同。
- 道光壬辰叙府竹春堂小字本，始標回數爲六卷十四回，不精。
- 光緒乙未上海書局石印本，改題醒世第二奇書。

明無名氏撰。題"天然痴叟著"，"墨憨主人評"。首龍子猶（即馮夢龍）序。每卷演一故事。

醉醒石十五回　　存

- 明刊原本。前附圖。半葉九行，行十九字。【北京圖書館】【鄭西諦】
- 董氏誦芬室重刊本。

明無名氏撰。題"東魯古狂生編輯"。

鼓掌絕塵四集四十回　　存

- 明刊本。精圖四十頁。半葉九行，行二十字。【日本內閣文庫】【大連圖書館】
- 日人排印含秀舍叢書本，不全，僅至第十四回而止。

明吳某撰。題"古吳金木散人編"。首崇禎辛未閉戶先生題辭，又赤城臨海逸叟叙。每集十回，集演一故事。

清夜鐘十六回　　存

- 明刊本，插圖十六幅，記刻工曰黃子和。正文半葉九行，行
十九字。【鄭西諦】

　　明楊某撰。題"薇園主人述"。前薇園主人序。（察印
章知其人姓楊氏。）全書十六回，回演一故事。惜鄭氏藏本
僅存第一、第二、第七、第八、第十三、第十四，六回。

天然巧　　存

- 清初刊本。殘。【杜穎陶】

　　明無名氏撰。題"羅浮散客鑒定"。杜氏藏本殘存三
卷，每卷演一故事。各以三字標題，曰：佘爾陳、陳都憲、曲
雲僡。曲雲僡記萬曆間援朝鮮事，頗有史料。

鴛鴦針四卷（附一枕奇二卷、雙劍雪二卷）　　存

- 廣東坊刊本。插圖不精。寫刻，半葉八行，行二十字。
- 大連圖書館藏此本，僅存一卷。
- 別有一枕奇二卷，實即鴛鴦針之一二兩卷；雙劍雪二卷，實
即鴛鴦針之三四兩卷。乃書賈所析，別立名目，以炫世求售
者。二書亦大連圖書館藏。

　　按：日本天明間秋水園主人小説字彙所附引書目有鴛
鴦針，又有雙劍雪。是離析此書，亦乾隆以前事矣。

　　明無名氏撰。題"華陽散人編輯"。首自序，後署"獨醒
道人漫識於蚓天齋"。

筆㺯㹺三卷　　存

- 刊本，殘。【北京大學圖書館】

　　明無名氏撰。題"獨醒人編次"。其書每卷錄小説一
篇，篇各以三字標題。每篇六回，每回又各有回目。凡三卷

三篇，曰：人情薄、魚腸鳴、釜豆泣。唯人情薄完全，魚腸鳴僅存其半，釜豆泣則有目無書矣。

　　　　以上明

新鐫出像小說五更風　　存

· 中國科學院文學研究所藏清初刊本。中型，寫刻，字旁有圈點及小字批。

　　清無名氏撰。題"五一居主人編"，"霤湖夢史校"。原書似是五卷五事，卷各分上下，上下各有提綱兩句，每事以三字標題。中國科學院文學研究所藏本已殘，存鸚鵡媒、雌雄環、聖丐編、劍引編四事。

無聲戲合集　　存

· 馬隅卿藏原刊本。圖存十二葉。記刻工畫工姓名曰"蕭山蔡思璜鐫"，曰"胡念翌畫"。正文寫刻，半葉八行，行二十字。目錄缺。書僅存二篇。以見存二篇及圖十二葉考之，知其篇目次第與連城璧全集之十二集全同。全書若干篇，今無從考定。

　　清李漁撰。杜濬評。題"覺世稗官編次"，"睡鄉祭酒批評"。首杜濬序，署"睡鄉祭酒漫題"。漁字笠翁，浙江蘭溪人，寓錢塘。

連城璧全集十二集外編六卷　　存

· 大連圖書館藏日本鈔本。全集十二集，全。外編存四卷。
· 刊本未見。

　　清李漁撰。杜濬評。首杜濬序。本書及序署名，悉同無聲戲合集。全集集演一故事，外編卷演一故事，疑與合集為一書。

無聲戲十二回　　存

· 清初刊本，插圖精。仿陳老蓮筆意。【日本尊經閣文庫】

　　　　清李漁撰,首儡齋主人序。以此本校大連圖書館之鈔
本連城璧,則外編四卷全數收入,與全集重者只八篇,標題
及篇第不同。

　　　　按:據杜濬無聲戲合集序,李漁著無聲戲先有前後二集
單行,彙刻而爲合集。此前後二集已佚,日本尊經閣藏之無
聲戲十二回,今亦不能詳其源流。

十二樓十二卷(一名覺世名言,共三十八回)　　存

- 原刊本,未見。
- 消閑居精刊本。精圖十二葉。半葉九行,行十九字。有眉
  批。【北京大學圖書館】
- 覆本。
- 嘉慶五年會成堂重刊本。無圖。半葉十行,行二十四字。
  不精。
- 坊刊巾箱本。

　　　　清李漁撰。杜濬評。題"覺世稗官編次","睡鄉祭酒批
評"。首順治戊戌(十五年)杜濬序,署"鍾離濬水"。每卷演
一故事。

珍珠舶六卷　　存

- 大連圖書館藏日本鈔本。
- 刊本未見。

　　　　清徐震撰。震字里見卷二。首自序,署"煙水散人"。
卷演一故事。

照世杯四卷　　存

- 日本明和間刊本。
- 一九二八年海寧陳氏古佚小説叢刊本。

　　　　清無名氏撰。題"酌元亭主人編次"("元"字疑避"玄"

字諱改）。首吴山諧野道人序。每卷後有諧道人評。據序知作者乃丁耀亢之友。書成在野鶴笠翁二家小説之後。卷演一故事。

逢人笑　　佚

看松老人雙錘記序引。

十二峰十二回　　佚

· 日本舶載書目著録。

清無名氏撰。署"心遠主人"。首戊申巧夕西湖寒士序。見日本舶載書目元禄間目。戊申疑即康熙七年。

二刻醒世恒言上函十二回下函十二回　　存

· 雍正間原刊本。圖六葉。半葉八行，行十字。【北京大學圖書館】

清無名氏撰。芾齋主人評。題"心遠主人編次"（二函一回）。首雍正丙午（四年）滇螺芾齋主人序。每回演一故事。

都是幻二集　　存

· 清初刊本。書凡二集。一集爲寫真幻，二集爲梅魂幻。集各六回。北京大學圖書館藏第一集。
· 阿英、周紹良均有足本。

清無名氏撰。署"瀟湘迷津渡者"。首瀟湘耽奇子序。日本舶載書目元禄間目著録此書。

錦繡衣　　存

· 日本無窮會藏清刊本。

清無名氏撰。題"瀟湘迷津渡者編次"，"西陵醉花樵叟，吴山孰（熱）腸驛史細評"。據日本工藤篁調查，此書亦題"新小説錦繡衣全櫝"。所收小説爲換嫁衣、移繡譜二篇，篇各六回。

五色石八卷　　存

- 原刊本。插圖。半葉九行，行二十字。【大連圖書館】【日本千葉掬香】
- 日本明治十八年刊服部誠一評點本。
- 大連圖書館又藏刊本遍地金四卷，實即五色石之前四卷。改題書名，署名仍依原書，首哈哈道士序。

　　題"筆鍊閣編述"。首作者自序，後署"筆鍊閣主人題於白雲深處"。每卷演一故事。日本天明間秋水園主人小説字彙所附引書目曾著録此書。

八洞天八卷　　存

- 原刊本。【日本内閣文庫】
- 大連圖書館藏鈔本，殘存第一卷。
- 北京大學圖書館藏鈔本。

　　封面題"五色石主人新編"。首作者自序，後署"五色石主人題於筆鍊閣"。卷演一故事。日本秋水園主人小説字彙所附引書目曾著録此書。

　　按：此書與五色石疑皆清徐述夔撰。以禁書總目有"徐述夔五色石"知之。述夔原名賡雅，江蘇東臺人，乾隆戊午舉人。

四巧説四卷　　存

- 日本無窮會藏清刊本，題"吳中梅庵道人編輯"。據日本工籘篁調查，此書三篇與八洞天同，一篇不知出處。

人中畫　　存

- 清乾隆乙丑（十年）植桂樓刊三卷本，未見。
- 大連圖書館有日本照鈔本。在海内奇談中。
- 寫刻本。

- 乾隆庚子（四十五年）泉州尚志堂刊四卷本。【日本内閣文庫】
- 嘯花軒刊十六卷本。

　　　清無名氏撰。植桂樓本、尚志堂本均每卷一事。尚志堂本多女秀才一卷，即二拍"女秀才移花接木"事。嘯花軒本則一事占數卷，所演凡五事。其中三事與植桂樓本同，二事不見植桂樓本。

雨花香　　存

- 傳家寶三集本。收小説三十四篇。

　　　清石成金撰。成金字天基，揚州人。

通天樂　　存

- 刊本。收小説十篇。

　　　清石成金撰。

豆棚閒話十二卷十二則　　　存

- 原刊大本。插圖。正文半葉九行，行二十二字。
- 清乾隆四十六年書業堂刊本。半葉十行，行二十五字。尚精。
- 乾隆乙卯（六十年）三德堂刊本。
- 嘉慶戊午（三年）寶寧堂刊本。
- 嘉慶十年乙丑致和堂刊本。【北京圖書館】
- 排印本。

　　　清無名氏撰。題"聖水艾衲居士編"，"鴛湖紫髯狂客評"。序署"天空嘯鶴漫題"。

娛目醒心編十六卷（共三十九回）　　　存

- 清乾隆五十七年原刊本。半葉九行，行二十字。
- 道光九年達道堂刊本。

· 同治十二年大文堂覆本。

　　　　清杜綱撰。許寶善評。題"玉山草亭老人編次"，"葺城
　　（一作雲間）自怡軒主人評"。首乾隆五十七年自怡軒主人
　　序。卷演一故事。綱字里見卷二。

俗話傾談二卷十一則又二集二卷七則　　　存

· 同治九年廣東坊刊本。
· 石印小本。

　　　　清邵彬儒撰。題"博陵紀棠氏評輯"。彬儒字紀棠，廣
　　東四會人。所著文言小説吉祥花，有同治十年天一閣刊本，
　　同治九年庚午南海何文雄爲撰序。

諫果回甘　　　未見

　　　　清邵彬儒撰。見何文雄吉祥花序。云：庚午獲讀先生
　　所著書，如俗話傾談、諫果回甘等篇，皆語淺意賅。

陰陽顯報鬼神傳四卷十八回　　　存

· 廣東坊刊本。
· 丹桂堂刊本題"新刻鬼神傳終須報"。【阿英】

　　　　清無名氏撰。作者廣東人。文甚拙。然所演事多有所本。

玉瓶梅十回　　　存

· 清光緒二十二年石印本。題"繡像第六奇書"。

　　　　清吳興於茹川撰。全書無回目。每回演一故事。第五
　　回即拍案驚奇卷三十五看財奴刁買冤家主之入話，第六回
　　情節同於拍案驚奇卷一轉運漢巧遇洞庭紅，文字簡略太甚。
　　見戴不凡小説見聞錄。

　　　　　　　　以上清

草閒堂新編小史警悟鐘四卷十六回　　　存

· 草閒堂刊本，半葉九行，行二十四字。

- 萬卷樓刊本，未見。
- 覆萬卷樓本。【北京市圖書館】

　　題"雲陽（一作溧水）嗤嗤道人編著"，"廣陵琢月山人校閲"，封面署"草閒堂新編"。

　　按：嗤嗤道人又爲五鳳吟、催曉夢作者，似此亦清初小説。

花幔樓批評寫圖小説生綃剪十九回　　存

- 原板活字本。插圖。記刊工曰"徽州黃子和"，曰"徽州葉耀輝"。正文半葉八行，行二十二字。大連圖書館藏十九回本。
- 北京圖書館藏殘本，殘存十三回，缺第二、第五、第六、第七、第八、第十九，共六回。存者十三回。

　　題"集芙主人批評"，"井天居士較點"。目録每回下注撰人別號，多至十餘人。卷首序署"谷口生漫題於花幔樓中"。所演多明事，疑清初人所撰。

新鐫小説八段錦　　存

- 醉月樓刊本。半葉十行，行二十六字。【北京大學圖書館】

　　題"醒世居士編集"，"樵叟參訂"。書分八段，每段一故事。清同治間丁日昌禁書目有八段錦，注云"非講玄門者"，疑即此書。

十二笑　　存

- 曾見馬隅卿氏所藏殘本。存第一回至第六回。半葉九行，行二十字。

　　不題撰人。卷第下題"亦卧廬生評"，"天許閒人校"。首墨憨主人序。所演凡十二故事。

醒夢駢言十二回　　存

- 稼史軒刊大字本。有圖。封面題"新刊醒世奇言"。半葉十行，行二十二字。【北京市圖書館】

題“蒲崖主人偶輯”。封面別題“守樸翁編次”。據聞情老人序,則作者又號菊畦子。每回演一故事,凡十二事,皆出聊齋志異。

新鐫繡像小説貪欣悮六回　　存

· 坊刊本。【北京市圖書館】

題“羅浮散客鑒定”。每回演一故事。

飛英聲　　存

· 可語堂刊本。【北京大學圖書館】

題“釣鰲逸客選定”。北京大學所藏,僅存鬧青樓一種,原書卷數篇數,均無考。

幻緣奇遇小説　　存

· 大連圖書館藏鈔本。殘存第二、第七,二回,不知全書回數。

不知撰人。此書未見刊本,唯日本天明間秋水園主人作小説字彙曾引此書。

以上明清小説不能考訂其時代

以上雜演諸事不限於一色

西湖一集　　佚

不知撰人。西湖二集卷十七劉伯温薦賢平浙中篇曾引其目,云:西湖一集中占慶雲劉誠意佐命,大概已曾説過。如今這一回補前説未盡之事。

西湖二集三十四卷三十四篇附西湖秋色百韻　　存

· 明刊原本。精圖三十四葉。正文半葉十行,行二十字。【北京圖書館】【北京大學圖書館】【鄭西諦】

· 雲林聚錦堂覆本。【北京圖書館】

· 大連圖書館藏選鈔本,在海内奇談中,録本書卷四、卷二十四、卷二十、卷十三、卷十六、卷二十八、卷十一、卷八、卷十九,共九篇。改題西湖文言。

　　明周楫撰。題"武林濟川子清原甫纂","武林抱膝老人訐謨甫評"。首湖海子序。

西湖佳話十六卷十六篇　　存

- 金陵王衙精刊本。有西湖全圖,及西湖佳景十圖。用五色套板印,遠近向背均有分別,極精美可觀。正文半葉九行。行二十字。目録及正文一行均題"西湖佳話古今遺蹟"。【北京大學圖書館】

- 鄭西諦及日本長澤規矩也亦藏此本,但係後印。

- 乾隆辛未(十六年)會敬堂藏板杭州文翰樓發兌本,不知即前本否。【大連圖書館】

- 金閶緑蔭堂袖珍本,墨印,多錯字。

　　清無名氏撰。題"古吴墨浪子搜輯"。首康熙間自序(會敬堂本有乾隆庚午東谷老人序)。

　　　　以上專演西湖故事

新輯出相批評僧尼孽海三十二則① 　　存

- 鈔本【日本千葉掬香、長澤規矩也】

　　明無名氏撰。鈔本題"南陵風魔解元唐伯虎(寅)選輯"。此書以文言演述,所載皆出家人之不守清規者,間採古事,與其他小説集同。書中叙事,有萬曆年號,崇禎間古吴金木散人所編鼓掌絶塵第三十九回引此書,知書成在萬曆天啓間。云"唐寅編"者,妄也。

歡喜冤家二十四回(一名貪歡報) 　　存

- 山水鄰原刊本,未見。

①編按:此條至"風流悟八回",孫先生一九五八年自用本俱注"擬删"。

- <u>賞心亭</u>刊八卷本。圖分上下二欄。正文半葉十二行,行二十六字。目録與正文次序不盡同。
- <u>嘉慶</u>戊寅(十三年)刊八卷本,二十四回。小字,不精。
- 又俗本五卷十八回,删去原書六回。
- <u>北京圖書館</u>藏本,不分卷。缺七回。正文板心尚題"歡喜冤家"。圖同<u>賞心亭</u>本。正文半葉十行,行二十二字。目録與正文次序同。疑刊印稍早。

　　<u>明</u>無名氏撰。題"<u>西湖漁隱主人</u>編"。序後署"重九日<u>西湖漁隱</u>題於<u>山水鄰</u>"。每回演一故事。

繡像小説<u>一片情</u>四卷十四回　　　存

- <u>明</u>末刊本。八行,行十八字。【<u>中央美術學院</u>】【<u>日本千葉掬香</u>】

　　<u>明</u>無名氏撰。卷首序後署"<u>沛國樗仙</u>題於<u>西湖</u>舟次"。每回演一故事。<u>日本天明</u>間<u>秋水園主人小説字彙</u>引此書。<u>清同治</u>間<u>丁日昌撫江蘇</u>所列禁書,亦有此一種。

新刻小説<u>載花船</u>四卷十六回　　　存

- <u>日本倉石武四郎</u>藏刊本。存三卷十二回,卷演一故事。有圖。正文半葉八行,行十八字。
- 另一坊刊本,八回,演二故事。篇第與上一本不同。半葉八行,行二十四字。

　　<u>清</u>無名氏撰。題"<u>西冷狂者</u>筆"①,"<u>素星道人</u>評"。首己亥(<u>順治</u>?)冬月<u>朗人</u>序。<u>丁日昌</u>禁書目著録。

<u>弁而釵</u>四集二十回(以情貞、情俠、情烈、情奇名集,每集五回)　　　存

- <u>清</u>初刊本。精圖。半頁九行,行十八字。

---

① 編按:"<u>西冷</u>",底本如此,<u>柳存仁倫敦</u>所見<u>中國小説書目提要</u>第一二三條著録同。疑當作"<u>西泠</u>"。<u>臺灣天一</u>出版社<u>明清善本小説初編</u>,於目録册第二一六條<u>新刻小説載花船</u>四卷四回本下署"<u>西冷狂者</u>筆",然於第十八輯影印此書鈔本正文總目下則明署"<u>西泠狂者</u>筆、<u>素星道人</u>評"。以<u>日</u>藏本未覓得,不能對核,故存而不改。

清無名氏撰。題"醉西湖心月主人著"，"奈何天呵呵道人評"。集演一故事。

宜春香質四集二十回(以風、花、雪、月名集，每集五回)　　存

- 舊刊本。有圖。正文半葉九行，行十八字。【北京圖書館】

清無名氏撰。題"醉西湖心月主人著"，"且笑广芙蓉癖者評"，"般若天不不山人參"。每集演一故事。在園雜誌卷二引。

風流悟八回　　存

- 寫刻本。半葉九行，行二十四字。【北京市圖書館】

題"坐花散人編輯"。回演一故事。日本天明間秋水園主人小説字彙引此書。

以上七書專演猥褻事

新刻全像海剛峰先生居官公案傳四卷七十一回　　存

- 明萬曆丙午萬卷樓刊本。圖嵌正文中。半葉十二行，行二十三字。【北京圖書館】
- 清文錦堂覆明本。

明李春芳撰。題"晉人義齋李春芳編次"。

新鐫全像包孝肅公百家公案演義六卷百回　　存

- 明萬卷樓刊本。圖嵌正文中，左右各半葉爲一幅。圖左右有題句。正文寫刻，甚工。半葉十三行，行二十六字。板心上題"全像包公演義"。朝鮮解放前，日本"朝鮮總督府"藏此書殘本，存七十餘回。此包公案祖本，書極不多見。

明無名氏撰。自序署"饒安完熙生"。記年曰丁酉歲，疑即萬曆二十五年。

龍圖公案十卷　　存

明無名氏撰。書不題撰人。序署"江左陶烺元乃斌父

題於虎丘之悟石軒”。

此書有繁簡二本,分志如下:

一、繁本(百則)

· 清初刊大本。每則後附聽玉齋評。插圖。【北京大學圖
書館】

· 四美堂刊本,中型。板心題“種樹堂”。有圖。半葉十行,
行二十二字。題“李卓吾評”,實無評語。

· 乾隆丙申(四十一年)重刊本。

二、簡本(六十六則)

· 乾隆乙未(四十年)書業堂刊本,形式與四美堂本同,有圖。
半葉九行,行二十字。間附聽玉齋評,亦題“李卓吾評”。

· 道光癸卯蔾照樓重刊小字本,劣。

· 光緒辛卯(十七年)上海正誼書局排印三公奇案本,多
錯字。

　　　上三書紀事以海公、包公爲主,然每篇皆獨立不相連
屬,雜鈔諸事,强屬之海公、包公,實亦短篇總集耳。

全像類編皇明諸司公案傳六卷(封面題全像續廉明公案傳)

　存

· 明萬曆間三台館刊本。上圖下文。正文半葉十行,行十七
字。【日本帝國圖書館】

　　　明余象斗撰。題“山人仰止余象斗編述”,“書林文台余
氏梓行”。

皇明諸司廉明奇判公案傳上下二卷　　　存

· 明建安書林鄭氏萃英堂刊本。上圖下文。半葉十二行,行
二十二字。【日本內閣文庫】

　　　不題撰人。日本內閣文庫本有朱筆批注“他本有余象

斗自序"云云,疑此象斗第一次所編者。然日本内閣此書,
尚非原本。

新刻名公神斷明鏡公案七卷　　存

- 明三槐堂王崑源刊本。上圖下文。寫刻。半葉十行,行十
  六字或十七字不等。日本内閣文庫藏此本,殘存四卷。書
  刻形式,與余氏萃慶堂刊書相仿佛,似亦萬曆本。

　　明葛天民吳沛泉彙編。

新鐫國朝名公神斷詳情公案　　存

- 日本内閣文庫藏覆明本。上圖下文。半葉十行,行十七字。
  書已殘,但存卷二至卷四三卷,不知全書卷數。日本長澤規
  矩也云:曾見千葉掬香有此書,全書六卷。封面題"存仁堂
  陳懷軒刻"。書題"陳眉公編"。

　　按:此書似從葛天民本出。

鼎鐫國朝名公神斷詳刑公案八卷　　存

- 明潭陽書林劉太華刊本。上圖下文。半葉十一行,行十八
  字。【大連圖書館】【日本日光晃山慈眼堂】

　　明無名氏撰。題"京南歸正寧靜子輯","吳中匡直淡薄
子訂"。

　　　上五書皆分類編次,取材亦大同小異,文字半文半
白,與海公案、龍圖公案諸書相仿佛。其體裁在通俗小
説與雜書之間。

　　以上專演公案

古今列女傳演義六卷　　存

- 清初刊本。板心題"長春堂藏板"。封面題"三多齋梓"。精
  圖。半葉八行,行二十字。【北京市圖書館】【日本鹽谷節山】

　　題"東海猶龍子演義","西湖鬚眉子評閲",序署"東海

猶龍子漫題”，似託馮夢龍。

七十二朝四書人物演義四十卷　　存

・明刊本。【日本内閣文庫、靜嘉堂文庫】

・光緒丁酉上海十萬卷樓石印本，每卷有圖，有總評，旁評。

石印本封面題“李卓吾先生秘本”，“諸名家彙評寫像”，似是原題。有庚辰仲春癰道人序，又空冷散人、磊道人二序。標目悉摘四書成句爲之，蓋坊肆所爲。

上二書，爲譯述性質，去通俗小説甚遠，姑附諸書之後。

明清小説部乙

煙　粉　第　一

子目五：一人情、二狹邪、三才子佳人、四英雄兒女、五猥褻

金瓶梅詞話一百回　　存

- 明萬曆間刊本。半葉十一行，行二十四字。無圖。首欣欣子序。萬曆丁巳（四十五年）東吳弄珠客序。廿公跋。【北京圖書館】【日本京都帝大】【日本日光晃山慈眼堂】

- 古佚小説刊行會影印本，附圖乃崇禎本金瓶梅圖。此本有某書店覆本。世界文庫、上海雜誌公司、中央書店本皆有删節。

　　明人撰。按：金瓶梅著者傳説不一：沈德符野獲編以爲嘉靖間某大名士所作，用讒當時權貴；清宮偉鏐春雨草堂別集卷七續庭聞州世説又有薛方山（應旂）作、趙儕鶴（南星）作二説（馬隅卿説）。清人瑣記又多屬之王世貞，尤多怪論。以書用山東方言及所記皆不出嘉靖一朝事徵之，則作者或爲山東籍嘉靖時人。欣欣子序謂蘭陵笑笑生作。古蘭陵正

在山東境内。沈氏隆萬時人，去作者未遠，殆知之而爲其人諱者歟？

金瓶梅一百回　　存

- 日本内閣文庫藏明本。封面題"新刻繡像批評原本金瓶梅"。圖百葉。正文半葉十一行，行二十八字。首東吳弄珠客序，廿公跋。
- 日本長澤規矩也藏本，與内閣藏本同。
- 北京市圖書館藏明本。題"新刻繡像金瓶梅"。圖五十葉（每回省去一面）。行款同上。序失去。無評語。
- 北京大學圖書館藏明刊本。大型。正文半頁十行，行二十二字，字旁加圈點。每回前有精圖一葉，前後二面寫一回事。板心上題"金瓶梅"。有眉評，旁評。首弄珠客序。

　　以上諸本皆無欣欣子序，蓋皆崇禎本。以校詞話原本，原本開首數回演武松事者删去，易以西門慶事；諸回中念唱詞語亦一概删去，白文亦有删去者。每回前附詩多不同。是爲説散本金瓶梅。張竹坡評本金瓶梅自此本出。上海卿雲圖書公司排印本題"古本金瓶梅"，云所據爲翠微山房藏鈔本，先後藏舒鐵雲、王仲瞿家，同治間歸蔣劍人。首乾隆五十九年王仲瞿序"原書本無穢褻語"云云。然細按之，實是删節本。

張竹坡評金瓶梅一百回　　存

- 原本未見。
- 十行，行二十二字本。板心上題"金瓶梅"。圖百葉。
- 十一行，行二十五字本。圖百葉。
- 袖珍小字，十一行，行二十五字本。圖仿明本。
- 湖南刻十一行，行二十二字本。無圖。

以上四本皆有謝頤序，板心題"第一奇書"。

· 乾隆丁卯刊本。板心上題"奇書第四種"。半葉十一行，行二十四字。亦有謝頤序。

竹坡名未詳。劉廷璣在園雜誌稱彭城張竹坡，蓋徐州府人。曾見張山來幽夢影有張竹坡評，則順康時人也。

在園雜誌卷二云：深切人情世務，無如金瓶梅，真稱奇書。欲要止淫，以淫説法；欲要破迷，引迷入悟。其中家常日用，應酬世務，奸詐貪狡，諸惡皆作，果報昭然。而文心細如牛毛繭絲，凡寫一人，始終口吻酷肖到底，掩卷讀之，但道數語，便能默會爲何人。結構鋪張，針線縝密，一字不漏，又豈尋常筆墨可到者哉！彭城張竹坡爲之先總大綱，次則逐卷逐段分注批點，可以繼武聖歎，是懲是勸，一目了然。惜其年不永，殁後將刊板抵償夙逋于汪蒼孚，舉火焚之，故海內傳者甚少。

玉嬌麗　　佚

明無名氏撰。野獲編卷二十五引。云與金瓶梅同出一手。張無咎新平妖傳初刻序云：玉嬌麗（不作"李"字）金瓶梅如慧婢作夫人，只會日用帳簿，全不曾學得處分家政；效水滸而窮者也。及重刻改定序則云：玉嬌麗金瓶梅另闢幽蹊，曲中奏雅，水滸之亞。以金瓶梅玉嬌麗並稱。似所指即此書。則其書明季猶存也。

續金瓶梅十二卷六十四回　　存

· 傅惜華藏順治原刊本。半葉九行，行二十字。附精圖六十四頁。記刻工曰"胡念翌寫，黃順吉劉孝先刻"。

· 余有順治原刊殘本，圖全，抗日戰爭時以之易米，爲高陽某氏所得。惜哉！

· 舊刊本。行款同上。

· 北京圖書館有舊鈔本。

· 坊刊十行，行二十四字本，劣。

　　清丁耀亢撰。題"紫陽道人編"，"湖上釣史評"。首莬
隱道人序，西湖釣叟序，南海愛日老人序。耀亢字西生，號
野鶴，山東諸城人。官容城教諭。

　　查繼佐敬脩堂諸子出處偶記郭勛傳（勛字季庸，順德
人）後附記云："勛有書來，云戊戌一別，七閱寒暑，去秋始讀
續金瓶梅一書，奇跡動人"云云。按：丁耀亢著續金瓶梅，查
繼佐是參訂人。據此，似繼佐曾參預著作之事，不僅虛列名
參訂而已。

新鐫古本批評三世報隔簾花影四十八回　　存

· 湖南刊大字本。半葉十一行，行二十四字。

　　清無名氏撰。不題撰人。首四橋居士序，當即作者。
按：快心編評者亦署"四橋居士"，與此同。書即竄易丁耀亢
書爲之，殆是康熙後書肆所爲。

　　平步青霞外攟屑卷九云："紫陽道人續奇書，蔓引佛經、
感應篇，可一噱。梅村祭酒（吳偉業）別續之，署名隔簾花
影。相傳爲隔一字讀之成文，意在刺新朝而洩黍離之恨。
其門下士恐有明眼人識破，爲子孫禍，顛倒刪改之，遂不可
讀，但成一小説耳。"此言無稽，不可信。

紅樓夢

　　清曹霑撰。霑字芹圃，號雪芹，正白旗漢軍人。祖寅，
字子清，號棟亭。寅子顒早卒，頫或云即霑之父。寅、顒、頫
先後爲江甯織造。雍正六年，頫以事罷免，籍家。乾隆初，
復起爲内務府員外郎。後其家又遭鉅變，曹氏遂衰。霑紅

樓夢起草當在乾隆初。至乾隆二十七年除夕卒，書竟未
卒業。

　　紅樓夢當曹雪芹生時，已播於世，爲人部分傳鈔；今唯
百二十回本通行。其八十回以後，係高鶚所補，昔人已能道
之。近年舊本頗出，有正書局曾石印八十回本紅樓夢；後復
有乾隆甲戌本、庚辰本等脂硯齋評紅樓夢出現；唯四十回六
十回本未見。今但取舊本隸於曹雪芹紅樓夢，其餘另外
著録。

乾隆甲戌本脂硯齋重評石頭記　　　存

- 舊鈔本。目二十八回，殘存只十六回。半葉十二行，行
十八字。有眉評，夾評，總評。

　　　此爲今日所見最舊之紅樓夢鈔本。評者與曹雪芹
甚近，脂硯齋爲其別署。

乾隆己卯本脂硯齋重評石頭記(?)　　　未見

- 陶心如先生藏，書只殘存半部。見周汝昌紅樓夢新證。

乾隆庚辰本脂硯齋重評石頭記八十回　　　存

- 北京大學圖書館藏舊鈔本。題"庚辰秋凡四閲評過"。
每半葉十行，行三十字。原缺第六十四、六十七二回。
第二十一回末有缺文。第十七、十八二回不分。

　　　此亦爲過録原稿本，其所據稿本之時代後於甲戌
本，而在戚蓼生序本之前。

戚蓼生序本石頭記八十回　　　存

- 有正書局據舊鈔本石印本。八卷，八十回。半葉九行，
行二十字。首德清戚蓼生序。每回前有評論，後有總
評。句下有評注。欄外有眉批。回目與百二十回本間
有異同。此本亦自脂硯齋評本出。

　　　按：紅樓夢補犀脊山樵序云："京師曾見紅樓夢原

本，止於八十回。世傳一百二十回之本，不知何儈父續
成。”鄒弢弢三借廬筆談十一引樗散軒叢談云：“紅樓夢初
刊本只八十回，臨桂倪雲癯大令鴻言，曾親見之。”書林
杜世勳為余言，十年前曾見八十回刊本。則八十回本
紅樓夢似曾刊行也。

四十回本紅樓夢　　　未見

三六橋(多)先生言，曾見四十回刊本。

六十回本石頭記　　　未見

見越縵堂日記庚集下，咸豐十年庚申八月十三日
日記云：壬戌歲餘姚朱肯夫編修于廠肆購得六十回鈔
本，尚名石頭記。

舊時真本紅樓夢　　　佚

俞平伯考證引續閱微草堂筆記，云吳潤生中丞家藏本，
八十回後與今本大異；寶玉淪為擊柝之流，史湘雲為乞丐，
後乃與寶玉成夫婦云云。俞氏云此增補本當在高鶚之前，
今書不傳，亦不知撰人。

按：越縵堂日記庚集下，咸豐十年庚申八月十三日日記
云：涇縣朱蘭坡先生藏有紅樓夢原本，乃以三百金得之都門
者，六十回以後與刊本迥異，不知與續閱微草堂筆記所記是
一本否？

高鶚增補一百二十回本紅樓夢　　　存

• 乾隆辛亥(五十六年)程偉元第一次活字印本。有程偉元
序，高鶚序。圖像二十四頁，前圖後贊。正文半葉十行，行
二十四字。坊刻百二十回本，多從此本出。

• 乾隆壬子(五十七年)程偉元第二次活字印本。圖像行款同
上本。百二十回後題云“萃文書屋藏板”。引言：初印時不

及細校，間有紕繆，今復聚集各原本，詳加校閲，改訂無訛
云云。

- 坊刻覆辛亥本。
- 文美齋石印本。
- 亞東圖書館排印本。

　　　高鶚字蘭墅，號紅樓外史，鑲黄旗漢軍人，官給事中。

　　　以上二書八十回前存曹氏舊文，八十回以後增補。

後紅樓夢三十回<small>（附刻吳下諸子和大觀園菊花社原韻詩二卷）</small>　　存

- 坊刊袖珍本。
- 坊刊中型本。半葉九行，行二十字。像讚共六十葉。疑是
  原本。

　　　清無名氏託曹雪芹撰。首逍遥子序"頃白雲外史散花
居士竟訪得原稿"云云。此書續紅樓夢凡例及梁恭辰勸戒
近録四均引。在續作中，此當爲最早之書。

續紅樓夢三十卷　　存

- 嘉慶己未（四年）刊本。
- 石印本。
- 排印本。

　　　清秦子忱撰。首秀水鄭師靖序。嘉慶三年自序。書謂
黛玉還魂再生，自林黛玉死後寫起。但所依傍者仍是高書。
子忱號雪塢，官兗州都司。鄭序云隴西人。名里未詳。

續紅樓夢四十卷　　未見

　　　或云有清嘉慶十年刊本。

　　　清無名氏撰。題"海圃主人"。

綺樓重夢四十八回<small>（原名紅樓續夢，亦名屑樓情夢）</small>　　存

- 嘉慶乙丑重刊袖珍本。

　　　　清王某撰。署"蘭皋主人"。首嘉慶四年西泠薊園居士
序。以第一回有"吾家鳳洲先生"之語，知作者爲王氏，書接
高鶚書百二十回之後。

紅樓重夢　　未見

　　　　勸戒四録四、丁日昌禁書目均引此種，不知所指者即綺
樓重夢否？

紅樓復夢一百回　　　存

- 嘉慶四年己未蓉竹山房刊本。未見。
- 平湖寶芸堂刊本。
- 上海申報館排印本。
- 石印本。

　　　　清某氏撰。題"紅香閣小和山樵南陽氏編輯"，"款月樓
武陵女史月文氏校訂"。首嘉慶四年己未女弟武陵女史陳
詩雯（即校訂人）又四年紅樓復夢人少海氏自序。書接高書
一百二十回之後。梁恭辰勸戒四録卷四引。

　　　　　　上後紅樓夢、續紅樓夢、綺樓重夢、紅樓復夢四書，
　　　　嫏嬛山樵增補紅樓夢一回引，稱爲後、續、重、復四夢。

紅樓圓夢三十回　　　存

- 清嘉慶甲戌紅薔閣刊本。半葉八行，行十八字。
- 石印本。
- 排印本。

　　　　清無名氏撰。署"夢夢先生"。

紅樓夢補四十八回　　　存

- 道光癸巳籐花榭刊袖珍本。
- 申報館排印本。

　　　　清無名氏撰。署"歸鋤子"。首犀脊山樵序。及嘉慶己

卯(二十四年)歸鋤子自序,叙略八則。自高書九十七回後
作起。

補紅樓夢四十八回　　存

- 清嘉慶庚辰(二十五年)刊本。石印本。

　　清魏某撰。首嘉慶甲戌(十九年)自序。署"嬾嬛山
樵"。

增補紅樓夢三十二回　　存

- 道光四年刊袖珍本。

　　清魏某撰。署"嬾嬛山樵"。首嘉慶二十四年庚辰槐眉
子序,又訥山人序,自序。書繼補紅樓夢而作。第一回云著
參同契者之裔,則魏姓也。

紅樓幻夢二十四回(一名幻夢奇緣)　　存

- 道光癸卯延景齋刊袖珍本。

　　清無名氏撰。首道光癸卯(二十三年)花月痴人序,自
高書九十七回後作起,勸戒四録卷四引此書。

紅樓夢影二十四回　　存

- 光緒丁丑北京聚珍堂活字印本。

　　清無名氏撰。題"雲槎外史新編",亦題"西湖散人撰"。
首咸豐辛酉(十年)西湖散人序。

紅樓後夢　　未見

- 勸戒四録卷四引。

紅樓再夢　　未見

- 勸戒四録卷四引。

　　以上自後紅樓夢以下諸續書,皆據高鶚增訂本。

王希廉評紅樓夢一百二十回　　存

- 原刊本。圖像六十四葉。半頁十行,行二十二字。

- 光緒丁丑翰苑樓本,圖行款同。
- 光緒丙子(二年)北京聚珍堂活字本,行款同。圖覆王本。

　　　　每卷題"東洞庭護花主人評"。首道光壬辰(十二年)王希廉序,"大觀園圖説","紅樓夢論贊"(讀花人戲編),"紅樓夢問答","題詞","總評","音釋"。每回後有評。希廉字雪香,江蘇吳縣人。總評分評有別行本。

蛟川大某山民加評紅樓夢一百二十回　　存

- 排印本。

　　　　清姚燮撰。署"大某山民"。燮字復莊,號梅伯,一號大梅山民,浙江鎮海人,道光甲午舉人。此書比王評本多"讀法"(附補遺訂誤),"摘誤","大某山民總評","明齋主人總評","大觀園十二詠"。餘同王本。

妙復軒評石頭記一百二十回　　存

- 清光緒辛巳刊本。

　　　　清全卜年撰。署"太平閑人"。首同治癸西孫桐生序,光緒二年巴西懺夢居士跋,太平閑人紅樓夢讀法。

　　　　按:脂硯齋評本紅樓夢二十八回後有劉銓福跋云:"近日又得妙復軒手批十二巨冊,語雖近鑿,而於紅樓夢味之亦深矣。此批本丁卯夏借與緜州孫小峰太守,刻於湖南。"孫小峰當即孫桐生。

　　　　上三評本,皆載高鶚百二十回原文。

棗窗閒筆一卷　　存

- 余藏作者手稿本,已捐贈北京圖書館。

　　　　清宗室裕瑞撰。裕瑞號思元,豫良親王次子。歷官鑲白旗蒙古副都統、鑲紅旗滿洲副都統,正白旗護軍統領等職。嘉慶十八年因教黨闖入禁城,防禦不力革職,移居盛京。旋緣事永遠圈禁。道光十八年閏四月卒，年六十八。著有思元齋集、妻秀軒詩草、瀟居集詠等書。此書收文八篇：一、程偉元續紅樓夢自九十回至百二十回書後；二、後紅樓夢書後；三、雪塢續紅樓夢書後；四、海圃續紅樓夢書後；五、綺樓重夢書後；六、紅樓夢書後；七、紅樓圓夢書後；八、鏡花緣書後。作者距曹雪芹時代不遠，其論紅樓夢有他人未曾道過者，可供參考。

紅樓夢偶説二卷　　存

• 清光緒二年丙子簣覆山房刊本。

清無名氏撰。題"晶三蘆月草舍原本"，"簣覆山房編次"。首道光六年晶三蘆月草舍居士序，光緒二年簣覆山房主人序。此書語甚淺，於紅樓夢無甚了解。

紅樓夢論贊一卷　　存

• 清道光壬寅(二十二年)養餘精舍刊小本。【北京大學圖書館】

清涂瀛撰。署"讀花人戲編"。目爲"紅樓夢論"、"紅樓夢贊"及"紅樓夢問答"。首武林邱登序。末有潭州何炳麟跋及邱登跋。瀛字鐵綸，廣西桂林人。諸贊及問答，皆有會心，文亦雅飭可誦。道光十二年壬辰刊王雪香評紅樓夢全載之。邱登道光十六年序此書謂涂瀛作，或又以爲王雪香作，未知孰是。

讀紅樓夢雜記一卷　　存

• 清同治八年杭州原刊本。
• 光緒間重刊本。

清江順怡撰。順怡，安徽旌德人，字未詳。此雜記一書同治八年己巳與盧先駱紅樓夢竹枝詞同刊於杭州。

紅樓夢偶評　　存

• 刊本。【清華大學】

　　　　清張其信撰。

紅樓夢本義約編　　存

・清光緒間刊本。

　　　　清無名氏撰。題"話石主人手定"。

紅樓夢廣義　　存

・清光緒間刊本。

　　　　清無名氏撰。署"青山山農"。

龍雲友評紅樓夢　　未見

　　　　鄒弢三借廬筆談十一引,云:批本共數百條,泛論迂談,無理取鬧,唯謂黛玉寶釵等皆隱寓優伶,梨香院即梨園,此說獨有見到處云云。雲友字潭厂,今不詳爲何如人。

　　　　以上評説紅樓諸書所據亦爲高鶚增訂本。自道光以至同光間,題詠紅樓之作尤多,今不錄。一九一二年後則有洪秋蕃之紅樓夢抉隱十六卷(上海圖書館排印本);王夢阮、沈瓶庵合撰之紅樓夢索隱載全文凡二十四卷(中華書局排印本);蔡元培之石頭記索隱(商務印書館排印本),並據高書爲説。

蜃樓志二十四回　　存

・嘉慶十二年丁卯原刊本。八卷。半葉十三行,行三十字。
・二十四卷本。半葉八行,行十八字。二本末卷均題"虞山衛峻天刻"。

　　　　清無名氏撰。題"庾嶺勞人説","禺山老子編"。首羅浮居士序①。

-----

①補注:柳存仁書二五三頁記有嘉慶九年刊本。

風月鑑十六回　　存

- 嘉慶刊本。中型半葉六行,行十六字。【鄭西諦】

　　　　清吳貽先撰。首嘉慶庚辰(二十五年)自序。末卷有寄男方鈺跋。每回標題爲二字聯對。貽先字蔭南,號愛存,疑河南光山縣人(自序後有章曰中州弋陽吳氏)。

林蘭香八卷六十四回(石印本改題第二奇書)　　存

- 清道光十八年戊戌刊本。
- 光緒三年丁丑上海申報館排印本。
- 光緒二十年維新堂刊小本。

　　　　清無名氏撰。題"隨緣下士編輯","寄旅散人批點",首爓嫐子序。

恨海十回　　存

- 上海廣智書局排印本。

　　　　清吳沃堯撰。沃堯字里見卷二。沃堯又有劫餘灰,自云言情之作,有上海群學社説部叢書本。未見。

電術奇談(一名催眠術)　　存

- 上海廣智書局排印本。

　　　　清吳沃堯撰。題"我佛山人衍義"。此書以日本菊池幽芳元著爲底本而敷衍之,已非翻譯性質。

寫情小説淚珠緣四集六十四卷(目作六十四回)　　存

- 清光緒三十三年杭州萃利公司排印本。□□爲續集①。

　　　　陳栩撰。署"天虛我生"。栩字蝶仙,錢塘人,諸生。嗜詞曲。杭州萃利公司,上海家庭工業社,皆栩所經營者也。此書初成六十四回。首何春旭弁言二首,後光緒二十六年庚

---

① 補注:"□□"可疑,一九五八年作家出版社印本無"□□爲續集"字樣。

子金振鐸及華亭一鶴夢石書後各一首，二十七年辛丑汪大可
書後一首，又作者自跋。入民國後又續之，而並未續完。

　　　　以上人情

風月夢三十二回　　　存

- 清光緒十年甲申上海江左書林校刻小字本。半葉十二行，
行二十七字。
- 光緒十二年丙戌刊小本，行款同上。
- 上海申報館活字本。

　　　清無名氏撰。首道光戊申（二十八年）邗上蒙人自序。
作者蓋揚州人。

品花寶鑑六十回　　　存

- 道光己酉刊本。半葉八行，行二十二字。
- 覆本。
- 清咸豐間刊本。未見。
- 清華大學藏朱絲闌鈔本。半葉八行，行二十字。無序。
- 一九一三年石印本。六卷。改題燕京評花錄。
- 又一石印本改題怡情佚史。

　　　清陳森撰。原書不題撰人。首幻中了幻居士序，石函
氏自序，臥雲主人題詞。森，字少逸，江蘇常州人。

花月痕十六卷（坊間石印本有改題花月姻緣者）　　　存

- 清光緒十四年戊子原刊本。半葉九行，行二十一字。

　　　清魏秀仁撰。原題“眠鶴主人編次”，“棲霞居士評閱”。
首咸豐戊午（八年）眠鶴道人前序及後序。秀仁字子安，一
字子敦，福建侯官人。

青樓夢六十四回　　　存

- 清光緒戊子文魁堂刊小本。

- 上海申報館排印本。

　　　　清俞達撰。原題"螯峰慕真山人著","梁溪瀟湘侍者
（按：即鄒弢）評"。首光緒四年金湖花隱序，同上鄒弢序。
每回首有評。達一名宗駿，字吟香，江蘇長洲人。

繪芳録八卷八十回　　存

- 清光緒二十年石印本。
- 申報館排印本。

　　　　清無名氏撰。題"西冷野樵著"。首光緒戊寅（四年）始
寧竹秋氏自序。

海上塵天影六十章(一名斷腸碑)　　存

- 清光緒二十年上海石印本。

　　　　清鄒弢撰。題"梁溪司香舊尉編"。首光緒丙申（二十
二年）王韜序。弢字翰飛，江蘇金匱人，自號瀟湘館侍者。

　　　　鄒弢三借廬叢稿云：青樓女子，庸俗居多。蘇韻蘭本姓
汪，名瑗，字畹根，能詩，所居曰幽貞館，後嫁湖北范氏。余
前爲作斷腸碑六十回者也。

海上花列傳六十四回　　存

- 光緒二十年甲午石印本六十回。
- 又石印袖珍本六十四回。
- 民國三年上海重印本，未見①。
- 民國二十一年上海廣華圖書館發行本六集，自初集至四集
　共六十四回正集，自五集六十五回至六集九十六回②。亞
　東圖書館排印本六十四回。此書光緒十八年壬辰先載於海

---

① 補注：民國十一年上海清華書局排印本有許廑父序。見胡適海上花列傳序引。
　未見。
② 補注："正集"二字孤立無着，"自五集六十五回至六集九十六回"十四字語不繕完，
　必有脱落字。一九五八年書目無上海廣華圖書館本。

上奇書①。

清韓邦慶撰。題"雲間花也憐儂著"。首光緒甲午自序。邦慶字子雲,號太仙,亦署大一山人,江蘇華亭人。貢生。嘗爲申報館編輯。其書起草稿於光緒十七年辛卯間,擬目二十四回,顏曰花國春秋,後出版,易名曰海上花列傳。

退醒廬筆記卷下"海上花列傳"條云:余辛卯秋應試北闈,識韓子雲於大蔣家胡同松江會館。場後南旋,同乘招商局輪船。長途無俚,出其著而未竣之小説花國春秋相示,回目已得二十有四,書則僅成其半。時余正撰海上繁華夢初集,已成二十一回。舟中乃易稿互讀。韓謂:"花國春秋之名不甚愜意,擬改爲海上花。"余謂:"此書用吳語,恐閲者不甚了了,且吳語有音無字者多,不如改易通俗白話爲佳。"韓言:"曹雪芹撰石頭記用京語,我書何不可用吳語?"並指稿中賰、嫂諸字曰:"倉頡造字,度亦以意爲之,何妨自我作古。"余知其不可諫,遂不復語。迨兩書相繼出,韓書已易名曰海上花列傳,而吳語則仍舊,客省人幾難卒讀。遂令絶好筆墨,不獲風行於時。而繁華夢則年必再版,所銷不知幾十萬册。於以慨韓君之以吳語著書,實爲大誤:蓋吳語限於一隅,非若京語之到處流行,人人暢曉,故不可與石頭記並論也。

海天鴻雪記二十回　　存

·世界繁華報館排印本。

題"二春居士編"。首光緒甲辰(三十年)茂苑惜秋生序,奇字俗語釋文,每回後有南亭亭長評。

----

①補注:海上奇書自壬辰二月朔出第一期至壬辰十月朔停刊共出了十四期。海上花列傳每期出二回,共出了二十八回。

醒世小説九尾龜十二集一百九十二回　　存

・清光宣間上海點石齋發行本。

此書有人續至二十四集。

張春帆撰。題"漱六山房著"。每集十六回，自爲起訖。春帆名未詳，別署"仙源蒼園"或"項蒼園"。江蘇常州人。

春帆又有揚州夢十回（非演鄭燮之揚州夢），有光緒三十四年集成圖書公司印本；宦海四卷二十回，有宣統元年上海環球社印本；家庭現形記未見，見小説林第九册丁未年（光緒三十三年）小説調查表。

海上繁華夢初集三十回二集三十回後集四十回　　存

・清光緒三十四年上海商務印書館排印本。
・初集二集有光緒二十九年癸卯上海笑林報館排印本。
・後集有光緒三十二年丙午笑林報館排印本。

孫家振撰。題"古滬警夢痴仙戲墨"。首自序，又光緒二十八年古皖拜顚生序。家振字玉聲，上海人，光緒末充新聞報館編輯，又嘗創笑林報。此書在清末頗盛行。後又撰續海上繁華夢初集三十回，二集三十回，三集四十回。有民國四五年間上海文明書局發行本。

退醒廬筆記下卷"退醒廬傷心史"條云：余四十歲之春（按：光緒二十六七年間），寒熱大作，昏不知人。籧室蘇氏爲延醫，躬自料量湯藥，衣不解帶，目不交睫者數夕。七日後，余神識清，詎當晚蘇氏亦病，竟於二月十一夜棄余而去。蘇氏事實，余適著海上繁華夢説部，爲之詳細采入，即書中之桂天香是。其題照詩"短緣草草四年寬"云云，亦爲當日題照原句。至書中天香死後，繫以一絶曰："一現曇花太可憐，傷心紫玉竟成煙；夜深泣寫分釵痛，淚濕燈前百疊箋。"

則不知是墨是淚矣。

　　　　以上狹邪

繡像吳江雪四卷二十回　　存

- 明東吳赤綠山房刊本。【法國巴黎國家圖書館】
- 鄭西諦藏本二十四回。

　　　　題"蘅香草堂編著"。首顧石城序,及佩蘅子自序。

平山冷燕二十回　　存

- 舊刊本。題"新刻批評平山冷燕"。圖六葉。有順治戊戌天花藏主人序。【大連圖書館】
- 靜寄山房刊大字本。六卷。無圖。半葉九行,行二十一字。封面題"冰玉主人批點"。首冰玉主人序"庚申夏,小監於肆中購得平山冷燕一書"云云(按:清怡僖親王弘曉,號冰玉道人,當是其人)。【北京大學圖書館】【北京市圖書館】
- 聚錦堂刊天花藏七才子書本。六卷。【北京大學圖書館】
- 雍正庚戌退思堂刊天花藏七才子書本。【北京大學圖書館】
- 日本舶載書目載啓盛堂刊本天花藏四才子書,未見。
- 巾箱本書名新鐫天花藏批評平山冷燕,四卷。劣。

　　　　清無名氏撰。題"荻岸散人(一作山人)編次"。清盛百二柚堂續筆談謂張劭撰,橋李詩繫又以爲秀水張勻所作,未知孰是。在園雜誌卷二引。

　　　　義門先生集卷七與某書:"僕詩何足道。梅花諸詠,平山冷燕體,乃蒙稱説。"

玉嬌梨小傳四卷二十回(後來刊本有改題雙美奇緣者)　　存

- 日本内閣文庫藏本,題"重訂批評繡像玉嬌梨小傳",疑是清康熙刊本。
- 聚錦堂刊天花藏七才子書本,字句間有删減。【北京大學圖

書館】

- 雍正庚戌退思堂刊七才子書本。【北京大學圖書館】

　　清無名氏撰。題"荑荻山人編次"（一作荑荻散人，又作荻岸散人）。七才子書有天花藏主人序。在園雜誌卷二引。

飛花詠十六回（一名玉雙魚）　　存

- 原刊本。大型。半葉八行，行二十字。目錄題"新鐫批評繡像飛花詠小傳"。【日本內閣文庫】【大連圖書館】

　　清無名氏撰。序署"天花藏主人題於素政堂"。

兩交婚小傳四卷十八回　　存

- 舊刊本。書題"新編四才子二集兩交婚小傳"。【大連圖書館】
- 素位堂刊本。半葉十一行，行二十八字。【北京大學圖書館】
- 道咸間枕松堂梓本。題"步月主人著"。首墨莊老人序。【巴黎國家圖書館】
- 光緒戊子姑蘇紅葉山房刊本，改題雙飛鳳全傳。
- 日本寶曆甲戌舶載書目著錄素位堂十六回本，未見。"六"字或"八"字之誤。

　　清無名氏撰。題"步月主人訂"。大連圖書館藏本有天花藏主人序。日本寶曆甲戌舶載書目著錄。

金雲翹傳四卷二十回　　存

- 刊本。半葉八行，行二十字。題"貫華堂評論"，"聖歎外書"。【日本內閣文庫，東京帝大文學部支那哲文學研究室】【大連圖書館】

　　清無名氏撰。題"青心才人編次"。演徐海王翠翹事。首天花藏主人序。日本寶曆甲戌舶載書目著錄。

麟兒報四卷十六回　　存

- 舊刊本。書題"新編繡像簇新小説麟兒報"。【大連圖書館】

- 日本寶曆甲戌舶載書目著録本題"天花藏秘本","新編繡像批評小説麟兒報",未見。
- 集古居刊本,改名"葛仙翁全傳"。文字改動處甚多。
- 咸豐壬子經國堂重鎸本,四卷。

　　　　清無名氏撰。大連圖書館藏本,首康熙壬子(十一年)天花藏主人序。日本寶曆甲戌舶載書目著録。

玉支璣小傳四卷二十回　　存

- 原本題"新鎸秘本玉支璣小傳"。半葉八行,行二十字。寫刻。【北京大學圖書館】
- 醉花樓刊本。題"煙水散人編次"。【巴黎國家圖書館】
- 咸豐戊午廈門多文齋刊本。題"西山散人評"。不精。
- 華文堂刊本。題"步月主人訂"。【大連圖書館】

　　　　清無名氏撰。各本皆題"天花藏主人述",蓋即撰書人。其評訂編次人,則因刊本非一而不一律。鄭西諦據文中有"在國初已生一個劉伯温先生"之語,定爲明人。日本寶曆甲戌舶載書目著録。

畫圖緣小傳四卷十六回　　存

- 舊刊本。書題"新鎸評點畫圖緣小傳"。序後署"天花藏主人題於素政堂"。【大連圖書館】
- 益智堂刊本。題"步月主人訂"。【大連圖書館】
- 積經堂刊本封面題"步月主人"。【北京大學圖書館】

　　　　清無名氏撰。大連圖書館藏本有天花藏主人序,當是原刊。日本寶曆甲戌舶載書目著録。

定情人十六回　　存

- 原本,題"新鎸批評繡像秘本定情人"。半葉八行,行二十字。寫刻。【北京圖書館】【北京大學圖書館】【大連圖書館】

- 乾隆覆刻本，四卷。【鄭西諦】

　　清無名氏撰。序署"素政堂主人題於天花藏"。

賽紅絲小説十六回　　存

- 天花藏批本。書題"新鐫批評繡像賽紅絲小説"。【北京圖書館】【大連圖書館】【巴黎國家圖書館】

　　清無名氏撰。序署"天花藏主人題於素政堂"。

幻中真　　存

- 舊刊十二回本。書題"批評繡像奇聞幻中真"。【巴黎國家圖書館】
- 坊刻中型本。四卷十回。【日本內閣文庫】

　　清無名氏撰。題"煙霞散人編次"。巴黎國家圖書館藏本有天花藏主人序。

人間樂十八回　　存

- 清初刊本，半葉八行，行二十六字。目録葉題"新鐫批評繡像錦傳芳人間樂"。
- 乾隆九年刊本。
- 光緒癸巳上海石印袖珍本，四卷。

　　清無名氏撰。題"天花藏主人著"。首載"錫山老叟題於天花藏"序。

錦疑團十六回（一名錯認錯）　　存

- 清刊本，半葉八行，行二十字。【阿英】

　　清無名氏撰。首康熙壬子天花藏主人"自序"。

　　　　上書十三種均有天花藏主人序。天花藏主人不知何人，觀玉嬌梨序，似即玉嬌梨作者。其序平山冷燕在順治十五年，則明末清初人也。

情夢柝　　存

- 嘯花軒刊四卷二十回本。【大連圖書館】
- 日本寶曆甲戌舶載書目載華文堂刊四卷二十四回本,未見。
- 六卷二十回本。題"步月主人訂"。半葉十一行,行二十八字。【北京大學圖書館】
- 清咸豐丁巳芥子園刊本,改題三巧緣。書前有"經餘適趣引言"一篇。

　　　　清無名氏撰。題"蕙水安陽酒民著","西山灌菊散人評"。亦有題"步月主人訂"者。在園雜誌卷二引。

風流配八回（一名姻緣扇）　　存

- 刊本。【鄭西諦】

　　　　清無名氏撰。無署題。在園雜誌卷二引此書。

玉樓春　　存

- 煥文堂刊四卷二十回本。【大連圖書館】
- 嘯花軒刊十二回本。封面題"覺世姻緣玉樓春"。半葉十行,行二十六字。似是原本。【北京大學圖書館】
- 二酉局刊本。二十四回,不分卷。坊間重刊嘯花軒本。

　　　　清無名氏撰。題"龍邱白雲道人編輯","穎水無緣居士點評"。在園雜誌卷二金石緣序均引。

春柳鶯四卷十回　　存

- 坊刊本。【北京市圖書館】【大連圖書館】

　　　　清無名氏撰。題"南軒鶊冠史者編","石廬拚飲潛夫評"。大連圖書館藏本有康熙壬寅(元年)吳門拚飲潛夫序。在園雜誌卷二引。

宮花報　　未見

- 在園雜誌卷二引。

按：在園雜誌云：玉樓春、宮花報，稍近淫佚。

夢中緣十五回　　存

· 崇德堂刊本。

　　　清李修行撰。首光緒十一年某氏序，署"後學蓮溪氏"。
修行字子乾，山東陽信人。康熙乙未（五十四年）進士。

合浦珠十六回　　存

· 清初刊本。寫刻。半葉八行，行十九字。【大連圖書館】

　　　清徐震撰。震字里見卷二。題"檇李散人編"。首駢文
自序。

賽花鈴十六回　　存

· 清刊本。插圖四葉，記刻工曰"黃順吉刻"。【大連圖書館】

　　　清徐震撰。題"白雲道人編次"，"煙水山人較閱"。首
康熙壬寅（六十一年）題詞，署"檇李煙水散人"。

新刊批評繡像夢月樓情史十六回　　存

· 清康熙刊本。【阿英】

· 日本寶曆甲戌舶載書目有消閒居精刊本，題"醒世名言夢月樓"。

· 日本天明間秋水園主人小説字彙所附引書目亦有此書。

　　　清徐震撰。題"檇李煙水散人編次"。首"幻庵居士
敘"。

鴛鴦媒四卷十二回　　存

· 舊刊本，半葉十行，行二十四字。

· 日本內閣文庫藏刊本，書名鴛鴦配。

　　　清徐震撰。題"檇李煙水散人編次"。書面題"天花藏
主人訂"。演申雲荀文等事。

飛花艷想十八回　　存

· 清刊本。半葉九行，行二十字。【大連圖書館】

- 另一舊刊本。行款同上。題"夢花想"。
- 道光壬午刊本改題鴛鴦影。

　　　清劉璋撰①。題"樵雲山人編次"。璋即捉鬼傳作者。事蹟見卷七"斬鬼傳"條。考斬鬼傳有康熙五十九年庚子黃越序。此己酉非康熙八年己酉即雍正七年己酉也。

好逑傳四卷十八回(一名俠義風月傳)　　存

- 獨處軒大字本。無圖。半葉十行,行二十字。【北京市圖書館】
- 凌雲閣梓本。【大連圖書館】
- 三讓堂刊小本。

　　　清無名氏撰。題"名教中人編次","遊方外客批評"。夏二銘野叟曝言三十一回引。二銘康熙乾隆間人,則此書亦清初人作也。

快心編初集五卷十回二集五卷十回三集六卷十二回　　存

- 課花書屋刊大字本。
- 申報館排印本。

　　　清無名氏撰。題"天花才子編輯","四橋居士評點"。首無名氏序。疑與隔簾花影作者爲一人。

　　　以上順治康熙間

鳳凰池十六回　　存

- 耕書屋刊本。封面題"續四才子書"。【北京大學圖書館】【大連圖書館】

　　　清無名氏撰。題"煙霞散人編"。首華茵主人序。日本享保十三年舶載書目著録。

---

① 補注:璋字于堂,號樵雲山人,山西太原人,清康熙三十五年丙子舉人。

鳳簫媒四卷十六回　　未見

- 日本寳曆甲戌舶載書目載素位堂刊本。

　　　清無名氏撰。題"崔市散人編次","潭水漁仙點閱"。
別題"步月主人訂"。

醒風流奇傳二十回　　存

- 坊刊本。【大連圖書館】【巴黎國家圖書館】

　　　清無名氏撰。題"崔市散人新編"。首崔市主人自序
（巴黎國家圖書館藏本序缺），不記年月。日本天明間秋水
園主人小説字彙引此書。

快士傳十六卷　　存

- 寫刻本,半葉八行,行二十字有圈點。

　　　清無名氏撰。題"五色石主人新編"。首五色石主人
序,即短篇小説五色石八洞天作者。日本享保十三年舶載
書目著録。

蝴蝶媒四卷十六回　　存

- 舊刊本。半葉十行,行二十八字。
- 積經堂刊本。行款同上。
- 四友堂刊本。半葉十二行,行二十八字。【北京大學圖書館】
- 日本寳曆甲戌舶載書目有華文堂刊本,未見。

　　　清無名氏撰。題"南岳道人編","青谿醉客評"。別題
"步月主人訂"。

終須夢四卷十八回　　未見

　　　清無名氏撰。題"彌堅堂主人編次","步月主人訂"。
日本寳曆甲戌舶載書目著録。

五鳳吟四卷二十回　　存

- 刊本。題"草閒堂新編繡像五鳳吟","步月主人訂"。【大連

圖書館】

・刊本。題“新刻續六才子書”。【北京大學圖書館】

・稼史齋刊本。十行，行二十六字。【鄭西諦】

・日本寶曆甲戌舶載書目載二十四回本，未見。

・日本內閣文庫藏刊本，亦二十回。

　　　　清無名氏撰。題“雲間（亦作雲陽）嗤嗤道人編著”，“古
越蘇潭道人評定”。亦題“步月主人訂”。

幻中遊十八回　　存

・坊刊本。卷一題“新刻小説幻中遊醒世奇觀”。【日本東京
帝大文學部研究室】

　　　　清無名氏撰。題“步月齋主人編次”。封面題“煙霞主
人編述”。

引鳳簫四卷十六回　　存

・坊刊本。【大連圖書館】【日本內閣文庫】

　　　　清無名氏撰。題“楓江半雲友輯”，“鶴阜芰俗生閱”。
日本寶曆甲戌舶載書目著錄。

錦香亭四卷十六回　　存

・經元堂刊本。【北京大學圖書館】

・日本寶曆甲戌舶載書目所載本題“岐園藏板”。未見。

・上海石印本，改題睢陽忠毅錄。

　　　　清無名氏撰。題“古吳素庵主人編”，“茂苑種花小史閱”。

巧聯珠四卷十五回　　存

・可語堂刊本，半葉八行，行二十字。

・日本內閣文庫藏坊刊本。

・日本寶曆甲戌舶載書目有得月樓本，未見。

　　　　清無名氏撰。題“煙霞逸士編次”。目錄葉亦題“五彩

堂編次"。

女開科傳十二回(一名新採奇文小説全編萬斛泉)　存

- 大連圖書館藏清名山聚刊本。書名女開科傳。圖六葉,記繪工曰"古越馬雲生寫",刻工曰"黃順吉刊"。正文寫刻,半葉八行,行十八字。板心下題"花案奇聞",第一葉題"虎邱花案逸史"。
- 曾見一本,書名新採奇文小説全編萬斛泉。插圖板式與名山聚刊本同。
- 日本寶曆甲戌舶載書目有何必居梓行本,書名女開科傳。未見。
- 坊間有花陣奇六回,改題"雪山柴臣編次",實即此書。

　　　　清無名氏撰。題"岐山左臣編次"。首江表蠡庵引。

金石緣八卷二十四回　　存

- 同盛堂本。
- 文粹堂本。

　　　　清無名氏撰。序署靜恬主人。總評後題云"乾隆十四年歲次己巳省齋主人重録"。

水石緣六卷三十則　　存

- 經綸堂刊本。

　　　　清李春榮撰。題"稽山李春榮芳普氏編輯","雲間慕空子鑒定"。首乾隆甲午(三十九年)春榮自序。

雪月梅十卷五十回　　存

- 聚錦堂刊本。
- 德華堂刊本。
- 光緒辛丑上海石印本改題第一奇書,又名兒女濃情傳。

　　　　清陳朗撰。題"鏡湖逸叟陳朗曉山編輯","介山居士孟

汾月巖評釋”，“潁上散人邵松年鶴巢校定”。首乾隆乙未
（四十年）自序。

駐春園小史六卷二十四回　　存

- 清乾隆癸卯刊本。【大連圖書館】
- 乾隆戊申刊本。【北京市圖書館】

　　　清無名氏撰。題“吳航野客編次”，“水箬散人評閱”。
首乾隆壬寅（四十七年）水箬散人序（壬寅一作戊申）。

繡屏緣四卷十九回　　存

- 坊刊本。

　　　清無名氏撰。亦無署題。日本天明間秋水園主人小說
字彙引此書。

醒名花十六回　　存

- 坊刊本。【大連圖書館】

　　　清無名氏撰。題“墨憨齋新編”。日本秋水園主人小說
字彙引此書。

生花夢四卷十二回（四卷又作元亨利貞四集）　　存

- 寫刻本，半葉八行，行二十字。

　　　清無名氏撰。題“古吳娥川主人編次”，“青門逸史點
評”。首癸丑年青門逸史序。娥川主人即世無匹、炎涼岸作
者。封面題云二集嗣出。二集今未見。

新編清平話史炎涼岸八回（生花夢三集）　　存

- 日本鈔本。【大連圖書館】

　　　清無名氏撰。題“娥川主人編次”，“青門逸史點評”。
日本秋水園主人小說字彙引此書。

離合劍蓮子瓶三十回　　存

- 清道光壬寅綠雲軒刊本。

清無名氏撰。有道光壬寅白叟山人序。目錄葉上有
"時在乾隆丙午（五十一年）清和既望"十小字。則亦乾隆
時書。

合錦廻文傳十六卷不分回　　　存

- 清嘉慶三年寶硯齋刊本。
- 道光六年大文堂刊本。

題"笠翁先生原本"，"鐵華山人重輯"。每卷後有素軒
評語。

痴人福四卷八回　　　存

- 清光緒癸卯上海書局石印本。

清無名氏撰。首嘉慶十年梅石山人序，就李漁奈何天
傳奇改作。

西湖小史四卷十六回　　　存

- 清光緒丙子六經堂重鐫袖珍本。

清無名氏撰。題"上谷蓉江氏著"，"雪菴居士評點"。
有嘉慶丁丑（二十二年）李荔雲序。

聽月樓二十回　　　存

- 清嘉慶二十四年同文堂刊本。

清無名氏撰。首嘉慶壬申（二十四年）無名氏序。

三分夢全傳十六回　　　存

- 清道光十五年新鐫本。
- 道光二十八年刊本。
- 光緒乙未上海石印本改題醒夢錄。

清張士登撰。題"瀟湘仙史張士登著"，"羅浮僑客何芳
苡評"。首嘉慶戊寅（二十三年）自序，及二十四年己卯繆艮
序，南海黎成華題詞。

以上乾隆嘉慶間

梅蘭佳話四卷四十則　　存

- 清道光辛丑(二十一年)至成堂刊本。

　　　清曹梧岡撰。題"阿閣主人著"。首道光己亥(十九年)古雲趙小宋序。

第八才子書白圭志十六回　　存

- 經綸堂刊本。
- 道光辛丑補餘軒刊本。
- 光緒甲午崇文書局石印本四卷,改題第一才女傳。

　　　清崔象川撰。題"博陵崔象川輯","何晴川評"。

白魚亭六十回　　存

- 清道光二十二年紅梅山房刊小本。【北京大學圖書館】

　　　清黃瀚撰。署"趣園野史"。瀚字小溪,自云珊城人。

雙英記十二回(書衣題方正合傳)　　存

- 咸豐間十二室刊本。【周紹良】

　　　封面題"清河氏夢莊居士著","瑯琊先生評點"。首咸豐五年夢莊居士序。

新編玉燕姻緣全傳七十六回　　存

- 清光緒乙未(二十一年)上海書局石印本。【鄭西諦】

　　　清無名氏撰。首光緒二十年滬北俗子序。

女舉人傳十六回　　存

- 光緒二十九年上海同人社石印本。【鄭西諦】

　　　清無名氏撰。署如如女史。

以上道光以來

天上人間　　存

- 稿本。半葉九行,行二十五字。存第一卷。

清胡公藩撰。公藩原名紹昌，江蘇華亭人。述趙世忠、虞士誠、袁子卿等事。見小説月報二十二卷六號周越然書談。云言情小説。疑亦才子佳人一類之書。作者時代俟考。

繡像忠烈全傳六十回　　存

- 清咸同間刊本。【鄭西諦】【巴黎國家圖書館】

　　不知撰人。首正德元年戲筆主人序（疑清人僞作）。據鄭西諦云：書中主人爲顧孝威，居官清正，娶五妾，富貴功名，冠絶一時。則亦才子佳人之作。

鐵花仙史二十六回　　　存

- 刊本。圖十二葉。半葉八行，行十七字。較精。
- 通行小本。

　　題“雲封山人編次”，“一嘯居士評點”。首三江釣叟序。

二度梅全傳六卷四十回　　　存

- 益秀堂刊本。
- 五雲堂刊本。

　　題“惜陰堂主人編輯”，“繡虎堂主人評閲”。封面又題“天花主人編”。

金蘭筏四卷二十回　　　存

- 舊刊本。半葉十二行，行二十八字。

　　題“惜陰主人編輯”，“繡虎主人評閲”。每回後有顧天飛評語。

新刻才美巧相逢宛如約四卷十六回　　　存

- 中國科學院文學研究所藏清初寫刻本。半葉九行，行二十、二十一二字不等。
- 法國巴黎國家圖書館有醉月山居刊本。

　　題“惜花主人批評”。

英雲夢傳八卷(無回目)　　存

- 聚錦堂刊大字本。
- 曾見十六卷十六回本。半葉九行,行二十字。

　　　　題"震澤九容樓主人松雲氏撰","掃花頭陀剩齋氏評"。

首剩齋氏弁言。

五美緣八十回　　存

- 坊刻本。

　　　　不題撰人。有序,尾署"壬午穀雨前寄生氏題於塔影樓

之西榭"。

意外緣六回(封面題一名再求鳳傳)　　存

- 悦花樓刊本。

　　　　不題撰人。第三回引燕子箋,蓋清人所作。

章臺柳四卷十六回　　存

- 醉月樓刊本。【范寧】

　　　　不題撰人。演唐韓翃事,本許堯佐柳氏傳。

蕉葉帕四卷十六回　　存

- 坊刊本。

　　　　不題撰人。即傳奇改作。

燕子箋六卷十八回　　存

- 迎薰樓刊本。

　　　　題"玩花主人評"。即傳奇改作。

霞箋記四卷十二回(一名新編情樓迷史)　　存

- 醉月樓刊本。

　　　　不題撰人。即傳奇改作。

戲中戲七回　　未見

　　　　比目魚卷一引。

比目魚九回　　存

·坊刊本。

不題撰人。即傳奇改作。據文中自叙,則尚有初刻名
戲中戲,此自第八回起,與初刻銜結。

風箏配八回(一名錯定緣)　　存

·刊本。【鄭西諦】

不題撰人。即傳奇改作。

（自天上人間以下十六種皆不能定其先後次
第）

以上才子佳人

野叟曝言　　存

·清光緒辛巳(七年)毘陵彙珍樓活字本。二十卷。一百五十
二回。大型。無圖。半葉十行,行二十八字。板心上題"第
一奇書"。首光緒辛巳知不足齋主人序及凡例。此爲初刻
原本。

·光緒壬午(八年)申報館排印本。二十卷。一百五十四回。
首光緒壬午西岷山樵序。此本增多二回,於刊本之缺失者
皆已補完。序自謂足本,然實是增補本。

清夏敬渠撰。敬渠字二銘,一字懋修,江蘇江陰人。乾
隆間曾舉博學鴻詞不第。

嶺南逸史二十八回　　存

·清嘉慶十四年刊小本,封面題"樓外樓藏板"。

·又一小本封面題"文道堂藏板"。

清黃耐庵撰。題"花溪逸士編次","醉園狂客評點","琢
齋張器也、竹園張錫光同參校"。首乾隆甲寅(五十九年)西
園老人序,又張器也序。文道堂本無此二序,別有嘉慶辛酉

（六年）李夢松序，又凡例四則。耐庵，廣東人，名里俟考。

第一快活奇書如意君傳七十二回（一名無根天）　　存

- 擷華書局排印本。
- 一九三一年上海文記書店發行本。同板。

　　　　清陳天池撰。首道光間徐璈等序，道光十三年自序。第一回前爲緣起。天池字可泉，山西澤州人，陳文貞廷敬之孫。此書描寫順境。與野叟曝言爲近，非猥褻書之如意君傳。

兒女英雄傳四十一回　　存

- 清光緒四年北京聚珍堂活字本。
- 上海申報館排印本。劣。
- 上海亞東圖書館排印本。

　　　　清文康撰。首雍正年觀鑑我齋長序（僞託）。東海吾了翁弁言，馬從善序。康字鐵仙，一字悔盦，鑲紅旗人，官至安徽徽州府知府。

還讀我書室主人評兒女英雄傳四十一回　　存

- 清光緒六年北京聚珍堂活字本。
- 覆本。
- 光緒十四年上海蜚英館石印本，每回前附精圖。

　　　　清董恂撰。署"還讀我書室主人評"。恂字忱甫，號醞卿，江蘇甘泉縣人，同光間仕至尚書。

續兒女英雄傳六卷三十二回　　存

- 清光緒戊戌（二十四年）北京宏文書局石印本。

　　　　清無名氏撰。首無名氏序，不記年月。謂先有續書甚俗，應書肆之請而作此。

蘭花夢奇傳六十八回　　存

- 光緒乙巳（三十一年）上海文元閣書莊石印本。

- 一九二一年上海書局石印本。

　　清無名氏撰。首光緒三十一年煙波散人序，云吟梅山人撰。

俠義佳人　　存

- 商務印書館排印本。此書余僅見中集，自二十一回起至四十回止。不知後集曾否出書。

　　邵振華女士撰。振華績溪邵作舟（班卿，即著邵氏危言者）之女，歸桐鄉勞氏，勞乃宣長子勞闓文之妻也。

　　　　上七書精神面目相彷彿

新鋟異説奇聞群英傑六卷三十四回附范仲淹訪察　　存

- 廣東佛山天寶樓刊小本。
- 會元樓刊小本。

　　清無名氏撰。文前後不屬，甚拙劣。似乾嘉間書賈所爲。

天豹圖十二卷四十回　　存

- 英秀堂刊小本。【鄭西諦】

　　清無名氏撰。首道光丙戌（六年）張某序。與天寶圖彈詞所演略同。

爭春園四十八回　　存

- 清道光八年刊小本。
- 光緒十五年刊本。

　　清無名氏撰。首己卯（無年號）暮春寄生氏序。寄生氏即五美緣作者。

雲鍾雁三鬧太平莊全傳五十四回　　存

- 清道光己酉（二十九年）瑯環書屋刊小本。
- 同治間一笑軒刊本。

　　清無名氏撰。首道光二十九年珠湖漁隱序。

大明全傳綉球緣四卷二十九回　　存

　　·清咸豐元年廣東富桂堂刊小本。

　　　　清無名氏撰。

後唐奇書蓮子瓶演義傳四卷二十三回　　存

　　·清同治十年坊刊小本。

　　　　清無名氏撰。與離合劍蓮子瓶非一書。

義勇四俠閨英傳六卷五十回　　存

　　·清光緒庚子石印本。【鄭西諦】

　　　　清無名氏撰。首光緒庚子甘泉伯良氏序。

　　　　　　以上英雄兒女

如意君傳①　　未見

　　·劉衡如先生云：日人某書中記有青霞室刊本，四册。

　　　　此書演唐武后事。嘉慶十五年御史伯依保奏禁。見癸
　　巳存稿。按：清黄之雋唐堂集二十一雜著五詹言下篇云：歙
　　潭渡黄訓字學古，明嘉靖己丑進士，歷官湖廣按察司副使，
　　著讀書一得八卷，其從孫研旅宗夏重刻之，凡九經、二十一
　　史、諸子、文集、雜家、傳志一百餘種。自古迄明，隨事立論，
　　皆閎博正大，譚名理，證治道，是非法戒瞭如也；是吾族之善
　　讀書者。唯“讀如意君傳”，此何書也而讀之哉？中引朱子
　　詩以昏風歸咎太宗論甚正，易其題可也。又著黄潭文集經
　　濟録各若干卷。據此則如意君傳亦明人作。

繡榻野史四卷　　存

　　·明萬曆刊本。半葉九行，行十七字。眉端有評。板心下題
　　“醉眠閣”。【日本田中慶】

_____

①編按：孫先生一九五八年自用本於此處注：“以下猥褻删。”

- 日本寶曆甲戌舶載書目載有江籬館校本上下二卷，未見。
- 一九一五年上海圖書館排印本。題"情顛主人著"，"小隱齋居士校正"。別題"靈隱道人編譯"。

　　明呂天成撰。明本不著撰人。題"卓吾李贄批評"，"醉眠閣憨憨子校閱"。天成字勤之，號棘津，一號鬱藍生，浙江餘姚人。

閒情別傳　　佚

　　明呂天成撰。王伯良曲律卷四雜論云：勤之製作甚富，至摹寫麗情褻語，尤稱絶技。世所傳繡榻野史、閒情別傳，皆其少年遊戲之筆。

祈禹傳一百回　　未見

　　明茅鑛撰。蔣瑞藻小説考證卷三，引簪雲樓雜説：鑛字右彎，鹿門第三子。偶同友人談讌，以一夕草就此書。所記爲一人百遇，盡屬妙麗。以鑛屢躓棘闈爲口過所致，蓋亦色情小説耳。

浪史四十回（一名浪史奇觀，一名巧姻緣）　　存

- 日本傳鈔本。
- 嘯風軒刊大字本。書名巧姻緣。半葉九行，行二十一字。
- 日本千葉掬香藏嘯風軒刊小本，書名浪史奇觀。
- 清末京報房印活字本。書名梅夢緣。
- 上海書局排印本。

　　明無名氏撰。題"風月軒入玄子著"。張無咎重刊新平妖傳序云：浪史、野史如老娼土娼，見之欲嘔，又出諸雜劇之下矣。在園雜誌卷二引。亦見同治七年丁日昌禁書目。

百緣傳　　存

- 明刊本。極精。演故事一百則，各系以圖，見阿英小説閒

話。百緣傳不知即祈禹傳別名否?

雙峰記　　存

- 明刊本,有圖。見阿英小説閒話。

痴婆子傳上下二卷　　　存

- 日本刊本。
- 曾見馬隅卿舊藏鈔本三十三則。

　　　題"芙蓉主人輯","情痴子批校"。此書以文言演述,而
頗淺露。在園雜誌卷二,三餘堂覆明本東西晉演義無名氏
序均引此書。疑亦明人作。丁日昌禁書目著録。

　　　以上明

肉蒲團六卷二十回（一名覺後禪。坊本改題名目曰耶蒲緣,曰野叟奇語鍾情録,又曰循環報,又曰巧姻緣）　　存

- 舊寫刻本。半葉十行,行二十五字。
- 醉月軒刊本。劣。
- 日本寶永刊本。
- 明治刊本。
- 光緒己巳石印本。

　　　清無名氏撰。題"情痴反正道人編次","情死還魂社友
批評"。別題"情隱先生編次"。首西陵如如居士序。此書
在猥褻小説中頗爲傑出,在園雜誌以爲李漁作,殆爲近之。
嘉慶十五年御史伯依保奏禁。丁日昌禁書目著録。

燈月緣十二回　　　存

- 嘯花軒刊本。半葉九行,行二十字。寫刻。【日本千葉掬香】

　　　清徐震撰。震字里見卷二。題"檇李煙水散人戲述",
"東海幻庵居士批評"。卷一題"新鐫批評繡像燈月緣奇遇
小説"。在園雜誌卷二引。丁日昌禁書目著録。

桃花影四卷十二回　　存

- 畹香齋刊本。半葉十行,行二十五字。
- 舊刊本。半葉八行,行十八字。
- 清光緒丁酉上海書局石印本。改題"牡丹奇緣","羊城留鶴山人原稿"。【北京大學圖書館】

　　　　清徐震撰。題"煙水散人編"。日本舶載書目及丁日昌禁書目並著録。駐春園小史序引。

濃情快史四卷三十回　　存

- 嘯花軒刊本。【北京大學圖書館】
- 醉月軒本。【日本千葉掬香】
- 天津圖書館藏殘本第一至第三回。
- 日本舶載書目載有思堂本。未見。

　　　　題"嘉禾餐花主人編次","西湖鵬鷃居士校閲"。演唐武后、韋后事。在園雜誌卷二、玉妃媚史序並引快史,疑即此書。清嘉慶十五年御史伯依保奏禁。丁日昌禁書目著録。

新編覺世梧桐影十二回　　存

- 嘯花軒刊本。【大連圖書館】
- 舊鈔本。半葉十一行,行二十一字。

　　　　不題撰人。丁日昌禁書目著録。

巫山艷史六卷十六回(一名意中情)　　存

- 嘯花軒刊本。【北京大學圖書館】【日本千葉掬香】

　　　　不題撰人。丁日昌禁書目著録。

杏花天四卷十四回　　存

- 嘯花軒刊本。【日本千葉掬香】
- 舊寫刻本。半葉十行,行二十五字本。【北京大學圖書館】

　　題“古棠天放道人編次”，“曲水白雲山人批評”。作者
似張姓。丁日昌禁書目著録。

戀情人六卷十二回（一名迎風趣史）　　存

・嘯花軒刊本。【鄭西諦】

　　不題撰人。日本天明（當我國清乾隆四十六年至五十
三年）間秋水園主人小説字彙所附引書目有此書。

龍陽逸史　　未見

　　在園雜誌卷二引。

河間傳　　未見

　　在園雜誌卷二引。疑即本柳州河間傳爲之。

玉妃媚史二卷不分回　　存

・清刊本。半葉十行，行十八字。【阿英】

　　清無名氏撰。題“古杭艷艷生編”，“古杭清癡生批”。
首乾隆辛巳蘭佩主人序。丁日昌禁書目著録。在園雜誌卷
二引作媚史，當即此書。

狐仙口授人見樂妓館珍藏東遊記二十四章（一名西遊記釋喻）

　　存

・清初原刊大字本。正文半葉十行，行二十二字。余曾見此
書，僅存二本三章。全書當有十本之多。

・傳鈔本。

・北京圖書館、北京大學圖書館皆有照録本。

　　清無名氏撰。題“顧道民脱稿”，“客夫人校字”。每章
後有“竹坡評”。末附“尾談”一卷。字多古體，自造字尤多，
遂難辨識。竹坡不知即張竹坡否？二十四章引西樓記中之
于叔夜，尾談提及季滄葦、王錫闡。尾談又云：“日本婦人妍
美如玉，中國人多有留連喪身不歸者，今長崎島有大唐街，

皆中國人。"按：長崎唐人街敷於日本元禄二年，當我國康熙二十八年，是此書之作至早不能過康熙二十八年。其文支言曼延，若斷若續，書中所記亦猥褻太甚，而作者熟於乙丙部書，記誦淵博，決非淺學之士，但不知何以蓄意作此書耳。

催曉夢四卷二十回　　存

- 坊刊小本。【北京大學圖書館】

題"雲陽嗤嗤道人編著"，"廣陵琢月山人校閲"，封面題"白雲道人評"。嗤嗤道人又爲警寤鐘五鳳吟作者，知此亦乾隆以前書也。

嬌紅傳　　未見

野叟曝言第三十一回引。蜃樓志第三回引猥褻書亦有此書。疑即元宋梅洞所撰嬌紅傳演申厚卿事者，或以口語演之。

燈草和尚十二回(一名燈花夢又名和尚緣)　　存

- 清和軒刊本。【北京大學圖書館】

題"元臨安高則誠著"，"雲遊道人編次"，"明吳周求虹評"。文中引野史、艷史蓋亦清初人作。嘉慶十五年御史伯依保奏禁，見癸巳存稿。

株林野史六卷十六回　　存

- 上海小説社排印本。

清無名氏撰。題"痴道人編輯"。演夏姬事。文筆惡劣粗鄙。清嘉慶十五年伯依保奏禁。同治七年丁日昌禁書目著録。

以上清

采女傳　　未見

記彭祖事，多淫穢語，見小説小話。

昭陽趣史六卷　　存

- 明刊本，半葉九行，行二十字。
- 日本今關天彭有玩花齋梓本。
- 上海中央書店排印本。

　　　　題"古杭艷艷生編"。丁日昌禁書目中有此書。小説小話引，云本飛燕外傳。

狄公案　　未見

　　　　演武則天事，見小説小話。

東樓穢史　　未見

　　　　記嚴東樓事，見小説小話。

桃花艷史六卷十二回　　存

- 合影樓刊小本。【北京大學圖書館】

　　　　不題撰人。丁日昌禁書目著録。

三妙傳六卷　　存

- 竹軒刊本。半葉八行，行二十一字。

　　　　清無名氏撰。題"養純子編集"。演錢景雲、趙錦娘、李瓊姐、陳奇姐事。本明人三妙傳小説。丁日昌禁書目著録。

新鐫新傳空空幻十六回（一名鸚鵡喚）　　存

- 舊刊本。封面題"李卓吾評醒世奇言"。【泰興丁氏】

　　　　題"梧崗主人編次"，"卧雲居士評閲"。首梧崗主人自序。書中所記多猥褻事。按：清同治七年丁日昌禁書目中有醒世奇書，注云：空空幻。即此書。書在今日極不多見。

春燈迷史十回　　存

- 坊刊本。半葉八行，行二十四字。

　　　　題"青陽野人編"。演金華、韓嬌娘、潘俊娥等事，丁日昌禁書目著録。

呼春野史十六回　　存

- 清刊本。

　　　　別題"傳記玉蜻蜓"。故事即本玉蜻蜓彈詞,筆調甚穢。見阿英小説閒話。丁日昌禁書目有呼春稗史一種,不知是此書否?

鬧花叢四卷十二回　　存

- 坊刊本。半葉十行,行二十五字。

　　　　題"姑蘇痴情士筆"。實即明人小説鼓掌絶塵之雪集。

奇緣記六卷十二回　　存

- 刊本。【周紹良】

　　　　不題撰人。演祁羽狄、廉麗貞事,本明人天緣奇遇小説。

雙姻緣四卷十二回　　存

- 改過軒刊本。

　　　　題"咲花主人編"。首醒世主人題語。敷演沈鍊故事,八回以下多猥褻語,不倫不類。

繡戈袍全傳八卷四十二回　　存

- 清道咸間福文堂刊本。【巴黎國家圖書館】
- 坊刊小本。半葉十行,行二十字。

　　　　題"江南隨園主人著","古番曾放翁校正"。本倭袍傳彈詞。見小説月報十八卷十一號鄭西諦文。

新編風流和尚十二回（原名諧佳麗）　　存

- 傳鈔本。【北京大學圖書館】

　　　　不知撰人。所演即蔡玉奴避雨遇淫僧故事。

艷婚野史四卷十二回　　存

- 醒醉軒刊本。

題"江海主人編"。第一回語氣承接上文,似續書。

了奇緣十六回　　存

·刊本。

　不題撰人。

碧玉樓六卷十八回　　存

·積善堂刊本。

·排印本,題"幃中樂"。

　題"竹溪修正山人編次"。首某氏序。

採花心十二回　　存

·洗心齋刊本。

　題"向善主人編"。

以上時代不明

以上猥褻

明清小說部乙

靈　怪　第　二

三遂平妖傳四卷二十回　　　存

- 明錢塘王慎修精刊本。圖嵌正文中，左右半葉合爲一幅。圖記刊工姓名曰"金陵劉希賢刻"。正文半葉九行，行二十字。書刻在萬曆二十幾年，封面右方題"馮猶龍先生增定"。係後來所加。【北京大學圖書館】【日本田中慶太郎】

　　題"東原羅貫中編次"。首武勝童昌祚益開甫序，不記年月。此爲羅貫中原本，張無咎序新平妖傳所謂武林舊刻止二十回者也。

新平妖傳四十回（據崇禎刊本封面所題以別於前書）　　　存

- 明泰昌元年刊本。題"宋東原羅貫中編"，"明隴西張無咎校"。首張譽（無咎）序。是爲原刊本。日本內閣文庫藏此本，圖存七葉。正文半葉九行，行二十一字。

- 崇禎間金閶嘉會堂陳氏刊本。題"宋東原羅貫中編"，"明東吳龍子猶補"。首張譽重刻序。圖十葉。行款同上本。亦日本内閣文庫藏。此爲重刻原本。坊間通行本皆從此出。

- 通行八卷本。半葉十二行,行二十四字。書名上不冠以齋名。

- 又一通行本,題"映旭齋批點"。半葉十行,行二十一字。敬葉堂本十八卷,題映雪齋增訂,半葉十四行,行二十八字。坊刊小本。尤劣。

　　明馮夢龍增補。夢龍字里見卷二。

金臺全傳十二卷六十回　　存

- 光緒乙未(二十一年)上海中西書局石印本。

- 沈鶴記石印本。

- 排印本。

　　清無名氏撰。首光緒丁丑、乙未二序。即彈詞金臺傳改作。事狀較新平妖傳爲繁。

舊西遊記　　佚

　　永樂大典一萬三千一百三十九卷送字韻引西遊記。"魏徵夢斬涇河龍"一節,文與吳承恩西遊記不同,而語意大似話本。引書標題作"西遊記"。則明初確有西遊記一書,遠在吳書之前也。

西遊記二十卷一百回　　存

　　明吳承恩撰。承恩字汝忠,號射陽山人。南直隸淮安府山陽縣人。嘉靖中,官長興縣丞。

　　此書今所見明本,有華陽洞天主人校本及李卓吾評本二本,分記如次:

一　華陽洞天主人校本(二十卷一百回)

　　書更有三本。亦列舉之:

　　新刻出像官板大字西遊記二十卷一百回

- 明金陵唐氏世德堂刊本（間題金陵榮壽堂）。圖嵌正文中。字寫刻，極端整。半葉十二行，行二十四字。【北京圖書館】【日本日光晃山慈眼堂】

鼎鍥京本全像西遊記二十卷一百回

- 明萬曆間閩書林楊閩齋刊本。黑紙。上圖下文，半葉十五行，行二十七字。【日本内閣文庫】

唐僧西遊記二十卷一百回

- 明刊本。扁字。半葉十二行，行二十四字。【日本帝國圖書館】

　　　以上三本，皆題"華陽洞天主人校"。首秣陵陳元之序（序後記年月世德堂本作壬辰夏，楊閩齋本作癸卯夏）。

二　李卓吾先生批評西遊記（一百回不分卷）

- 明刊大字本。卷首附圖百葉。記刻工曰"劉君裕"。半葉十行，行二十二字。首袁韞玉序。似爲蘇州刻本。【日本内閣文庫，廣島淺野圖書館】
- 法國巴黎國家圖書館藏明金陵大業堂重刊本，缺第一、第二兩回。

　　　以上華陽洞天主人校，李卓吾評二本，皆無陳光蕊逢災、江流報仇事。

鼎鍥全像唐三藏西遊釋厄傳十卷　　存

- 明萬曆間書林劉蓮台刊本。上圖下文。正文半葉十行，行十七字。【北京圖書館】【日本日光晃山慈眼堂】

　　　明朱鼎臣撰。鼎臣字冲懷，廣州人。此書似節本。

西遊記四卷（一名西遊唐三藏出身傳）　　存

- 清道光十年四遊全傳本，不標回數。

- 小蓬萊仙館四遊合傳本，四十一回。
- 嘉慶十六年坊刊四遊傳本。

　　題"齊雲楊致和編"，"天水趙毓真校"（一作楊玉和、趙
礶真）。此書亦節本，與朱鼎臣本規模略同，今不詳其來歷。

西遊證道書一百回　　存

- 清初原刻本。前附圖十七幅，係胡念翊繪。正文半葉九行，
行二十六字。【日本內閣文庫】

　　此汪象旭評原刻本，極不多見。後來坊刻本，如懷德堂
本、懷新樓本，評人於汪象旭、黃太鴻外，更加入蔡元放、金
聖歎、陳士斌、李卓吾諸題，實不過於每回之後節錄此書總
評數條，非諸家評語也。

　　清汪象旭評。象旭字里見卷三。題"西陵殘夢道人汪
澹漪箋評"，"鍾山半非居士黃笑蒼印正"。自象旭此書始冠
以虞集序，以爲邱長春作，並謂得古本，據增"陳光蕊赴任逢
災　江流僧復仇報本"一回。實則此回乃象旭自爲之，與古
本無涉。

　　按：劉廷璣在園雜誌卷二謂汪澹漪批注處大半摸索皮
毛。劉一明原旨序謂汪注多戲謔之語，狂妄之詞。汪澹漪
即汪象旭。俞曲園疑與悟一子爲一人，悟一子乃陳士斌號，
非汪也。

蔡金注西遊記　　未見

　　劉一明西遊原旨序引。

西遊真詮一百回　　存

- 清乾隆庚子（四十五年）刊本。
- 芥子園刊小本。
- 石印本。

- 排印本。

　　　清陳士斌撰。首康熙丙子尤侗序。士斌字允生，號悟一子，浙江紹興府山陰縣人。

新説西遊記一百回　　存

- “晉省書業公記藏板”本。半葉十行，行二十四字。【北京圖書館】
- 清乾隆己巳（十四年）其有堂刊本。半葉十行，行二十四字。【北京大學圖書館】
- 上海味潛齋石印本。有王韜序。後來石印本從此出。

　　　清張書紳撰。首乾隆十三年戊辰自序。書紳字南薰，山西人，里居未詳。

西遊原旨一百回　　存

- 原本未見。
- 嘉慶二十四年湖南刊本。
- 曾見單注本，不載西遊原文。

　　　清劉一明撰。一明甘肅蘭州金天觀道士，自號素樸散人。書成，以嘉慶十五年刊於甘肅。此本乃門人夏復恒志永重刊於湖南常德者也。

通易西遊正旨一百回　　存

- 道光己亥（十九年）眉山何氏德馨堂刊本。【北京大學圖書館】

　　　清張含章撰。首門人何延椿序，又無名氏序及跋。含章字逢源，四川成都人。其書以易經解西遊。

　　　　上西遊真詮以下四書，皆據吳承恩西遊記。

續西遊記一百回　　存

- 清同治戊辰漁古山房刊本。封面題“繡像批評續西遊真詮”。半葉十行,行二十四字。首真復居士序。有圖。

　　明人撰。西遊補所附雜記云:續西遊摹擬逼真,失於拘滯,添出比邱靈虛,尤爲蛇足。

西遊補十六回　　存

- 明崇禎間刊本。半葉八行,行二十字。有圖八葉。首癸丑孟冬天目山樵序①,西遊補答問。
- 空青室刊大字本。半葉十行,行二十字。封面題“三一道人評閱”,“空青室藏板”。首天目山樵序,西遊補答問。末附讀西遊補雜記。【鄭西諦】
- 光緒元年申報館排印本。首天目山樵序。
- 北新書局排印本,附劉半農撰董若雨傳。
- 水沫書店排印本。

　　明董說撰。題“靜嘯齋主人著”。說字若雨,號西庵。浙江湖州府烏程縣人(一云吳興人)。明亡祝髮爲僧,名南潛,字寶雲,別號月涵。

後西遊記四十回　　存

- 大連圖書館藏本,題“繡像傳奇後西遊記”,“本衙藏板”。
- 清乾隆癸丑(五十八年)金閶書業堂刊本。
- 清道光元年貴文堂重刊大字本。圖二十頁。半葉九行,行二十一字。旁加評。有無名氏長序。
- 上海申報館排印本,序同貴文堂本。

　　清無名氏撰。題“天花才子評點”。此書在園雜誌卷三

---

① 編按:孫先生於自校本此處天頭批注有:“西遊補柳存仁倫敦所見中國小說書目提要五十四頁云:‘一九五五年景印崇禎本前一序署:辛巳中秋嶷如居士書於虎丘千頃雲。’按,辛巳崇禎十四年,而序云‘南潛本儒,比遭國變,後棄家爲僧’之語何耶?康熙四十年尚在辛巳。”按:柳書此處疑孫先生中國通俗小說書目所記西遊補前天目山樵序“癸丑孟冬”應爲清乾隆五十八年,并疑此西遊補非明崇禎本。

引，則作者清初人也。

　　在園雜誌卷三云：如西遊記乃有後西遊記，續西遊記。後西遊雖不能媲美於前，然嬉笑怒罵皆成文章，若續西遊則誠狗尾矣。按：續西遊記，清袁文典滇南詩略以爲明蘭茂撰，云：所言乃佛氏要旨，而取世所謂邱翁西遊記所經之事，續其東還所歷，與梅子和後西遊記別是一種。（卷二蘭茂傳眉批。茂字廷秀，號止庵，別號和光道人，雲南嵩明州人，洪武三十年生，成化十二年丙申卒，年八十。）鄧文如先生謂毛奇齡西河合集中有季跪小品制文引一文，稱嘗見季跪座中，譚義鋒芒，齊諧多變。及窺其所著，則一往譎駕言，至今讀西遊續記，猶舌撟然不下云云。則作者明末人，非茂也。季跪始末俟考。詩略所稱梅子和，今亦不知爲何人。

新刻全像二十四尊得道羅漢傳六卷（不標回數）　　存

* 明萬曆甲辰（三十二年）書林楊氏清白堂刊本。上圖下文，正文半葉十行，行十七字。【日本內閣文庫】

　　明朱星祚撰。題"撫臨朱星祚"。似爲江西撫州府臨川縣人。

新鐫晉代許旌陽得道擒蛟鐵樹記二卷十五回（一名許仙鐵樹記）　　存

* 明萬曆癸卯（三十一年）萃慶堂余泗泉梓行本，二卷。插圖。正文半葉十一行，行二十四字。【日本內閣文庫】
* 北京圖書館藏萬曆本。行款同。每回插一圖。封面及卷一所題書肆名均剗去。上下二卷。與日本內閣本同板。
* 六秋亭覆明本，四卷。題"書林龍溪振文堂刊"。半葉十行，行二十六字。有許真君像，魏邦達題識。
* 兼善堂本警世通言卷四十之旌陽宮鐵樹鎮妖篇全收此書。

　　　明鄧志謨撰。題"雲錦竹溪散人鄧氏編"。首萬曆癸卯
引(北京圖書館本作甲辰,亦鄧氏作)。志謨字景南,號竹溪
散人(一作竹溪散生),亦號百拙生。所著書多自署饒安人,
今不詳爲何地(疑江西饒州府安仁縣)。嘗遊閩,爲建陽余
氏塾師,故所著書多爲余氏刊行。

鋟唐代呂純陽得道飛劍記二卷十三回(封面題呂仙飛劍記)　　存

- 明余氏萃慶堂刊本。圖嵌正文中。正文半葉十一行,行二
十四字。【日本內閣文庫】

　　　明鄧志謨撰。題"安邑竹溪散人鄧氏編"。首"呂祖飛
劍記引"。

鋟五代薩真人得道呪棗記二卷十四回(封面題薩仙呪棗記)　　存

- 明余氏萃慶堂刊本。圖嵌正文中。正文半葉十一行,行二
十四字。【日本內閣文庫】

　　　明鄧志謨撰。題"安邑竹溪散人鄧氏編"。首"薩真人
呪棗記引"。

新刊八仙出處東遊記二卷(封面題全像東遊記上洞八仙傳)　　存

- 明書林余文台刊本。上圖下文。半葉十行,行十七字。不
標回數。【日本內閣文庫】
- 道光十年四遊全傳本題"致和堂梓"。上卷二十九回,下卷
二十七則。
- 小蓬萊仙館四遊合傳本,四十五回。

　　　明吳元泰撰。題"蘭江吳元泰著","社友凌雲龍校",首
余象斗序。

五顯靈官大帝華光天王傳四卷(一名南遊華光傳)　　存

- 明本未見。
- 道光十年四遊全傳本十七則。

- 小蓬萊仙館四遊合傳本十八回。

　　明余象斗撰。象斗字里見卷三。題“三台館山人仰止余象斗編”。

北方真武玄天上帝出身志傳四卷（一名北遊記玄帝出身傳）　　存

- 明本未見。
- 清道光十年四遊全傳本。題“許灣書林中巷大經堂梓”。二十四則，不分回。
- 小蓬萊仙館四遊合傳本，二十四回。
- 啓文堂重刊單行本，無圖。

　　明余象斗撰。題“云台山人仰止余象斗編”。

新刻全像牛郎織女傳四卷（不標回數）　　存

- 明萬曆間書林余成章刊本。上圖下文。正文半葉十行，行十七字。【日本田中慶太郎】

　　明朱名世撰。題“儒林太儀朱名世編”。名世里居未詳。

封神演義一百回　　存

　　按：封神演義作者，明以來有二説：一云許仲琳撰，見明舒載陽刊本封神演義卷二，題云“鍾山逸叟許仲琳編輯”。魯迅先生有文記之。仲琳蓋南直隸應天府人，始末不詳。且全書惟此一卷有題，殊爲可疑。一云陸長庚撰，余始於石印本傳奇彙考發見之。卷七順天時傳奇解題云：“封神傳傳係元時道士陸長庚所作，未知的否？”張政烺謂“元時”乃“明時”之誤，長庚乃陸西星字。其言甚是。按：西星，南直隸興化縣人。諸生。著南華經副墨、方壺外史等書。明施有爲萬曆中所選明廣陵詩卷二十二選陸西星詩二十四首。詩有“出世已無家”之語。即傳奇彙考所云道士陸長庚作封神傳

者也。(明有平湖陸長庚,字元白,萬曆進士,官至南京通政
司使,與封神演義無涉。)傳奇彙考,似是清乾隆時巡鹽御史
伊齡阿奉旨修改戲曲時所撰。當時設局於揚州,入局任校
理者多知名之士。此陸西星撰封神演義説頗可注意。惜不
言所據耳。

　　此書明本唯日本内閣文庫藏一部。今唯周之標序本及
褚人穫序本通行。分記於後:

新刻鍾伯敬先生批評封神演義二十卷一百回(別題批評全像武
王伐紂外史封神演義)

- 明金閶舒載陽刊本。圖五十葉,百面,極精。正文半
葉十行,行二十字。首李雲翔爲霖甫序。【日本内閣
文庫】

封神演義八卷一百回

- 清覆明本。別題"封神傳"。圖二十葉,四十面。半葉
十五行,行三十二字。【北京大學圖書館】
- 蔚文堂覆明本。別題"商周列國全傳","鍾伯敬先生
評"。行款同上。【北京大學圖書館】

　　　　此二本均載長洲周之標君建序。文"玄""胤"
　　字不缺筆,知出於明本。

- 經國堂覆明本。

四雪草堂訂正本封神演義一百回

- 四雪草堂原刊本。題"鍾伯敬先生原本","四雪草堂訂
正"。圖五十頁。正文半葉十一行,行二十四字。板心
下題"四雪草堂"。首康熙乙亥(三十四年)褚人穫序。
- 覆本。

　　　　以上十九卷本。

- 乾隆壬寅(四十七年)茂選樓刊小字本,二十卷。

以上三本，每回後總批皆同，唯舒載陽本著撰人，餘皆不題撰人。

封神詮解十卷　　存

- 海寧鄒適廬藏稿本，共六册。見一九三一年六月浙江省立圖書館出版文瀾學報季刊第二卷三、四期，浙江省文獻展覽會專號。此稿今歸周紹良。

清俞景撰。原題“仁和湖隱俞景詮解，海昌儷笙鄒存淦删補”。（鄒存淦一作鄒淦。）首光緒十年存淦序，嘉慶乙亥景寓京師自序。書乃嘉慶庚午景在京教讀時所作。咸豐丙辰存淦于杭州得其稿，編爲十卷。末册有存淦子壽祺跋云“此書曾請俞曲園師作一序，序原稿夾入書内，爲人借閱未還”云云。俞序見春在堂雜文六編補遺卷二俞湖隱封神詮解序云：“仁和有俞君者，名景，自號湖隱，仿悟一子評西遊記之例，作封神傳詮解。其設想之奇，會意之巧，與悟一子異曲同工。”又云：“鄒儷笙先生得此書於蟫斷炱朽之中，而塗乙幾不可辨識，乃以數年之功董而理之，手自繕寫，遂成定本。其哲嗣景叔大令，余門下士也，出以視余。余讀一過而歸之景叔，俾珍藏焉。”景叔蓋壽祺字也。

韓湘子全傳三十回　　存

- 明天啓三年癸亥金陵九如堂刊本。圖像十六葉。半葉十行，行二十二字。
- 武林人文聚刊本。圖十六葉。半葉九行，行二十字。【日本宮内省圖書寮、内閣文庫】【北京大學圖書館】

明楊爾曾撰。題“錢塘雉衡山人編次”，“武林泰和仙客評閱”。卷首序，後署“天啓癸亥季夏朔日煙霞外史題於泰和堂”。爾曾字里見卷二。

新編掃魅敦倫東度記二十卷一百回（一名續證道書東遊記）　　**存**

- 明萬卷樓刊本，半葉十行，行二十二字。【日本日光晃山慈眼堂】①

- 清初刊本。封面題"雲林藏板"。行款同前本。

　　　　題"滎陽清溪道人著"，"華山九九老人述"。演達磨事。明本首掃魅敦倫東度記序（署"崇禎乙亥［八年］歲立夏前一日世裕堂主人題"）、東度記引（署"崇禎乙亥夏月華山九九老人撰"）、閱東度記八法。通行本亦有序引，而序改署康熙己酉。作者方汝浩，見卷六禪真逸史解題。

麴頭陀新本濟公全傳三十六則　　**存**

- 清康熙刊本。圖十二葉。半葉八行，行二十字。【大連圖書館】

　　　　清王夢吉撰。題"西湖香嬰居士重編"，"鴛水紫髯道人評閱"，"西墅道人參定"。首康熙戊申（七年）自序，署"香嬰居士"。夢吉字長齡，杭州人。

濟顛大師醉菩提全傳二十回　　**存**

- 務本堂刊本，半葉九行，行二十字。【北京大學圖書館】
- 寶仁堂刊本，題新鐫濟顛大師玩世奇蹟。【大連圖書館】
- 光緒庚申北京二酉堂重刊本，題濟公全傳。
- 北京聚珍堂本，題濟公傳。
- 光緒甲午石印本，題皆大歡喜。

　　　　清無名氏撰。務本堂本、寶仁堂本均題"天花藏主人編次"。有桃花庵主人序。二酉堂本題"西湖墨浪子偶拈"。按：舶載書目著錄本，亦題"西湖墨浪子偶拈"。有天花藏主

---

①補注：陳速云：一九二七（八）年鄭振鐸發現東度記於巴黎國家圖書館。

人序。

濟公傳十二卷(不標回數)　　存

・清乾隆九年吳門仁壽堂刊小本。【日本宮內省圖書寮】

　　清無名氏撰。首乾隆九年王宣序。

大禹治水六十卷一百二十回(此小說不知書名,姑依小說考證所題)　　佚

　　清沈嘉然撰。小說考證卷六引徐承烈燕居續語:沈滕友名嘉然,山陰人,能書,後入江南大憲幕中。病封神傳俚陋,別創一編,以大禹治水爲主,按禹貢所歷而用山海經傳,衍之以真仙通鑑古嶽瀆經。叙禹疏鑿徧九州,至一處則有一處之山妖水怪爲梗。上帝命雲華夫人授禹金書玉簡,號召百神平治之。如庚辰、童律、巨靈、狂章、虞余、黄魔、太翳,皆神將而爲所使者也。至急難不可解之處,則夫人親降或別求法力最鉅者救護之。邪物誅夷鎮壓,不可勝數,如刑天、帝江、無支祈之類是也。功成之後,其佐理及歸命者,皆封爲某山某水之神。卷分六十,目則一百二十回。曹公棟亭寅欲爲梓行,滕友以事涉神怪力辭焉。後自揚返越,覆舟於吳江,此書竟沈於水。滕友亦感寒疾,歸而卒。書無副本,惜哉!

　　按:據燕居續語所記,則沈氏此書實本集仙錄。集仙錄,太平廣記女仙類中屢引之。卷五十六"雲華夫人"條記夫人授禹玉笈命諸神助禹理水。諸神名爲狂章、虞余、黄魔、大翳、庚辰、童律。又謂夫人爲王母第二十三女,亦即宋玉賦中所指之神女,尤荒誕不經。

禹會塗山記　　未見

　　小說小話:禹會塗山記點竄古書,頗見賅博,唯大戰防

風氏一段未脱俗套。聞此書係某名士與座客賭勝,窮一日
夜之力所成。不知是原本否?

緑野仙踪一百回　　　存

- 北京大學藏舊鈔本。大型。上下雙邊,左右皆單邊。無界。
板心刻"緑野仙踪"四字。正文半葉九行,行二十五字。
- 清道光二十年武昌聚英堂刊小本。
- 上海書局石印本。

　　　　　　除鈔本外皆八十回。

　　清李百川撰。鈔本載作者自序。刊本無自序,僅存乾
隆二十九年陶家鶴及乾隆三十六年侯定超二序。百川江南
人(據近人吴辰伯考[①]),名未詳。

蟫史二十卷　　　存

- 庭梅朱氏刊本。題云"磊砢山房原本"。圖像上下二卷,各
六十一葉。半葉九行,行二十字。
- 申報館排印本。

　　清屠紳撰。卷首有小停道人序,杜陵男子序。每卷後
記詮人名姓。紳字笏巖,一字賢書,常州府江陰縣人,官至
廣州通判。

　　英和恩福堂筆記下:湖南傅廉訪鼐夙精奇門術。嘉慶
庚午鄉試,士子出闈後,傅將往查苗疆,云:闈中恐有事,囑
提調諸人加意。未幾,果有主考家人刺傷内監試黄太守洽
一案。其術可謂精矣! 按:傅鼐即蟫史中之主人甘鼎。知
屠書雖迁怪不可究詰,而當時於鼐亦實有此等怪説也。又
按:屠氏此書全用文言,本非通俗小説。唯唐以來傳奇文
字,絶無此等長篇,其爲此書實受章回小説影響,但文體稍

異耳。今收入靈怪類中。

婆羅岸全傳二十回　　存

- 清嘉慶九年合興堂刊小本。半葉八行，行十九字。

  不著撰人，首覺道人序。

南海觀音全傳四卷（一名南海觀世音菩薩出身修行傳）　　存

- 北京大學圖書館藏嘉慶十年大經堂刊本。殘存一卷二十四則。上圖下文。半葉九行，行十六字。似爲覆明本。

- 北京圖書館藏四卷足本，係坊間重刊本。

  題“南州西大午辰走人（疑是四大五常中人）訂著”。此書疑是舊本，姑置於此。

瑤華傳十一卷四十二回　　存

- 清道光二十五年慎修堂刊本。

- 石印本。

  清丁秉仁撰。題“吳下香城丁秉仁編著”，“茂苑尤鳳真閬仙評”。首嘉慶乙丑（十年）武林馮瀚序，又四年、九年、十年尤鳳真等序，八年自序。演明福王常洵女瑤華事。謂瑤華乃狐轉生，多言妖異猥褻事，不根史實。

雷峰塔奇傳五卷十三節　　存

- 嘉慶十一年坊刊本，封面題“姑蘇原本”。

  清無名氏撰。題“玉花堂主人”。首芝山吳炳文序。云友玉山主人作，據此則作者殆崑山人。

希夷夢四十卷四十回　　存

- 清嘉慶十四年刊本。有圖。半葉九行，行二十字。【北京圖書館】

- 光緒戊寅（四年）翠筠山房刊小本。

  清汪寄撰。寄，安徽徽州府人，字未詳。

歸蓮夢十二回　　存

- 得月樓刊本。

　　　清無名氏撰。題"蘇菴主人新編","白香居士校正"。
日本寶曆甲戌舶載書目著録此書,則亦雍乾間書。

飛跎全傳四卷三十二回　　存

- 清嘉慶丁丑(二十二年)一笑軒刊本。【北京圖書館】【鄭西諦】
- 又嘉慶戊寅一笑軒刊本,似是覆本。
- 光緒乙未上海書局石印本。

　　　清鄒必顯撰。首嘉慶丁丑一笑翁序。必顯揚州人,評
話稱絶技,以揚州土語編輯成書,名之曰揚州話,又稱飛跎
子書。見李斗揚州畫舫録卷九。

鏡花緣二十卷一百回　　存

- 原刊本。無圖。白紙。正文半葉十行,行二十字。疑即廣
  板所謂芥子園本。【北京大學圖書館】
- 覆本。
- 道光十二年廣東重刊本,行款同上本。增謝葉梅摹像一百
  零八頁。有麥大鵬序,記刊書始末。
- 光緒十四年上海點石齋石印本。每二回插圖一葉。有王
  韜序。

　　　清李汝珍撰。首梅修居士石華序(按:即海州許喬林),
武林洪棣元靜荷序,孫吉昌訒齋等六家題詞。有眉評。每回
後有總評,均注各家姓名。汝珍字松石,大興人,官河南縣丞。

繡雲閣八卷一百四十三回　　存

- 同治八年富順縣刊本。

　　　清魏文中撰。文中字正庸,里居未詳。卷首載自序,署
"拂塵子"。又重刊序署"八十歲貢虚明子"。

草木春秋五卷三十二回　　存

- 同人堂刊大字本。像十葉。半葉十行,行二十一字。
- 大連圖書館藏最樂堂刊本。
- 坊刊巾箱本。

　　　　清江洪撰。題"馹溪雲間子集撰","樂山人纂修"。有馹溪雲間子自序及引首。演藥名爲故事。

混元盒五毒全傳二十回　　存

- 坊刊小本。【鄭西諦】

　　　　不著撰人。本鼓子詞改作。

海游記六卷三十回　　存

- 坊刊小本。

　　　　清無名氏撰。序署觀書人。似仿希夷夢而文甚拙。

狐狸緣全傳六卷二十二回　　存

- 清光緒戊子(十四年)文酉堂刊本。
- 善成堂刊本。

　　　　清無名氏撰。題"醉月山人著"。

七真祖師列仙傳①　　存

- 清光緒十八年刊本。【馬彥祥】

　　　　清無名氏撰。

繪圖陰陽鬬異説奇傳四卷十六回(一名桃花女鬬法奇書)　　存

- 清光緒甲午(二十年)上海書局石印本。【鄭西諦】【吳曉鈴】②

　　　　不著撰人。首光緒甲午夢花主人序。演桃花女鬬法破周公事。

---

①編按:此書不分卷無回數。
②補注:柳存仁書六十五頁記英國博物院藏小型刊本。編按:柳書記此本爲丹柱〔桂〕堂藏板,封面書題"桃花女陰陽鬬傳",目録書題"新鍥繡像異説陰陽鬬傳奇"。

昇仙傳八卷五十六回　　存

- 清光緒七年東泰山房刊本。
- 光緒己亥(二十五年)文成堂刊本。

　　　　清無名氏撰。題"倚雲氏著"。首倚雲氏主人弁言。演明嘉靖時濟小堂靈異事。戚小塘多幻術,見姚旅露書卷十二。

金蓮仙史四卷二十四回　　存

- 清光緒三十四年上海翼化堂本。【鄭西諦】

　　　　清潘昶撰。昶字明廣,首自序,署台南青陽道人。演林靈素、邱長春等事,以王重陽度七朵蓮花爲主。

新石頭記四十回　　存

- 清光緒三十四年上海改良小説社發行本。

　　　　清吳沃堯撰。沃堯字里見卷二。此書特借賈寶玉之名,幻設事蹟,使寶玉與二十世紀相見,非言情之書,亦與紅樓夢無關。

新紀元二十回　　存

- 此書初版爲小説林社發行本,見小説林第十期(光緒三十四年戊申三月)"新書紹介"。
- 文盛堂書局發行本,題丙子年八次重版。

　　　　題"碧荷館主人編"。小説林十期介紹此書云:"假科學之發明,演黃白之戰爭。所用器具,無識者見之,幾疑爲王禪老祖與黎山老母之法寶,故類皆注明年月姓氏及用法效果"云。

中國通俗小説書目　卷六

明清小説部乙

説公案第三

子目二：一俠義、二精察

水滸傳

此書撰人，自明以來，相傳有羅貫中、施耐庵二説。也是園目有舊本羅貫中水滸傳二十卷。高儒百川書志所録水滸傳，則題"施耐庵的本"，"羅貫中編次"。今所見明本，有不題撰人者（如高陽李氏百回本及容與堂李卓吾評百回本），有題"施耐庵編輯"者（如熊飛刊英雄譜本），有題"施耐庵集撰"，"羅貫中纂修"者（如袁無涯刊百二十回本）。羅貫中始末已見本書卷二。耐庵即施惠號，見傳鈔本寶敦樓傳奇彙考目。惠，字君美（一云字君承），錢塘人。二人皆元末明初人。第不知水滸傳果爲誰作耳。

書板刻亦多，今依性質分類排比於後。至諸家著録之本，今不能知其内容回目者，亦録之以供稽考。

舊本羅貫中水滸傳二十卷　　　未見

- 也是園目著録。

　　　李開先詞謔云：“崔後渠（銑）①、熊南沙（過）、唐荆
川（順之）、王遵巖（慎中）、陳後岡（束）謂水滸傳委曲詳
盡，血脈貫通，史記而下，便是此書。且古來無有一事
而二十册者。倘以奸盜詐偽病之，不知叙事之法史學
之妙者也。”按：詞謔此處所云二十册，當等於言二十
卷。知弘德正嘉間諸公所讀水滸傳皆是二十卷本。

忠義水滸傳一百卷　　　未見

- 百川書志著録。

　　　題“錢塘施耐庵的本”，“羅貫中編次”。記宋江三
十六人，並從副百有八人，見百川書志卷六史部野史
類。按：郎瑛七修類稿二十三：三國宋江二書，乃杭人
羅本貫中所編，余意舊必有本，故曰編。宋江又曰“錢
塘施耐庵的本”云云。所指當即此本。寶文堂目子雜
類亦著録忠義水滸傳一種，唯板刻款題及卷數回數皆
未注明，不知其爲何本。

都察院刊本水滸傳　　　未見

- 古今書刻著録。

郭勛刊水滸傳　　　未見

- 寶文堂目著録。

　　　按：晁瑮寶文堂目子雜類於忠義水滸傳外，別出水
滸傳，注云：武定板。又：三國通俗演義下亦注云：武定
板。是勛于三國水滸並曾刊印。野獲編：武定侯郭勛

---

①補注：明詩綜卷二十八：崔銑，字子鍾，安陽人，弘治乙丑進士，累官南京禮部右侍
郎，贈尚書，有洹詞。

在世宗朝號好文多藝,能計數,今新安所刻水滸傳善本即其家所傳,前有汪太函序託名"天都外臣"者。此謂新安刻水滸善本從郭本出,非謂即郭勛本也。

以上古佚本

忠義水滸傳　　存

・明嘉靖間刊本。白棉紙。正文半葉十行,行二十字,似是二十卷本。惜只存第十一卷,第五十一至第五十五回。【鄭西諦】

題"施耐庵集撰","羅貫中纂修"。

天都外臣序本水滸傳一百卷一百回　　　存

・明翻嘉靖本,有清朝補板。正文半葉十二行,行二十四字。有圖。

題"施耐庵集撰","羅貫中纂修"。首天都外臣(汪道昆)序。

忠義水滸傳一百回(不分卷)　　　存

・李玄伯藏明刻本。精圖五十葉,板心左右有題(篆書),約回目爲之。記刻工姓名曰"新安黃誠之刻"、曰"黃誠之刻"、曰"新安劉啓先刻"。正文半葉十行,行二十二字。有眉評,圈點,旁勒。

・李玄伯排印本。

不題撰人。卷首序,末署"大滌餘人識"。此爲新安刻本,殆從郭勛本出者。觀插圖形式與芥子園百回本、袁無涯刻百二十回本(即楊定見所序者),實是一板,似刻書在昌曆之際也。

李卓吾先生批評忠義水滸傳一百卷一百回　　　存

・明容與堂刊本。半葉十一行,行二十二字。無圖。【日本內閣文庫】

- 北京圖書館藏李卓吾評本。卷七卷八板心下間存"容與堂藏板"五小字。序目及正文第十一回至第三十回並缺。卷末間題"諸名家先生批評忠義水滸傳"。與日本內閣本小異。

日本內閣本首李卓吾序,梁山泊一百單八人優劣,批評水滸傳述語,又論水滸傳文字,水滸傳一百回文字優劣。第一回前爲引首,乃李玄伯藏本第一回之前半。餘同李玄伯本。

芥子園本李卓吾評忠義水滸傳一百回　　存

- 圖五十葉。記刻工姓名曰"黃誠之刻"、"新安劉啓先刻",皆同李氏藏本。唯一葉作"白南軒刻"不同。正文半葉十行,行二十二字,亦同李本。板心下有"芥子園藏板"五字。【北京大學圖書館】【日本帝國圖書館】

首大滌餘人序。其旁批眉批與袁無涯百二十回同,無每回後總評。

鍾伯敬先生批評忠義水滸傳一百卷一百回　　存

- 明季刊本。半葉十二行,行二十六字。【日本京都帝大、神山閏次】【巴黎國家圖書館】

首鍾伯敬序,水滸傳人品評。內容文字,與李卓吾評本略同。

上文繁事簡本,皆百回,有征遼征方臘事。

新刊京本全像插增田虎王慶忠義水滸全傳　　存

- 巴黎國家圖書館藏明刊本。上圖下文。正文半葉十三行,行二十三字。殘存第二十卷全卷及第二十一卷之半。

據鄭西諦所記,此本插圖甚精,而刊印時頗不經心,所記回數往往前後重複。第二十卷自九十九回起。鄭氏斷爲萬曆時余氏雙峰堂刊本,謂全書當二十四卷一百二十回左右。

京本增補校正全像忠義水滸志傳評林二十五卷　　　存

- 日本日光晃山慈眼堂藏明余氏雙峰堂刊本。上評,中圖,下文。半頁十四行,行二十一字。標題爲駢語,標題二句,不盡偶對。記回數自第一回至三十回止,以下不記回數。①
- 日本内閣文庫藏本殘存卷八至卷二十五,共十八卷。第七卷以上缺。

　　　題"中原貫中羅道本名卿父編集","後學仰止余宗雲登父評校","書林文台余象斗子高父補梓"。

温陵鄭大郁序本水滸傳一百十五回　　　佚

　　　書爲黎光堂本。首温陵鄭大郁序,梁山轅門圖。每葉本文中嵌出像(上圖下文?),卷端題"清源姚宗鎮國藩父編"。大致同評林本。刻書時代,不下萬曆。見日本斯文雜誌十二編三號神山閏次撰文。

明刊巾箱本水滸傳一百十五回　　　佚

　　　文太約,無序。首梁山泊圖。見日本斯文雜誌神山閏次撰文。

新刻出像京本忠義水滸傳十卷一百十五回　　　存

- 清金陵德聚堂刊本。正文半葉十四行,行三十字。

　　　題"東原羅貫中編輯","書林文星堂梓行"。

　　　按:今坊間通行漢宋奇書本(亦名英雄譜)水滸傳一百十五回,題"東原羅貫中編輯",當從此等本出。

水滸傳二十卷一百十回(目録一百零六回但實一百十回)　　　存

- 明雄飛館合刻英雄譜本。半葉十七行,行十四字。【日本内閣文庫】

---

① 補注:今有文學古籍刊行社景印本。

題"錢塘施耐庵編輯"。

文杏堂批評水滸傳三十卷（不分回）　　存

- 寶翰樓刊本。【巴黎國家圖書館】①
- 金閶映雪草堂刊本。【日本東京帝大】

　　首五湖老人序。別題"李卓吾原評忠義水滸傳"。其目置於卷首，皆單言。卷中應分段落處乙之。繡像覆容與堂本。文省十之五六。

水滸全傳十二卷一百二十四回　　存

- 坊刊本。

　　題"吳門金人瑞聖歎，溫陵李贄卓吾鑒定"，"東原羅貫中參訂"。首乾隆丙辰古杭枚簡侯序。

　　按：清康熙時有陳枚字簡侯，杭州人，此坊本脫陳字，蓋從康熙本出。

　　上文簡事繁本，征遼外增田虎王慶故事。

李卓吾評忠義水滸全傳一百二十回不分卷（後來有別題水滸四傳全書者）　　存

- 明袁無涯原刊本。引首題"李氏藏本忠義水滸全傳"。發凡題"出相評點忠義水滸全傳"。精圖六十葉。有"劉君裕刻"字樣。正文半葉十行，行二十二字。無界。有旁批，眉評。每回後有總評。字加圈點旁勒。【北京大學圖書館】
- 郁郁堂本。板心題"郁郁堂四傳"。圖行款並同上本。【南京圖書館】【日本內閣文庫、靜嘉堂文庫】
- 寶翰樓本。圖六十葉。行款亦同袁無涯本。【日本宮

---

①補注：巴黎圖書館藏寶翰樓本殘，存卷一至卷五，又卷六之半。內封面鈐有原書長方朱印曰"寶翰樓章"。

内省圖書寮】

除原刊初印本外,餘皆易得。

題“施耐庵集撰”、“羅貫中纂修”。首李贄序,楊定見小引,又宋鑑,宣和遺事(摘録),發凡,水滸忠義一百八人籍貫出身。改百回本第一回前半爲引首。

上楊定見改編本,即百回本增加二十回。演征田虎王慶故事,略同文簡事繁本,而加以潤色。

金人瑞删定水滸傳七十回　　存

- 明崇禎舊刊貫華堂大字本。七十五卷。無圖。半葉八行,行十九字。正文自卷五起。【北京圖書館】
- 中華書局影印本,附杜堇圖。
- 坊刊王望如加評本。首順治丁酉桐庵老人序。
- 芥子園袖珍本。有雍正甲寅勾曲外史序。
- 光緒十四年上海石印本。有王韜序。圖精好。
- 亞東圖書館排印本。

題“東都施耐庵撰”。有金人瑞僞撰施耐庵序一篇及人瑞序三篇。人瑞第三序署皇帝崇禎十四年。正傳七十回,楔子一回。人瑞,字若采,號聖歎。長洲人。

上金聖歎要删本。

征四寇傳十卷(亦題水滸後傳,又名蕩平四大寇傳或續水滸傳)　　存

- 通行本。
- 亞東圖書館排印本。

首乾隆壬子賞心居士序。自六十七回起至百十五回止,即截取百十五回本後半爲之。

上割裂文簡事繁本但取其後半。

水滸後傳八卷四十回(每卷五回)　　存

- 舊刊本。半葉九行,行二十字。板心下題“元人遺本”。疑

係原刊本。

- 刊本附圖。半葉十二行，行二十八字。
- 亞東圖書館排印本。

　　明陳忱撰。題"古宋遺民著"，"雁宕山樵評"，卷首有論略。忱字遐心，號雁宕山樵，浙江烏程人。

蔡奡評水滸後傳十卷四十回(每卷四回)　　存

- 舊刊大字本。有圖。半葉九行，行二十五字。【北京圖書館】
- 覆本。

　　題"古宋遺民雁宕山樵編輯"，"金陵憨客野雲主人評定"。首乾隆三十五年蔡元放序及讀法。此本經蔡奡改訂，析爲十卷。回目及文字，均非陳氏原本之舊。奡字里見卷二。

別本後水滸　　未見

　　劉廷璣在園雜誌卷三云：後水滸有二書：一爲李俊立國海島，花榮徐寧之子共佐成業，應高宗"卻上金鰲背上行"之識（按：即陳忱書）；一爲宋江轉世楊么，盧俊義轉世王魔，一片邪污之談，文詞乖謬，尚狗尾之不若也。

蕩寇志七十卷七十回附結子一回(原名結水滸)　　存

- 清咸豐三年徐佩珂刊於南京，此爲初印本。像並讚五十七葉。正文半葉十行，行二十五字。【北京圖書館】【北京大學圖書館】
- 同治十年胞弟俞濩覆本，有姪俞煐識語。
- 咸豐七年東籬山人重刊本。八行，行二十二字。

　　清俞萬春撰。首古月老人序，陳奐序，徐佩珂序，及嘉慶十一年俞氏自撰緣起，男龍光識語。萬春字仲華，號忽來道人，浙江山陰人。

以上水滸續書

禪真逸史八集四十回　　存

- 明刊原本，半葉九行，行二十二字。有插圖二十葉，記刻工姓名曰"素明刊"。【日本日光晃山慈眼堂】
- 清初刊本。封面題"白下翼聖齋藏板"。插圖精絶。行款與慈眼堂藏本同。疑同板。【北京大學圖書館】
- 覆本。
- 明新堂刊小字本。劣。
- 光緒丁酉（二十三年）上海書局石印本，改題妙相寺全傳。

明方汝浩撰。題"清溪道人編次"，"心心僊侶評訂"。每集後有總評，署名不一。有仁和諸某序，古越徐良輔序，凡例，禪真源流。慈眼堂藏本無禪真源流，而卷首較他本多一序，後署"瀔水方汝浩清溪道人識"。據此知作者乃方汝浩，洛陽人。然慈眼堂藏明萬卷樓本東度記，又題"滎陽清溪道人著"，則又似鄭州人，不知何故。或一爲本貫，一爲家所在之地。至清溪道人之號，似因南京青溪而起。然則汝浩固寓南京者矣。①

批評出像通俗演義禪真後史十集十卷（甲至癸）六十回　存

- 日本日光晃山慈眼堂藏明崢霄館刊本，半葉九行，行二十字。插圖三十葉，記刻工姓名曰"洪國良鐫"。
- 舊刊本。封面題"錢塘金衙梓"。行款同前本。【北京市圖書館】【日本廣島淺野圖書館】

---

①補注：鄭西諦鍾馗平鬼傳跋謂作禪真逸史之清溪道人是杭州人夏履先，未知何據（見1983年3期文學遺產）。編按：鄭振鐸題跋新鋟唐鍾馗全鬼傳中有："作禪真逸史者爲清溪道人，也即杭人夏履先，煙霞散人或即其人歟？"

· 覆本。

> 明方汝浩撰。題"清溪道人編次","冲和居士評校"。
> 首崇禎己巳翠娛閣主人(陸雲龍)序,禪真後史源流。

別本禪真後史　　　未見

> 劉廷璣在園雜誌卷三云:禪真後史二書:一爲三教覺
> 世,一爲薛舉託生瞿家(按:此一本即前書載陸雲龍序者)。
> 皆大部文字。各有各趣。但終不脱稗官口吻耳。

善惡圖全傳四十回　　　存

· 頌德軒刊小本。

> 清無名氏撰。書亦無署題。首漢上浮槎使者序。李斗
> 揚州畫舫録十一虹橋録下記當時評話有曹天衡之"善惡
> 圖",疑即此書所本。

大漢三合明珠寶劍全傳四十二回　　　存

· 清道光戊申經綸堂刊本。

> 清無名氏撰。似本爭春園。

緑牡丹全傳八卷六十四回(亦名四望亭全傳)　　　存

· 清道光十八年崇文堂刊本。

· 光緒七年坊刊本。

> 清無名氏撰。似就鼓子詞改作。

狸猫换太子　　　未見

> 李玄伯云:曾見舊鈔本。市上石印小説有此種,未知即
> 是此本否。

龍圖耳録一百二十回(亦有題三俠五義或龍圖公案者)　　　存

· 傳鈔本。

> 諸本多無序跋。余藏鈔本第十二回末有鈔書人自記一
> 行云:"此書於此畢矣。惜乎後文未能聽記。"知此書乃聽龍

圖公案時筆受之本。聽而録之,故曰龍圖耳録。通行本忠
烈俠義傳即從此本出。忠烈俠義傳題"石玉崑述",然則此
本所録即石玉崑所説之辭矣。玉崑,字振之,天津人,咸同
間鬻伎京師,以唱單弦重一時。後生羨慕,形諸歌詠,因有
"編來宋代包公案,成就當時石玉崑"之句。玉崑説唱龍圖
公案,今猶有傳鈔足本,唱詞甚多。此耳録全書盡是白文,
無唱詞,蓋記録時略之。

忠烈俠義傳一百二十回（亦名三俠五義）　　存

- 清光緒五年己卯北京聚珍堂活字本。不分卷。半葉十行,
行二十二字。此爲原刊本。
- 光緒八年壬午活字本。
- 光緒九年文雅齋覆本。
- 又二十四卷本。
- 亞東圖書館排印本。
- 俞曲園改訂本,易名七俠五義。有上海廣百宋齋印本。

　　清無名氏撰。舊本題"石玉崑述"。首光緒己卯問竹主
人序,及退思主人、入迷道人二序。

忠烈小五義傳一百二十四回　　存

- 清光緒十六年庚寅北京文光樓刊本。
- 申報館排印本。

　　清無名氏撰。首光緒庚寅文光樓主人序,云係石玉崑
稿本。又風迷道人小五義辨,知非子跋,慶森跋。

續小五義一百二十四回　　存

- 清光緒十七年辛卯北京文光樓刊本。

　　清無名氏撰。首光緒庚寅伯寅氏序,又鄭鶴齡序。
伯寅序云"坊友文光樓主人,購有小五義野史,欲刻無貲,

因分俸餘三十金屬其急付剞劂"云云。疑出貲者即潘祖蔭也。

正續小五義全傳十五卷五十四回　　未見

首光緒壬辰(十八年)繡谷居士序。就小五義及續書要删爲一書,見小説史略。

施公案奇聞九十七回　　存

· 清道光十八年刊本。

· 光緒十七年鉛印三公奇案本。

· 廈門文德堂刊小本,序後題"嘉慶戊午(三年)新鐫"。

清無名氏撰。不署名。

續施公案三十六卷一百回(一名後施公案)　　存

· 清光緒二十年坊刊本。

· 光緒十九年上海珍藝書局石印本。四十卷。題清烈傳。

清無名氏撰。不署名。刊本有光緒十九年文光主人序"本鋪"云云,蓋書賈所爲。

永慶昇平前傳二十四卷九十七回　　存

· 清光緒十八年壬辰北京寶文堂刊本,半葉十行,行二十二字。【魯迅故居】

· 光緒二十一年乙未上海書局石印本。

· 排印本。

清姜振名、哈輔源演説。首光緒辛卯(十七年)洗心主人序,郭廣瑞序。又光緒壬辰周澤民序,樊壽岩序。

永慶昇平後傳一百回　　存

· 清光緒二十年北京本立堂刊本,半葉九行,行二十一字。【魯迅故居】

· 光緒二十年甲午上海鴻文書局石印本。

- 光緒二十九年癸卯勝芳德林堂刊本。

- 排印本。

　　清貪夢道人撰。首光緒十九年昆明龍友氏序，又同時都門貪夢道人自序。

彭公案二十三卷一百回　　存

- 清光緒二十年(?)刊本。

- 石印本。

　　清貪夢道人撰。首光緒壬辰（十八年）張繼起序（即刻書人），孫壽彭松坪序，貪夢道人序。

　　按：正書外後又有續彭公案八十回（有北京泰山堂刊小本），再續彭公案八十一回。

七劍十三俠三集一百八十回（一名七子十三生）　　存

- 石印本。

　　清末某氏撰。石印本題“姑蘇桃花館主人唐芸洲編次”，不知是原題否？演王守仁平宸濠事，不根史實。侈言劍術，亦多妖異之譚。

仙俠五花劍四卷四十回　　存

- 清宣統庚戌文元書莊石印本。

　　清無名氏撰。首光緒二十六年惜花吟主自叙。書繼七子十三生初集而作，與通行續集文不同，末回至王守仁奉命統諸俠往征宸濠止，書仍未作完。

以上俠義

于公案奇聞八卷二百九十二回　　存

- 集錦堂刊本。

　　清無名氏撰。首嘉慶庚申（五年）無名氏序。按：兒女英雄傳三十九回云“新出的施公案、于公案”，則書出當在道咸間。

警富新書四十回　　存

- 清嘉慶十四年刊本。板心題"翰選樓"。像六葉。半葉十二行，行二十四字。【北京大學圖書館】
- 道光壬辰桐石山房重刊本。
- 光華堂刊小本。
- 上海書局石印本，封面題"七屍八命"。

　　　　清無名氏撰。首嘉慶己巳（十四年）敏齋居士序，云安和先生撰。安和先生廣東人，字里俟考。

九命奇冤上中下三卷三十六回　　存

- 光宣間上海廣智書局排印本。
- 世界書局鉛印本。

　　　　清吳沃堯撰。沃堯字里見卷二。題"嶺南將叟重編"。本警富新書。

清風閘四卷三十二回　　存

- 清嘉慶己卯（二十四年）奉孝軒刊巾箱本。
- 上海書局石印本。
- 排印本。

　　　　清浦琳撰。書不題撰人。首嘉慶己卯序，後署"梅溪主人書於奉孝軒"。按清李斗揚州畫舫錄卷十一虹橋錄下："評話郡中稱絕技者，浦天玉清風閘。"又卷九小秦淮錄："浦琳字天玉，右手短而撥，稱秘子。以評話不難學而各說部皆人熟聞，乃以己所歷之境，假名皮五，撰爲清風閘故事；養氣定辭，審音辨物，揣摩一時亡命小家婦女口吻氣息，聞者驩咍嗢噱，進而毛髮盡悚，遂成絕技。"即此書所演者是也。俞樾疑其文不類，蓋錄者僅存其事，致神韻無存耳。

李公案奇聞初集三十四回　　存

- 清光緒二十八年北京書坊文光樓刊本。

　　清無名氏撰。題"惜紅居士編纂"。首法人勞德序，光緒二十八年恨恨生序。演李秉衡事至任嘉善靜海知縣而止。

殺子報四卷二十回　　存

- 清光緒丁酉敬文堂刊小本。
- 上海刊小字本。
- 石印小本。

　　清無名氏撰。

　　　　以上精察

明清小説部乙

諷　諭　第　四

子目二：一諷刺、二勸誡

鍾馗全傳四卷　　存

- 明刊本。【日本内閣文庫】

　　　明人撰。題"安正堂補正"。

第九才子書斬鬼傳四卷十回　　存

- 莞爾堂刊袖珍本。正文低一格，半葉八行，行十七字。

- 同文堂刊本，不精。

- 北京市圖書館藏舊鈔本。半葉八行。行二十字。不題撰
　人。有作者自撰長序，他本皆不載。正文與今本字句多不
　同，疑是此書初本。

- 另一舊鈔本，有自序，署"煙霞散人題於清溪草堂"。半葉八
　行，行十八字。

　　　清劉璋撰。刊本題"陽直樵雲山人編次"。首康熙庚子
　上元黄越（際飛）序。璋字于堂，號樵雲山人。山西太原人。

康熙三十五年丙子舉人。雍正元年,任直隸深澤縣知縣。
在任四年,被解職。同治深澤縣志名宦傳有傳。著有捉鬼
傳,一名鍾馗斬鬼傳。見一九八一年晉陽學報第一期。

唐鍾馗平鬼傳八卷十六回　　存

· 清乾隆乙巳廣州刊本。半葉十行,行二十四字。【北京大學
圖書館】【鄭西諦】

　　題“東山雲中道人編”。與通行本第九才子書不同。未
知與明本關係如何。

儒林外史

　　清吳敬梓撰。敬梓字敏軒,一字文木,安徽全椒人,寓
南京。

　　此書今所知見者,有五十回本,有五十五回本,有五十
六回本,有六十回本,分志於下:

五十回本儒林外史　　未見

　　　程晉芳吳敬梓傳、全椒縣志,均云吳敬梓儒林外史
五十卷。葉名澧橋西雜記云:“坊間所刊小説儒林外史
五十卷,窮極文士情態。”是道咸間猶存五十卷本。金
和同治八年跋,謂金兆燕官揚州府教授梓行,自後刻本
非一。金氏官揚州在乾隆三四十年間,以意揣之,金氏
梓本亦當爲五十回也。

五十五回本儒林外史　　未見

　　見金和跋。

五十六回本儒林外史　　存

· 清嘉慶八年臥閑草堂刊本。小型,半葉九行,行十八
字。每回後有評語。首乾隆元年閑齋老人序。
· 嘉慶二十一年丙子藝古堂刊本,板式與臥閑草堂本同,

有閑齋老人序。亞東圖書館據以重印。

- 嘉慶丙子清江浦注禮閣刊小本。未見。

- 同治八年己巳群玉齋活字本。大字。半葉九行，行二十字。尚精。有閑齋老人序。

- 上海合衆圖書館藏一刊本，板匡、行格、文字均與群玉齋活字本同，似是一板。惟多同治八年金和跋，跋與他本所載者不同，有"亂後，揚州諸板散佚無存。吳中諸君子將復命手民"之語。或云：即天目山樵（按：即張文虎）評所云蘇州書局本。

- 同治十三年甲戌九月上海申報館第一次排印本，以閑齋老人序本爲底本，有金和跋及同治十二年癸酉天目山樵識語。

- 同治十三年甲戌十月齊省堂增訂本，用活字印。有是年惺園退士序。例言五條，述刪潤之由。回目文字及幽榜均經改訂，疑即天目山樵所謂常熟刊本提綱及下場語、幽榜均有改竄者。平步青霞外攟屑卷九記儒林外史板本，有吳氏重訂小字本，不知即指此本否。

- 光緒七年辛巳申報館第二次排印本，有金跋及天目山樵識語，仍以閑齋老人序本爲底本。正文插入天目山樵評語。文與單行本之儒林外史評稍有異同。蓋天目山樵評凡數次，屢爲友人借去過録。因所據者非一底稿，故評語亦不盡同也。

- 商務印書館排印本。有金跋，天目山樵評及識語。

- 聞定遠方氏有活字本，書未見。不知與他本異同。

增補齊省堂儒林外史六十回　　　存

- 通行石印本。

首同治甲戌惺園退士序，光緒十四年東武惜紅生

序。據齊省堂本增多四回。例言五條,亦同齊省堂本,
但於第一條內加入增四回爲六十回之文。疑補此四回
者即東武惜紅生也。

儒林外史評上下二卷　　存

・清光緒乙酉(十一年)寶文閣刊本。

清張文虎撰。題"天目山樵戲筆"。文虎字孟彪,江蘇
南匯人。首光緒十一年當塗黃安謹子脊序,謂以其父黃小
田所評及天目山樵評合刊。今所見二卷本卷第下但題"天
目山樵"。所錄評語,亦無別識。

何典十回　　存

・申報館排印本。
・北新書局排印本。附清光緒戊寅(四年)海上餐霞客跋。
・光緒甲午上海晉記書莊石印本。十卷,不分回。改題"十一
才子書鬼話連篇錄"。署"張南莊先生編","茂苑陳詩仁小
舫評"。

清張南莊撰。原題"纏夾二先生評","過路人編定"。
首太平客人序,過路人自序。

回頭傳五卷　　存

・文聚齋刊本。

清無名氏撰。無署題。遊戲鑿空,無謂。

橋杌萃編十二編二十四回(一名宦海鐘)　　存

・漢口中亞印書館排印本。

錢錫寶撰。題"誕叟著"。首光緒丙辰(?)懺綺詞人序。
罵啼序。聞妙香主人題詞。錫寶字叔楚,浙江杭州人。

文明小史上下二卷六十回　　存

・商務印書館印本。

清李寶嘉撰。寶嘉,字伯元,江蘇上元人。全書初刊布於繡像小説。題"南亭亭長新著","自在山民加評"。後單行。

官場現形記五編六十回　　存

- 清光緒癸卯(二十九年)上海世界繁華報排印本。
- 光緒甲辰(三十年)粵東書局石印本,有注,六編七十六回。末回結云:尚有續編。
- 曾見排印大型本,有圈點,不知何年何處印。

清李寶嘉撰。原題"南亭新著"。首無名氏序,不署年月。又光緒癸卯茂苑惜秋生序。

退醒廬筆記卷下"李伯元"條云:南亭亭長李伯元,毘陵人,小報界之鼻祖也。當其囊筆遊滬時,滬上報紙,祇申報、新聞報、字林、滬報等寥寥三四家。李乃獨闢蹊徑,創遊戲報於大新街之惠秀里,風氣所趨,各小報紛紛蔚起,李顧而樂之。又設繁華報,作官場現形記說部刊諸報端,購閱者踵相接。是爲小報界極盛時代。嘗鐫圖章一方贈余,即余不時蓋用之"漱石"二字,筆意蒼古。時余戲創笑林報於迎春坊口,與惠秀里望衡對宇,彼此往來甚密。無何,李患瘵疾,卒於億鑫里旅邸。時年猶未四十。才長命短,良可悲也。

學究新談三十六回　　存

- 光緒三十四年商務印書館排印本。

清無名氏撰。題"吳蒙編纂"。書先載於繡像小説。

二十年目覩之怪現狀八卷一百零八回　　存

- 清宣統二年上海廣智書局排印本①。

---

① 補注:光緒三十二年四月六日初版發行廣智書局橫濱新民社印本。

　　　　清吳沃堯撰。原題"我佛山人"。沃堯字里見卷二。

糊突世界十二卷十二回　　　存

・上海世界繁華報排印本。

　　　　清吳沃堯撰。原署"繭叟"。有丙午二月茂苑惜秋
　生序。

發財祕訣

・上海月月小説社排印單行本。未見。

　　　　清吳沃堯撰。

上海遊驂錄十回　　　存

・清光緒三十四年上海群學社排印本。
・宣統元年上海群學社排印本。

　　　　清吳沃堯撰。書先載於月月小説。

瞎騙奇聞八回　　　存

・清光緒三十四年商務印書館排印本。

　　　　清吳沃堯撰。原署"繭叟"。書先載於繡像小説。

老殘遊記二十卷續集六卷　　　存

・此書卷一至卷十三,曾分期載繡像小説,後復自第一回起,
　按日載天津日日新聞,至卷二十止①。單行本有天津日日
　新聞社抽印本、上海商務印書館排印本,上海亞東圖書館排
　印本。皆二十卷。
・續集六卷。曾載人間世雜誌。單行本有良友圖書公司排
　印本。
・上海書肆將正續二集合爲一書。
・又有僞老殘遊記續集,曾見排印本。

────────────

①補注:上云"自第一回起",下文不言多少回但云"至卷二十止",交待不清。

　　　　清劉鶚撰。題"洪都百煉生撰"。鶚字鐵雲,江蘇丹徒人。

　　　　舊學盦筆記:光緒初年,歷城有黑妮白妮姊妹能唱賈鳧
西鼓兒詞,嘗奏伎於明湖居,傾動一時,有"紅妝柳敬亭"之
目。端忠敏題余"明湖秋泛圖",有句云:"黑妮已死白妮嫁,
腸斷揚州杜牧之",即謂此也。自注:白妮一名小玉。

孽海花　　存

- 清光緒末上海小説林排印單行本,二編,十卷,二十回。
- 民國初年有正書局排印本,同。
- 一九一六年擁百書局排印望雲山房發行本,余只見第三册,
  在卷爲第十一卷第十二卷,在回爲第二十一至第二十四回。
  末附强作解人考證八條,又續考十九條。
- 一九二八年上海真善美書店發行本,三編三十回。二十四
  回以前文字經作者修改。

　　　　曾樸撰。原題"愛自由者起發","東亞病夫編述"。此
書作者自云六十回。小説林印單行本只十卷二十回。續登
於光緒三十三年丁未小説林雜誌者,爲第十一至第十三卷,
第二十一至二十五回。真善美書店發行本孽海花第三編二
十二回後作者自記云:"除單行本二十回外,還續過四回,在
小説林月刊發表過。"其實不然也。樸字太樸,更字孟樸,江
蘇常熟人,光緒辛卯舉人。

上海之維新黨十回(?)　　存

- 錢玄同先生云曾見印本。

　　　　葉景范撰。署"沈希淹"。景范字少吾,浙江杭州人。

玉佛緣八回　　存

- 署名"嘿生"。初載繡像小説。曾見單行本。

學界鏡　　存

- 上海月月小説社排印單行本。僅四回,以下未見。

　　題"鴈叟著"。

鄒談一噱二十四回　　存

- 清光緒三十二年丙午,上海啓文社發行本。

　　署"烏程蟄園氏"。首光緒丙午自序。

憲之魂十八回　　存

- 清光緒三十三年丁未新世界小説社發行本。【中國科學院
  文學研究所】

　　不知撰人。託陰府事以譏清末中國政府所辦新政,謂
之鬼混。小説林第三期新書紹介有此書,云:所叙如警察、
徵兵、學堂、地方自治、鑄幣、救荒、捕革命黨諸事,如萬花齊
放,群英亂飛。惜前後上下無線索起伏,無賓主開合,若坐
火車然,第覺眼前景物,排山倒海,向後推去耳。

冷眼觀二編　　未見

- 有清光緒三十三年丁未小説林社發行本。見小説林第九期
  丁未年小説界發行書目調查表。

　　署"八寶王郎"。乃寶應王靜莊著。小説林第五期新書
紹介有此書,云:作者以三十年閲歷,成數十回巨製。人情
冷煖,世態炎涼,如燭照龜計,無所遁形,較之官場現形記之
專寫官場醜態,又上一層。

傀儡記初集四卷十六回　　未見

　　小説林第十期新書紹介有此書。云:"著者蘇同。書述
官場諸事,共四卷十六回。開首爲乾嘉時代,而至第四卷已
爲洪楊軍興金陵攻城事,相去至少數十年,尚爲初集。則其
二三集,當自咸同而至今代矣。筆墨似與九尾龜作者出一

手。但二書相較，雖彼書主人翁始終未見，爲小説中奇突之
作，尚覺彼善於此也。卷首道情幾首，慷慨淋漓，頗爲動
目。"小説考證卷八引花朝生筆記（按：即蔣氏書）云："棲霞
閣野乘載乾隆間有翰林汪某者諂事豪貴。其妻某氏，始拜
金壇于相國妾爲母，嗣相國勢衰，又往泉唐梁階平尚書瑤峰
家，拜梁爲義父，蹤跡曖密。相傳冬月嚴寒，梁早朝，某妻輒
先取朝珠温諸胸中，親爲懸罣。此真婢妾倡伎之所不爲者。
聞某妻初拜梁爲義父時，執贄登堂，拜畢，出懷中珊瑚念珠，
雙手奉之。梁面發赤，疾趨而走。某妻持念珠追至廳事，圍
繫其頸。時坐上客滿，皆大驚怪。越日，有人題詩汪門云：
'纔從于第拜乾娘，今拜乾爺又姓梁；熱鬧門牆新戶部，凄涼
庭院舊中堂；翁如有意應憐妾，奴豈無顏只爲郎；百八念珠
情意重，臨風幾陣乳花香。'按：余曾見一小説曰傀儡記者即
衍説此事也。"

市聲上下二卷三十六回　　存

· 清光緒三十四年上海商務印書館排印單行本。

　　署名"姬文"。

宦海四卷二十回　　存

· 宣統元年上海環球社印行本。

　　張春帆撰。

二十載繁華夢　　未見

　　演周東生事。東生以一庫書起家，爲督臣岑春暄查抄。
　見七載繁華夢梁紀佩序及例言。

七載繁華夢十五回　　存

· 清宣統三年廣東刊本。

　　南海梁紀佩撰。演蘇警諸（別號里矩）事。警諸由"蝻

票公司"起家,爲張鳴岐查抄。首宣統三年辛亥自序。

以上諷刺

醋葫蘆四卷二十回(且笑厂評點小説)　　存

- 明刊本。前附圖二十幅,記刻工曰"項南洲刊"。【日本内閣
文庫】

　　　　明無名氏撰。題"西子湖伏雌教主編"。首筆耕山房醉
西湖心月主人序,及且笑厂主人説原。書引吳石渠療妬羹,
則亦晚明人也。

新鐫海烈婦百鍊真傳十二回(附穿窬村陳烈婦紀事詩文傳誌)
　存

- 巴黎國家圖書館藏刊本。

　　　　清無名氏撰。題"三吳墨浪仙主人編輯"。首卧廬主人
序,序後有章曰"墨憨",似即馮夢龍作。然其時代實不相
及。清東山主人序雲合奇縱亦有"墨憨"一章,蓋馮氏著名
吳下,"墨憨"之稱人所習知,因仿傚沿用之耳。

醒世姻緣傳一百回　　　存

- 同德堂刊本。半葉十行,行二十五字。
- 同治庚午覆本,内封面題"重訂明朝姻緣傳"。
- 光緒二十年上海書局排印本
- 上海亞東圖書館排印本。

　　　　清人撰。題"西周生輯著","燃藜子校定"。首辛丑瓔
碧主人序,凡例八則,及東嶺學道人題記。蔣瑞藻小説枝譚
下引夢闌瑣筆:蒲留仙聊齋志異脱稿後百年,無人任剞劂。
乾隆乙酉丙戌,楚中浙中同時授梓。楚本爲王令君某,浙本
爲趙太守起杲所刊。鮑以文云:留仙尚有醒世姻緣小説,蓋
實有所指。書成,爲其家所訐,至裭其衿云云。按:書中所

記多順康間淄川章邱兩縣之事,而於淄川事尤切,與留仙之地域時代皆相當,則書爲留仙作説,比較可信(留仙名松齡,一字劍臣,號柳泉居士,山東淄川人)。日本享保十三年(清雍正六年)舶載書目有醒世姻縁,所記序跋凡例與今通行本全同。則是書刊行至遲亦在雍正六年以前矣。

歧路燈二十卷一百五回　　存

- 傳鈔本。
- 一九二四年(民國十三年)洛陽楊懋生張青蓮等石印本。多錯字。
- 樸社排印本不全。

　　　清李海觀撰。首乾隆四十二年自序,石印本前附家訓諄言八十一條。海觀字孔堂,號緑園,河南新安人,居寶豐,乾隆元年丙辰舉人。官貴州印江縣知縣。著有緑園詩鈔、拾麤集、四談(談大學、談中庸、談文、談詩)、東郭傳奇。生康熙四十年丁亥,卒乾隆五十五年庚戌,年八十四。

療妬縁八回(即鴛鴦會)　　存

- 坊刊小本。【日本内閣文庫】
- 後來坊刊本,易書名爲鴛鴦會,實一書。

　　　清無名氏撰。首庚戌(無年號)静恬主人序。按:金石縁亦署"静恬主人",當是一人。金石縁爲乾隆時書,疑此亦乾隆間所爲也。

世無匹四卷十六回　　存

- 坊刊本。【大連圖書館】【日本倉石武四郎】

　　　清無名氏撰。題"古吴娥川主人編次","青門逸客點評"。即炎涼岸作者。

常言道四卷十六回　　　存

・清嘉慶甲戌十九年刊本。

　　　　清無名氏撰。題"落魄道人編"。首嘉慶甲子西土癡
　　人序。

玉蟾記五十三回　　　存

・清道光七年綠玉山房刊本。

・光緒己亥立本堂石印本。題十二美女玉蟾緣。

　　　　清崔象川撰。題"通元子黃石著","釣鰲子校閱","餐
　　霞外史參訂"。謂余少保托生爲張昆,當時陷害少保之人皆
　　爲張姬妾,本玉蟾蜍彈詞。

增注金鐘傳八卷六十四回（一名正明集）　　　存

・清光緒二十二年丙申樂善堂刊本。

　　　　題"正一子克明子著","後學鬲津天香居士正定注解",
　　"津門培一批"。

繡鞋記警貴新書四卷二十回（亦題繡鞋全傳）　　　存

・廣東刊袖珍本。

　　　　清無名氏撰。首南陽子虛居士序。

雅觀樓四卷十六回　　　存

・芥軒刊本。

　　　　清無名氏撰。題"檀園主人編"。

花柳深情傳四卷三十二回　　　存

・清光緒辛丑（二十七年）上海書局石印本。

　　　　清詹熙撰。首光緒丁酉（二十三年）自序。熙字肖魯,
　　浙江衢州人。

枯樹花新聞小說四十四回　　　存

・清光緒三十一年上海小說新書社排印本。

署"山外山人"。首自序。

掃迷帚二十四回　　存

- 清光緒三十三年商務印書館排印本。

署名"壯者"。

親鑑十回　　存

- 文盛堂書局發行本,題丙子五板。

署"南支那老驥氏編","上海冷眼人評點"。寫舊式家庭溺愛兒女之弊害。書先載小説林。正文前有楔子一回。

慘女界二卷三十回　　存

- 光緒三十四年商務印書館發行本。

呂俠人編。

按:商務印書館出版之文言小説中國女偵探,乃陽湖呂俠著。小説林第四期蠻語摭殘載黃摩西詞,詞序稱"常州呂俠出其姊氏春陰詞見示"。呂俠不知即呂俠人否?

醒世小説聰明誤十二回　　存

- 清宣統元年社會小説社排印本。

署名"寓滬醫隱"。

以上勸誡

中國通俗小説書目　卷八

附録一：存疑目

換錦衣六回（迷津渡者編次）

倒鸞鳳六回

移繡譜六回

錯鴛鴦六回

　　上四種見日本舶載書目元禄間目，與十二峰、錦香
亭傳並列。前有字一行，題云"紙上春臺第三獻目録"。
蓋是小説叢刻，其第三集中有此數種也。日本無窮會
所藏錦繡衣，收小説換嫁衣、移繡譜二篇。篇各六回。
署"瀟湘迷津渡者編次"。蓋即舶載書目所著録者本。
唯本書第一種之"換錦衣"作"換嫁衣"不同。疑舶載書
目"錦"字誤。倒鸞鳳、錯鴛鴦今無傳本。

醉春風二本（同治七年丁日昌禁書目有此書）

留人眼六本

　　上二種見日本元禄十六年舶載書目。注云"二部
共小説也"。當亦通俗小説。

破夢史

　　上一種劉廷璣在園雜誌卷二引。云："平妖傳之
野，封神傳之幻，破夢史之僻，皆堪捧腹。"

點玉音

寒腸冷

水晶燈

雲仙笑

春燈鬧

錦帶文

玉杵記（疑即明楊之炯玉杵記傳奇）

三教開迷

> 在園雜誌三：禪真後史二書，一爲三教覺世，一爲薛舉
> 託生瞿家，皆大部文字，各有各趣。此三教開迷或即另一種
> 之禪真後史，其書曾有此題，亦未可知。

美人鏡

俠士傳（"俠士"疑"快士"之誤）

利奇緣

驚夢啼

幻情緣

五色奇文

韓魏小史

> 上十五種見日本天明間秋水園主人小說字彙卷首
> 所引書目。

幻夢集（無名演）

采真編（覺非人作）

> 上二種幻中真第十回總評引。

五虎鬧南京（疑武勇小說）

度生公案（署樵濱七十二主人，疑公案小說）

> 上二種有坊刊本，未見原書。

呼春稗史（疑即呼春野史）

幻情逸史

夢幻姻緣

脂粉春秋

温柔珠玉

風流野志

風流艷史

妖狐媚史（疑即妖狐艷史）

海底撈針

巫山十二峰（疑即心遠主人十二峰）

萬惡緣（原注：以下福建板）

雅觀緣

巫夢緣

一夕緣

雲雨緣

夢月緣

怡情陣

兩交歡

同拜月

蒲蘆草

皮布袋

奇團圓

同枕眠

鳳點頭

尋夢記

雙玉燕

金桂樓
探河源

　　　　上二十八種,見同治七年丁日昌禁書目(據小説考證拾遺所載)。丁目所收甚雜,小説之外有戲曲,有彈詞,亦有其他雜書。今刺取此三十餘種。書多不見,無從判斷,即此所録,恐亦不盡爲小説。姑志於上,以俟知者。

退虜公案

　　禁書總目出此書,列於勦闖小説之前,不知是通俗小説否?

　　　　上一種見禁書總目。

逸史

　　清褚人穫隋唐演義自序云:"昔籜庵袁先生曾示予所藏逸史,載隋煬帝、朱貴兒、唐明皇、楊玉環再世姻緣事,殊新異可喜。因與商酌編入本傳,以爲一部之始終關目。"按:唐大中時,盧肇曾撰逸史。其書至明已亡,不應袁籜庵獨有其書。疑人穫所見乃袁籜庵從太平廣記抄出者,但余檢廣記所引亦未見有此條。俟再考之。

神燈傳

　　明李日華紫桃軒雜綴卷一,記其官九江時被讒,男子孫廷秀偕郡父老涉鄱湖往謁憲臺訟冤。迨回,值月黑夜,風雨驟作,船不得泊,飄搖欲覆。一老父劉姓跪祝云:"吾輩非犯險覓利之商,結訟構爭之豎,以廉官被污,特往省謁告於上,冀爲地方留賢耳。神如有靈,豈忍魚腹我乎?"祝畢,帆端有火,忽如流電。諦視,三燈也,二小而一大,照舟洞明,風雨頓息。衆皆駭愕,知神意,咸曰:"得泊跎鵞洲足矣。"及抵岸，問之，果跎鶿也。隨風濤如故矣。曹生光宇爲作神燈傳梓行。蔣瑞藻據此録入小説考證續編卷二。今不詳其文體。

昭陽夢史

空青室刊本西遊補後所附雜記引董若雨豐草庵雜著中有此一書，疑亦小説。

平妖傳

清張潮虞初新志卷十四載王謙平苗神異記一文。記康熙時鎮壓粵西全州西延峒苗人楊應龍抗清事。文中有"邑人士作平妖傳及詩歌傳奇紀事，謂百年來所未有"云云。支豐宜據此載平妖傳於曲目表，目爲戲曲。而觀原文"邑人作平妖傳及詩歌傳奇紀事"一語，則平妖傳者似謂小説，其傳奇則不知其名。或此平妖傳有傳奇小説二本，亦未可知。唯書今不傳，其平妖傳小説亦不知以何種文體演之。

元明佚史

清汪允莊女士撰。小説考證續編卷五引某氏筆記云："泉唐汪允莊女士，名端，聰穎天授。七歲賦春雪詩，讀者謂不減柳絮因風之作，因以'小韞'呼之。及笄，歸陳斐之小雲。嘗取唐宋元明及清人詩閲一過，輒棄去，留高青丘吳梅村兩家集。既而去吳留高，曰：梅村濃而無骨，不若青丘澹而有品。遂奉高爲圭臬。因覓明史本傳閲之，見青丘之以魏觀故被殺也，則大恨。猶冀厄於遭際而不厄於聲名也。及觀七子標榜，相沿成習，牧齋歸愚選本推崇夢陽而抑青丘，又大恨。誓翻詩壇冤案。因有明詩初二集之選。丹黃甲乙，晨書暝寫，竭五六寒暑，始得蕆事。有知人論世之識，一代賢奸治亂之跡，亦略具焉。既因青丘感張吳待士之賢，節録明史，蒐采佚事，以稗官體行之，曰元明佚史，凡十八焉（疑是"卷"字）。道光十八年某月日卒，所著有自然好學齋詩鈔。"按：書今未見。所云稗官體，亦不知其爲彈詞爲小説也。

鴛水仙緣

小説考證續編卷一引晉玉詩話："世傳朱竹垞風懷詩二百韻爲其姨妹而作。太倉楊雲璈叔温著有鴛水仙緣小説，叙述此事甚詳。其邑人陸君彤士處藏有稿本。"又小説旁證拾遺引石遺室詩話云："竹垞風懷詩二百韻，相傳爲其小姨作者。別有鴛水仙緣一小説詳其事，聞沈乙盦有一鈔本，又爲何人持去矣。"按：竹垞名儒，所歷與元微之會真記仿佛，堪供文人描寫。楊氏小説惜未見，不知其文體。

雙忠傳

清梁章鉅浪跡續談卷六："雙忠傳衍張巡許遠故事者。大率依附唐書，言張巡守睢陽，括城中老幼，凡食三萬口，又殺愛妾饗士。許遠亦有殺奴哺卒事。"小説考證卷九據録。不知與雙忠記傳奇關係如何？

上七種見各家徵引記載，其有事實可徵者並録原文，以存本書梗概。

中國通俗小説書目　卷九

附録二：叢書目

新刻劍嘯閣批評兩漢演義傳

- 明季原刊本。西漢八卷，東漢十卷。正文半葉十行，行二十二字。圖西漢十九葉，東漢十一葉。首袁宏道東西漢通俗演義序，又兩漢演義像目，兩漢演義評。【日本内閣文庫】
- 金閶書業堂梓本。卷數同上。書名東西漢全傳，又名東西漢演義傳。首袁宏道序，別題"鍾伯敬評"。
- 清初拔茅居刊中型本。西漢六卷，東漢四卷。題"鍾伯敬評"。内容亦與劍嘯閣評原本同。書名東西漢通俗演義。首袁宏道序。【大連圖書館】

　　此劍嘯閣評本所收西漢爲甄偉本，東漢爲謝詔本，俱冠以袁宏道序。

清同文堂本東西漢演義

- 通行大字本。半葉十一行，行二十六字。繡像甚粗。

　　此本所收西漢八卷一百回，即甄偉書。東漢八卷三十二回，爲清遠道人重編者。

精鐫三國水滸全傳二十卷（別題英雄譜）

- 明崇禎間刊本。首熊飛序，晉江楊明琅（穆生）序。前附圖百葉（第一葉至第六十二葉爲三國圖，第六十三葉至百葉爲水滸圖）。上層爲水滸，半葉十七行，行十四字。下層爲三國，半葉十四行，行二十二字。

　　此本所收三國水滸各二十卷。三國二百四十回，題"晉平陽陳壽史傳"，"元東原羅貫中編次"，"明温陵李載贄批點"。水滸一百十回（目錄作一百零六回），題"錢塘施耐庵編輯"。

繡像漢宋奇書六十卷（亦名英雄譜，別題三國水滸全傳）

- 清興賢堂刊小本。圖像四十葉。上水滸，下三國。亦載熊飛序。

　　此本所收水滸爲一百十五回本，題"東原羅貫中編輯"。三國爲毛宗崗評一百二十回本。

前後七國志（前七國志孫龐演義、後七國志樂田演義）

- 清初嘯花軒刊本。無圖。前七國四卷二十回，半葉十行，行二十五字。後七國四卷二十回，半葉十行，行二十三字。俱寫刻。
- 坊間重刊小本，後七國四卷十八回。

　　此所刻前七國志出於明本，後七國志爲徐震所撰。

紙上春臺

- 日本元禄間舶載書目出此書，並載其總目。所收凡六書，曰：換錦衣，倒鸞鳳，移繡譜，錯鴛鴦（已入卷八存疑目），十二峰（已入卷三明清小説部甲），錦香亭（已入卷四明清小説部乙煙粉類）。六書平列，低格寫，前有字一行云："新小説紙上春臺第三獻目録。"又：他處元禄八年目有移繡譜二本，注云："春臺紙上之内也。""春臺紙上"，似仍當作"紙上春臺"。就所記二條觀之，是紙上春臺確爲一叢書名。第三獻者，蓋第三集之謂。既云三獻，必有一獻二獻。或獻至四五，亦未可知。紙上春臺今未見。

四大奇書（金瓶梅、三國演義、西遊記、水滸傳）

- 日本天文元年（當吾國清乾隆元年）舶載書目著録本。
- 日本松澤老泉彙刻書目外集著録乾隆四十六年新鐫本。

按：以三國、水滸、金瓶梅、西遊爲四大奇書，始於李漁（三國志序）。黃摩西小説小話云：曾見芥子園四大奇書原刊本。紙墨精良，尚其餘事。卷首每回作一圖，人物如生，細入毫髮，遠出近時點石齋石印畫報上。而服飾器具，尚見漢家制度云云（見小説林第二期）。所言如此，是笠翁曾刊此四書。今所見者，唯水滸有芥子園本，百回；三國兩衡堂本，二十四卷一百二十回，是笠翁評，或即芥子園板，亦未可知。西遊、金瓶梅均未見。唯乾隆丁卯（十二年）刊大字本金瓶梅有謝頤序者，板心尚題"奇書第四種"，疑是覆芥子園本也。日本天文間舶載書目所記四大奇書，未知何本，至彙刻書目外集所著録者，三國爲六十卷一百二十回本，當是毛宗崗評定之本；水滸七十回七十五卷，即從貫華堂本出；金瓶梅百回二十四卷，不知其來歷；西遊則用陳士斌真詮。以所記觀之，盡是後來評定之本，無足貴矣。

合刻天花藏七才子書（三才子玉嬌梨、四才子平山冷燕合稱"七才子"）

- 聚錦堂刊本。
- 雍正庚戌退思堂刊本。

　　此二本皆分上下二層。上層爲玉嬌梨，下層爲平山冷燕。

- 坊刊小本，不分上下欄。

四遊全傳（八仙出處東遊記［一名全像東遊記上洞八仙傳］、南遊華光傳［即五顯靈官大帝華光天王傳］、北遊記玄帝出身傳［即北方真武玄天上帝出身志傳］、西遊記［一名西遊唐三藏出身傳］）

- 清道光十年坊刊大型本。東遊、南遊、北遊均上圖下文，似覆明本。西遊無圖。總題四遊全傳。
- 小蓬萊仙館刊本。小型。將原書各則改標回數，總題四遊合傳。

・嘉慶十六年坊刊小型本。與小蓬萊仙館刊本同。

怡園五種（玉支磯、雙奇夢[即金雲翹傳]、情夢柝、蝴蝶媒、麟兒報）

・清道光十四年坊刊小本。【日本神山閏次】

三教同理小説（書名據李子開所擬）

・刊本未見。唯故宮藏一滿文譯本，首東吳某氏序。收三書：
一爲王陽明出身靖難録，二爲濟公傳（濟公傳今所知者有四
本，此所據不知何本但確非王夢吉本），三爲許真君鐵樹記。
以三人代表三教。疑所據者必爲一叢書。今三書俱在，而
叢書本迄未之見。

三公奇案（包公案、施公案、鹿洲公案）

・光緒辛卯（十七年）上海正誼書局排印本。首赤城珊梅居士
序，謂海上鳴松居士新輯此書。收三書：一包公案十卷，所
據爲略本；二施公案八卷；三鹿洲公案二卷，乃藍鼎元自叙
之書，原書在鹿洲集中。前二書乃通俗小説，與鼎元書不
類。目爲三公，殊屬無謂。又所收雖三書，而每書皆不存原
名，概以“三公奇案”目之；而每種卷數又自爲起訖。如包公
則“三公奇案卷一”至“三公奇案卷十”；施公則“三公奇案卷
一”至“三公奇案卷八”；藍公則“三公奇案卷上”至“三公奇
案卷下”。若謂三書，則記一人事者不可謂三公；若謂一書，
則以分卷言之，實各自獨立，離而爲三。即此一端，亦可見
其爲不通之人矣。

水滸續集（征四寇、水滸後傳）

・一九二四年上海亞東圖書館排印本。

古佚小説叢刊（遊仙窟、至治新刊全像平話三國志、照世杯）

・一九二八年海寧陳氏排印本。收三書，爲：遊仙窟，元至治
刊本平話三國志及清酌元亭主人編之照世杯。内遊仙窟一

種爲唐人傳奇，餘皆通俗小説。今遊仙窟有川島（章廷謙）標點，北新書局發行本。三國志平話有商務印書館影印本。唯照世杯國內無其他流通本。

海内奇談

· 大連圖書館藏此書，乃日本鈔本。所收凡四書：一曰西湖文言九篇，並出西湖二集；二曰人中畫三篇，今有閩刻本；三曰古今小説十四篇，並出馮夢龍古今小説；四曰僧尼孽海，乃明人書，日本千葉掬香有鈔本。所鈔古今小説封面別題"七才子書"，"映雪堂藏板"，似所據爲吾國坊肆刻本。唯西湖文言不知其來歷。疑此鈔本海内奇談所據亦爲一叢書。緣無確據，姑存其目於此。

中國通俗小説書目　卷十

附録三：日本訓譯中國小説目録

此日本倉石武四郎原稿，原題訓譯支那小説目録，今照
鈔目録，但改題名目如此。

小説精言四卷

（岡白駒譯　　寬保三年京師風月堂莊左衛門刻本）

十五貫戲言成巧禍

喬太守亂點鴛鴦譜

張淑兒巧智脱楊生

陳多壽生死夫妻

小説奇言五卷

（岡白駒譯　　寶曆三年京師風月堂莊左衛門刻本）

唐解元玩世出奇

劉小官雌雄兄弟

滕大尹鬼斷家私

錢秀才諧占鳳凰儔

梅嶼恨蹟

小説粹言五卷

（奚疑主人［風月堂莊左衛門］譯　　寶曆八年京師風月堂刻本）

王安石三難蘇學士

轉運漢巧遇洞庭紅

吕大郎還金完骨肉

包龍圖智賺合同文

懷私怨狠僕告主

照世盃四卷

（孔雀道人譯　　明和二年京師風月堂刻本）

通俗醒世恒言四卷

（逆旅主人〔石川雅望〕譯　　寬政元年序京都武村嘉兵衞等刻本）

小水灣天狐貽書

吳衙内鄰舟赴約

一文錢小隙造奇冤

施潤澤灘闕遇友

通俗古今奇觀初帙

（淡齋主人譯　　文化十一年尾陽風月堂孫助刻本　　昭和□年青木正兒校注東京岩波書店岩波文庫排印本）

莊子休鼓盆成大道

趙縣君喬送黄柑子

賣油郎獨占花魁

勸懲繡像奇談第一編

（撫松居士〔服部誠一〕纂評　　明治十六年東京九春社排印本）

三孝廉讓産立高名

杜十娘怒沉百寶箱

李汧公窮邸遇俠客

王嬌鸞百年長恨

國譯今古奇觀

（□年東京國民文庫刊行會國譯漢文大成排印本）

李卓吾先生批點忠義水滸傳二十回

（岡島璞訓點　　第一至十回享保十三年京師林九兵衞刻本；十一至二十回寶曆九年林九兵衞等刻本　　第一至九回明治四十一年東京共同出板株式會社排印本）

通俗忠義水滸傳四十四卷

（岡島璞編譯　　第一至十五卷[首至三十一回]寶曆七年平安植村
藤右衛門等刻本；中編十六至三十卷[三十二至六十七回]安永元年
植村藤右衛門等刻本；下編三十一至四十四卷[六十八至一百回]天
明四年平安林權兵衛等刻本　　前[首自八十八回]後[八十九至二
百回]編明治四十年東京共同出板株式會社排印本）

通俗忠義水滸傳拾遺十卷　　忠義水滸傳卷四十五至七

（丟甩道人譯　　寬政二年京都林權兵衛等刻本）

新編水滸畫傳九編九十卷

（初編十卷曲亭外史[瀧澤馬琴]譯；二至九編高井蘭山譯。文化二
年曲亭序，文政十一年蘭山跋。　　江戸萬扱堂刻本　　明治二十
五年東京礫川出板會社古今小説名著集排印本　　明治二十八年
東京博文館帝國文庫排印本　　大正二年東京有朋堂書店有朋堂
文庫排印本）

稗史水滸傳二十編

（初至六編山東庵京山譯，文政十二年江戸仙鶴堂等刻本；七至十編
柳亭種彥譯，天保元至三年仙鶴堂等刻本；十一二編厚田仙果譯，天
保四年松壽堂刻本；十三編柳亭種彥譯，天保六年松鶴堂刻本；十四
至十七編厚田仙果譯，天保八至十三年仙鶴堂等刻本；十八至二十
編松亭金水譯，弘化四年至嘉永四年刻本　　大正八年東京國民出
版社排印本）

聖歎外書水滸傳四卷

（十一回　　高知平山譯　　文政十二年序大坂青木嵩山堂刻本）

第五才子書水滸傳七十五卷

（七十回　　成島柳北閲　　明治十六年東京柏悦堂銅板本）

標注訓譯水滸傳十五卷

（七十回　　平岡龍城譯　　大正五年東京近世漢文學會排印本）

國譯水滸傳一百二十回

（幸田露伴譯　　大正十二年國譯漢文大成排印本，首露伴氏水滸全書解題）

水滸後傳四十回

（槐南醉史［森大來］編譯　　明治二十八年庚寅新誌社排印本）

續水滸傳七十回

（田中從吾軒三木愛花釋義　　明治三十三年帝國文庫排印本）

通俗西遊記五編

（初編六卷［首至二十六回］口木山人譯　　寶曆八年皇都新屋平次郎等刻本；後編六卷［二十七至三十九回］石磨呂山人譯，天明四年京都丸屋市兵衛等刻本；三編七卷［四十至四十七回］石磨呂山人譯，天明六年京都山田屋宇兵衛等刻本；四編六卷［四十八至五十三回］尾形貞齋譯，寬政十一年浪華丹波屋治兵衛等刻本；五編六卷［五十四至六十五回］岳亭丘山譯，天保二年東都丁字屋平兵衛等刻本）

畫本西遊全傳四編

（初編十卷口木山人譯，文化三年江戶松本平助等刻本；二編十卷山珪土信譯，浪華三木佐助刻本；三編十卷岳亭丘山譯，天保六年三木佐助刻本；四編十卷岳亭五岳譯，天保八年三木佐助刻本　　明治二十九年帝國文庫四大奇書排印本　　大正二年有明堂文庫排印本）

通俗三國志五十卷

（二百四十回　　湖南文山編　　元祿五年京都吉田三郎兵衛刻本　　明治二十六年帝國文庫排印本　　明治四十二年東京共同出板株式會社排印本　　明治四十四年東京早稻田大學出板部通俗二十一史排印本　　明治四十五年有朋堂文庫排印本）

通俗漢楚軍談十五卷

（首至七卷夢梅軒章峰譯，八至十五卷稱好軒徽菴譯，元祿八年皇都

吉田四郎右衛門等刻本　　明治二十七年帝國文庫排印本　　明治四十四年通俗二十一史排印本　　明治四十四年有朋堂文庫排印本）

通俗兩漢紀事二十卷

（稱好軒徽菴譯　　享和二年大坂澁川清右衛門刻本　　明治四十四年通俗二十一史排印本）

通俗列國志吳越軍談十八卷

（清地以立譯　　元禄十六年大坂吉文字屋市兵衛等刻本　　明治二十七年帝國文庫排印本　　明治四十四年通俗二十一史排印本）

通俗列國志前編武王軍談二十四卷

（清地以立譯　　寶永元年序刻本　　明治二十七年帝國文庫排印本　　明治四十四年通俗二十一史排印本）

通俗列國志前編十二朝軍談十四卷

（李下散人譯　　正德二年大坂敦賀屋九兵衛等刻本　　明治二十七年帝國文庫排印本　　明治四十四年通俗二十一史排印本）

通俗南北朝軍談十五卷北魏南梁軍談二十三卷

（長崎居士一鶚譯　　寶永二年京都出雲寺和泉椽刻本　　安永三年出雲寺文治郎再刻本　　明治四十四年通俗二十一史排印本）

通俗元明軍談（皇明英烈傳）二十卷

（岡島璞譯　　寶永二年京師林義端序刻本　　明治四十五年通俗二十一史排印本）

通俗兩國志二十六卷

（入江若水譯　　享保六年皇都薈屋勘兵衛刻本　　明治四十五年通俗排印本）

通俗隋煬帝外史四十回

（贅世子譯　　寶曆十年平安風月莊左衛門等刻本　　明治四十四年通俗二十一史排印本）

通俗大明女仙傳十二卷

（滄浪居主人譯　　寬政元年皇都林伊兵衛刻本）

肉蒲團四卷

（二十回　　儔翠樓主人譯　　寶永二年青心閣刻本）

通俗醉菩提全傳五卷

（碧玉江散人譯　　寶曆九年平安青雲館刻本）

繡像通俗金翹傳五卷

（二十回　　寶曆十三年攝江藤屋彌兵衛刻本）

國字演義醫王耆婆傳五卷

（巢居主人譯　　寶曆十三年浪華稱觥堂等刻本）

新編繡像簇新小説麟兒報一回

（柳湨園譯　　明治四十一年東京國書刊行會續燕石十種柳湨園先生一筆排印本）

通俗孝肅傳五卷

（瀧淵先生譯　　明和七年京都梅村三郎兵衛等刻本）

通俗西湖佳話四卷

（十時梅崖譯　　文化元年大坂敦賀屋九兵衛刻本）

國譯紅樓夢八十回

（幸田露伴、平岡龍城譯　　大正九至□年國譯漢文大成排印本）

附録：

遊仙窟

（慶安五年中野太郎左衛門刻本）

遊仙窟鈔五卷

（元禄三年刻本　　東京松山堂刻本）

遊仙窟評釋

（松風軒主人［岩井正次郎］評釋　　明治三十三年東京大學館

排印本）

剪燈新話句解四卷餘話五卷

　　（慶安元年京井筒屋六兵衞刻本）

剪燈餘話七卷

　　（刻本）

評釋剪燈新話

　　（顧山處士評釋　　明治三十三年大坂青木嵩山堂排印本）

燕山外史二卷

　　（大橋穆訓點　　明治十一年東京長野龜七排印本　　　明治
四十□年東京文求堂排印本）

日本東京所見小説書目

序

一九三〇年間，余始輯小說書目。所據爲國立北京圖書館藏書、孔德學校圖書館藏書、馬隅卿先生藏書，以及故家之所收藏，廠肆流連，隨時注意，一二年間，搜集略備。嗣見日本友人長澤規矩也先生所記日本小說板刻，則盡取之，益以古今人之所徵引著錄，都八百餘種。於去歲三月寫成初稿，粗可觀覽。而日本所保存中國小說若干種，僅據長澤先生所記，未得目覩。或名稱歧異，或內容不詳，非讀原書，無從定其異同。乃商之中國大辭典編纂處及國立北京圖書館當局，以去歲九月，揚舲東渡。十九日，抵東京驛，遽聞遼東之變，悲憤填膺，欲歸復止。居東京月餘，公家如宮內省圖書寮、內閣文庫、帝國圖書館，私家如尊經閣、靜嘉堂、成簣堂以及鹽谷溫、神山閏次、長澤規矩也諸先生，文求堂主人田中、村口書店主人某君，所藏小說，皆次第閱過。以歸心甚急，乃罷京都之行，迂道大連返京。抵塘沽之夕，爲十一月十五日。時則津變猶未已也。越冬至春，公餘多暇，乃發篋出手記諸冊整理之，排比次第，釐爲六卷。亦復評校得失，詳其異同。將以就正通人，公之同好，冀於斯學有所裨補。以余寡陋，此次所閱者不過稗官野史之微，非世所急。矧當國步艱難之日，聽白山之鼙鼓，驚滬上之烟塵，草玄注易，實際何補？深唯古

人"玩物喪志"之言,所以怳然自失。世之君子,其勿以區區蒐獲
之效而稍恕其愚也。

　　　　　　　　一九三二年五月滄縣孫楷第書

重印日本東京所見小説書目序

　　我於民國二十年(一九三一)赴日本,在東京住了兩個月,將東京公私所藏小説調查完畢。回來的時候,迂道由大連返北京,又在大連住了一星期,看完了大連圖書館所藏的小説。二十一年(一九三二),整理在大連、東京兩處所寫的筆記,撰日本東京所見小説書目六卷,大連圖書館所見小説書目一卷。二十二年(一九三三),又結集中國所有小説材料,加上在日本東京所見的小説材料,撰中國通俗小説書目十卷。中國通俗小説書目是包括現存和已佚未見書的專門書目,在這部書目裏,可以知道宋、元、明、清四朝有多少作家,有多少不同色類的作品。作家有小傳,作品間有評論介紹。而爲體裁所限,苦不能詳。東京、大連兩書目則不然。這兩部書,對於讀過的每一種小説,皆撰有提要,詳細的記録了板本的形式,故事的原委;必要時照鈔原書的題跋目録;並且,考校異同,批評文字。爲讀者提出了若干問題,也相當的解決了若干問題。以此東京、大連兩書目與通俗小説書目相輔而行,對於初研究小説的人是有益的。不過,這兩部書目寫成,距現在將近三十年,那時,我寫文章的技術,還不够老成,不但題外的議論太多,而且有稚嫩的詞句,語意重複。現在趁着重版的機會,稍加删改;至於書中考辯之文,因後來看法與先前不同,亦略有更動,看去大致勝於舊本。但個人才疏學淺,

見聞不廣，加之，自一九五一年患病以來，長期不能用功，新知甚
少，舊學已荒，想必有錯誤的看法，不妥的詞句，仍存在於書中，
希望國內外專家多予指正。

　　　　　　　　　　　　　一九五七年五月二十三日
　　　　　　　孫楷第識於北京昌平區小湯山療養院

緣　起

　　日本官家藏書，以宮內省圖書寮爲最精。寮中宋元舊槧，插架至多，且鑒別甚精，以視我國清室天祿琳瑯之真僞相間、玉石不分者，殆遠過之。所藏四部書外，小說戲曲間有舊本，然爲數無多。故欲搜求此等書籍，自不得不以內閣文庫爲淵藪。內閣所庋小說，如元至治刊本平話、明崇禎本二刻拍案驚奇，已爲唯一無二之孤本。封神演義有萬曆原本，古今小說有昌啓間原本，初二刻新平妖傳有泰昌崇禎原本。唐書演義大宋中興通俗演義有嘉靖本，又有萬曆本。西遊、水滸，萬曆以來刊本俱有數種之多。其他明清舊本尚數十種，雖書有精粗巧拙之不同，然保存小說如是之多，自可謂藝苑偉觀。學者如欲徵異同，辨得失，夷考明清著作之林，舍是將安求乎？帝國圖書館及東京帝大文學部支那哲文學研究室亦多漢籍，但藏書性質與秘閣不同，小說間有一二舊本，已分別採入本書中。

　　私家靜嘉堂岩崎氏既得吾國歸安陸氏藏書，鹽其精華，年來搜集亦頗注意舊本，藏書之富，在榑桑頓佔重要地位。小說除萬曆本唐書演義外，無重要明本。尊經閣前田氏夙以藏書著名，小說有羅貫中隋唐兩朝志傳，某氏征播奏捷傳，並萬曆本；李笠翁無聲戲爲清初刊本；俱是孤本。亦藏古今小說一部，與內閣文庫本爭霸京國，同爲天壤間秘笈。德富蘇峰氏成簣堂有宋板唐三藏取經記，世所習知，宏治本鍾情麗集亦不多得之書。鹽谷温、神山閏次、長澤規矩也三先生，俱研究中國小說，架上所庋，時足補簿錄之所未備。文求堂田中氏博聞多識，亦有板本之好，所藏嘉靖本三國志通俗演義最爲秘笈，即上海商務印書館所據以影印者。設北京不出此書而登於國立北京圖書館，則此本者不將睥睨一世乎？村口書店有萬曆本朱鼎臣編西遊記，及某氏三國志後傳；並是孤本。

余此次東渡觀書，所閱不出東京市範圍之外。凡公私所藏小說，略具此編。此外以余所聞，則蓬左文庫尚有明本小說數種，殆爲孤本。米澤文庫亦有舊本小說。京都帝大及故家所藏，諒亦不少。然日本所存中國小說多聚於東京，尤以内閣文庫爲最多，東京以外所存度不過十之二三耳。則是編所錄，於日本所存中國小說已得泰半，於以給個人簿錄之求，供學者參考之用，尚不爲最憾事也。

自向歆校書，總群書而爲七略，班固因之作藝文志，爰有簿錄之學。自此而降，荀王之儔，遞有造作。隋志以下以至四庫提要益臻繁密，要以辨彰學術，考鏡得失，此目錄之學也。雕板之業，自趙宋而始盛。其時士夫雅嗜校書，如尤氏遂初堂目所記，已頗注重板本。明清以來藏書大家，競以宋元本相尚，諸所爲藏書目及題跋記等，記一書之行款形式，期於詳盡靡遺，意在鑑古，此爲板本之學。此二者意趣不同，似非一塗。然目錄之於板本，關係至爲密切。昔陸元朗作“釋文”於每字之下，即詳列某本作某，蓋所以明授受之源流，證諸本之同異，不得不如是也。四庫提要於考證爲詳，雖不記板刻，而根據板本立論者實不一而足。以是言之，則學者離開板本而言簿錄，未見其可也。小說雖微，其在古時，蓋亦諸子之亞，元明以來作者蔚起，傳本之多，浸浸焉與四部書爭衡；則從事於此者，冀綜合群書而有作撰著，自不得不於目録板刻，稍稍講求。今茲書中所記，於板本内容爲詳。興之所至，亦頗蒐採舊聞，暢論得失。其意使鑑古者得據其書，談藝者有取其言。博雅之士，諒不以糅雜爲嫌也。

凡書肆刻一小説，率多改題，異名同實，逸其名固屬不可，又不可自爲一書。今於此等悉存原名，而立總名於上。庶觀一書而知其諸本，並知諸本之異名。又此次觀書本屬調查性質，故凡舊本及清刻本，書爲此土所無或本子爲此土所不多見者，不計精粗，悉爲著録。雖坊間刊本，亦一律記其款題。其舊本有記尺度者，有不記尺度者，則偕友人長澤君閲書時，彼攜有中國營造尺，偶借用之，自閲書時則未嘗注意及板式大小，非自爲歧異也。

去歲東遊，先謀之吾師楊遇夫先生，於旅行及觀書等事，多所指導。到東京後，凡請求閲覽諸手續，皆賴長澤先生一人之力。其公私圖書館當局及司書諸君暨諸藏書家，並有款接，予以方便。長澤先生、原三七先生、田中慶先生，相伴周遊，頓忘勞苦。離東京之日，三君並爲計劃行程，臨歧揮手，情意肯摯。今當斯書刊布之日，統此致謝。

一九三二年六月八日孫楷第記

日本東京所見小説書目　卷一

宋　元　部

新雕大唐三藏法師取經記三卷　成簣堂文庫

宋刊本。黑紙。半葉十行，行十七字、十八字不等。上卷已缺其首，中卷全缺，餘俱完足。板匡高營造尺五寸二分，寬三寸五分弱。近書耳者雙邊，餘單邊。有朱印曰"高山寺"。羅振玉居東時曾借觀，定爲宋本，已收入吉石菴叢書中。德富蘇峰氏自跋謂：於日影坊古書肆得之。蠹蝕剥脱，殆無着手之地。今修補繕治，儼然宋槧面目。後之觸此書者，宜珍惜寶愛云云。觀此知主人愛護之深也。吾國宋本通俗小説，存者無幾。如黄蕘翁之宣和遺事及曹元忠之五代史平話二書，論者嘆爲天壤間秘笈。如此取經記及另一本之取經詩話，乃亦巍然留存於鄰邦。宋槧小説，並此乃得四本，固宜爲吾人所嘆羨者矣。

附：羅振玉宋槧本三藏取經記殘本跋

日本三浦將軍所藏唐三藏取經詩話巾箱本，予既命工寫影，頗惜其有佚葉。聞德富氏成簣堂文庫中尚有別本，乃移書求觀。書往不逾旬，蘇峰翁果寄所藏本至。亟取以校巾箱本，稱名雖異，而實是一書。惟巾箱本分卷爲上中下，此則署一二三爲不同耳。且皆爲高山寺舊藏，而此本刊刻尤精。書中"驚"字作"驚"，"敬"字缺末筆，蓋亦宋槧也。巾箱本佚三葉，此則卷一佚少半，卷二全佚；不能取以補巾箱本，而巾箱本之譌脫，可取此本補正之。因與巾箱同付印本，以廣兩君之嘉惠于藝林。丙辰十月。

元至治刊平話五種　　內閣文庫

日京內閣文庫藏元至治刊本平話五種，乃天壤間秘籍，早爲吾人所知。三國平話，已由商務印書館就日本東京帝大影印本縮印，今爲易見之書。餘爲武王伐紂書、樂毅圖齊七國春秋後集、秦併六國、前漢書續集四種，此土未有流傳本，世鮮知其內容。去歲聞滬上某社已設法照出，託商務印書館承印。渴望甚切，久未出書。今更經烽火，該館圖書器物已爲敵人摧毀，盡化烟塵，不知此種照片劫灰之餘得幸存否？余向東遊時，以時間無多，凡上海擬印之書初意不復展閱，而欣逢秘本，遽難割棄，亟籀讀之。至於今日，憤慨之餘，乃以自幸。輒爲疏其內容，列於下方。其三國平話則不復錄。

新刊全相平話武王伐紂書上中下三卷

書別題"呂望興周"。此書爲明之封神演義祖本，在小說之源流上，最爲重要。上卷記妲己入宮，太子殷交（不作"郊"）反紂事。謂妲己爲蘇護之女，爲九尾金狐吸其魂魄，假形爲蘇女。中卷記姬昌囚羑里，黃飛虎反紂，比干剖心，及姜尚發跡渭濱事。並同今本封神傳（唯比干事稍異）。卷下記武王伐紂中經劇戰，入朝歌，斬紂於太白旗下，及太公斬妲己事。雖寥寥三卷，不過當今封神傳十分之一；而今本全書規模，已具於此書。唯伐紂事頗疏略，今本封神即就下卷改造而擴充之。然云布六甲陣破徐昇，及斬崇侯虎封爲夜靈神，封申屠豹（不作"申公豹"）爲豹尾神，薛延沱爲白虎神，尉遲桓爲青龍神等。今本諸惡陣及太公登壇封神之説即源於此，特鋪張次第使事實愈真切愈凝固而已。

此三卷書中所記，誠爲俚拙之至。除上中二卷中之故事爲比較成熟的外，餘則僅具雛形，又多鄙俚。如所取人名多信手撚來，似毫無選擇思索之餘裕。又書中人物其身分來歷，亦未分明，平人與異人，精怪與神道，幾無區別。此等幼稚之處，亦直至封神傳而始爲補充增定。然因此本吾人始得知封神傳之最初形式，其重要實與三國平話相埒。且所演雖粗，而有時亦至活潑，富有民間傳説之倔詭趣味。知此等故事，或亦先有所承，不自元始。自元而後，遞增遞演，乃成今之封神演義。然今本封神傳以淺近之文言演之，其文體稍近於三國，而名理姿態不逮西遊遠甚，似以短促期間發憤爲之者。元本武王伐紂之後，萬曆間封神演義之前，似否尚有過渡之同類小説，今亦不能斷言也。

新刊全相平話樂毅圖齊七國春秋後集上中下三卷

此書演樂毅伐齊事，名曰"春秋後集"，然所記仍以孫臏事爲多，田單僅於火牛破燕事連類及之，仍謂遵孫臏之命。其不合史實，時代錯迕，固不必言，然市人本色固如是也。開呵詩云：

戰國諸侯號七雄，干戈終日互相攻。

燕邦樂毅齊孫臏，謀略縱橫七國中。

正文自孫子斬龐涓説起，謂燕王噲讓國於子之，囚孫子父孫操。孫子遂將兵伐燕，滅之。而爲清漳太子及國舅鄒堅鄒忌所忌。鄒堅旋弑威王，立愍王爲帝。六國起兵爲孫子弔孝，大破齊兵。旋各罷兵，散去。孫子隱於雲夢山。樂毅者乃燕山線代谷養性黄伯揚弟子，值燕昭王立，以毅爲帥，將趙魏韓秦四國兵伐齊。

次記樂毅破齊七十餘城，楚將淖齒驅齊王至噎尸台上，弑之。而齊人立固存太子爲帝。孫子在雲夢山聞國變，乃下山，説燕王使以騎劫代樂毅。並與田單書，示以離解二卦，單乃用火牛計破燕兵。燕王更召樂毅於趙，將兵五十萬伐齊。孫子乃與樂毅鬥陣。

樂毅鬥陣不勝，乃請師父黄伯揚下山擺迷魂陣，大窘孫子。孫子乃請鬼谷下山。鬼谷失其陰書三卷，亦無計可施。會有景州吴橋鎮漁夫拾得陰書，來獻。乃破陣，救出孫子。黄伯揚悔不早休，然已無及。於是諸國尊齊爲上國，各進金寶十萬貫。詩曰：

　　齊國功成定太平，諸邦將士各還京。

　　縱横鬥智樂孫輩，青史昭垂萬世名。

書謂孫子父孫操，將袁達，與後來明本之“孫龐鬥志”正同，且書即承孫龐事言之，則七國前集，必爲“孫龐鬥志”也。清徐震編後七國志樂田演義，却全與此異。

新刊全相秦併六國平話上中下三卷

書別題“秦始皇傳”，開首自唐虞三代説起，次及春秋戰國，然後説到秦。又略述秦興亡大概，方入正傳。書雖三卷，而所記事甚疏略。謂秦滅齊楚時孟嘗君春申君尚在，失於不考。

新刊全相平話前漢書續集上中下三卷

　　別題"呂后斬韓信"。書名"前漢書續集"，而實以斬韓信事爲主。唯中卷兼記高祖殺彭越英布，呂后害趙王如意及戚夫人等事。下卷記呂后專政，諸呂得勢，樊亢劉澤誅諸呂，至文帝即位，周亞夫軍細柳而止。所記蕭何與呂后定計設宴請韓信，數信三罪，因殺之。元李壽卿有呂太后定計斬韓信雜劇（見録鬼簿）已佚，疑其節目即與此同。作者評論此事云："當日肖何書中"蕭何"字概作"肖"三箭，登壇拜將；今日成敗都是肖何用機。"即元人曲中所謂"成也蕭何，敗也蕭何"者也。而"呂太后筵席"，遂爲元明小説成語，亦可見此故事流傳之廣矣。中卷蒯通粧風賺隨何，見高祖後，數信"十罪""五反"，以譏高祖，亦與元人雜劇隨何賺風魔蒯通同。

　　按：以上平話四種，加三國平話共得五種，今所見元刊平話盡於是矣。然建安虞氏同時所刊平話當不衹此，以書題測之，至少亦有八種。如"樂毅圖齊"平話曰"七國春秋後集"，言"後集"必有"前集"可知。以"後集"開首記孫臏事即遥承"前集"文而來，則"前集"必爲"孫龐鬪志"小説所題概作"志"字無疑。"呂后斬韓信平話"，曰"前漢書續集"封面亦作"續前漢書平話"，則"前漢書正集"必爲楚漢相爭事，以與"秦併六國平話"銜接。其所演故事，雖無從推測，要不外元明戲曲小説所常稱道者如鴻門宴及"九里山前大會垓"之類。又言"前漢"，則必有"後漢"，下接三國平話。其三國以降，同時所刻是否尚有平話，今則無從推測之矣。

日本東京所見小説書目　卷二

明清部一（短篇）

熊龍峰刊小説四種　內閣文庫

此明坊刊本小説四種，並中型，半葉七行，行十六字。
行疏字大。顯係同時同地所刻者，張生彩鸞燈傳題云"熊龍
峰刊行"。他本皆無此題，然因其形式全同，知皆熊龍峰一
人所刻。余所見龍峰刊書，尚有余瀘東校重刻元本題評音
釋西廂記，封面題"忠正堂熊龍峰鋟"，書刻在萬曆十八年二
十年頃。則此亦萬曆間所刊耳。此小説四種，日本學者，早
已介紹。唯於內容未述及，今撮要記之。

馮伯玉風月相思小説

無圖，爲文言小説。文中附詩詞甚多。略謂：洪武
時有馮琛，字伯玉，籍本成都。父緼，仕元爲先鋒都督，
生琛於金陵。琛幼失父母，值天下亂，流寓臨安，直殿
將軍趙或見而異之，館伯玉於家。或女雲瓊，呼伯玉爲
兄。以婢韶華爲介，以詩文贈答，久之積思成病。或大
婦已死，妾劉撫雲瓊，察知此情，即以雲瓊歸生。或奉
召入京，旋告歸，荐生於朝。詔以生爲靜海將軍，以與
兵部尚書李斌、左平章廖瑀禦倭有功，進鎮國大將軍，

雲瓊封夫人。洪武七年甲寅十一月生卒，諡“明仁忠烈武安王”。無何，雲瓊亦卒。合葬采石之陽。墓碑陶凱爲篆額，宋景作序。子二人，長明德尚平公主；次明烈，聘廖瑀之女。

孔淑芳雙魚扇墜傳

插圖三半葉，圖嵌正文中。演弘治時事。用文言而間以詞話語氣。入話爲一絕句。即宋人“山外青山樓外樓”一絕。正傳謂：弘治間臨安府旬宣街有富翁徐大川子景春，以貿易爲業，而工吟詠。一日，遊西湖，遇一美人前行，侍女在後。稍逼，趨與之語，女自云孔淑芳，便引生至其家，宿焉，極繾綣之意，以雙魚扇墜爲贈。五更，生鄰人張世傑行至新河埧，見生衣冠伏於地上，救至家，符籙禁治，旋亦無恙。數月後，景春商於臨清，得利歸，娶李廷輝女。半載，父母又使出外經商，歷長安崇德常州，又得利而歸。至北新關，爲友人遮留。返家時，日已暮，至武林門外，忽遇前女，邀與歡會。五更抵家，昏迷不起。延景陽宮真人驅除，始愈。女實爲鬼。結云：“至今新河埧孔家墳墓見存。”按田汝成西湖遊覽志餘二十六載此事，男女名姓亦同，唯小説後半係增出耳。

蘇長公章臺柳傳

文爲平話，頗有理致。寶文堂目著録失記章臺柳一本，當即此篇。入話爲一絕句。韓翃“春城無處不飛花”一絕。正傳略謂大宋真宗朝臨安太守蘇軾，與靈隱寺僧佛印賞牡丹於四望亭。召妓章臺柳，屬作詞，云：“做得好，納了花冠褙子，便與你從良嫁人去。敢是我就娶了你。”章臺柳即承命作沁園春一詞。東坡嘉之，與長老各有贈詩。柳別後，即去簾閉門，專候太守來娶。而東坡本醉中乘興之語，尋即忘却。如此一年，柳乃嫁與一丹青大夫李從善爲妻。又一日，東坡與妹夫少游飲酒，頓憶前言，即遣人賫一簡帖訪之。上題云：

> 章臺柳，章臺柳，昔日青青今在否？
> 縱使柔條似舊垂，多應折在他人手。

使者回報，已嫁與畫工李某。東坡立召從善至，命寫楊柳圖。又題前詩於上，屬人暗以示柳，不得令從善知。柳看之，題一絕句於上，回呈東坡。詩云：

> 昔日章臺舞細腰，行人俱作此字便折枝條；
> 而今已落丹青手，一俱東風不動摇。

東坡讀罷太息不已，遂請佛印靈隱寺辨才龍井寺南軒智果寺并少游共觀之。四人各有題詠，東坡亦題一詩。詩罷，衆人大笑，盡歡而散。

> 至今風月江湖上，千古漁樵作話傳。

　　按此明以許堯佐柳氏傳所記韓翃事前半屬之東坡，不知何意。其所設情節，亦至簡單。唯詞氣語言，却是説話人本色，或爲舊話本，亦未可知。寶文堂目既著録此種，其時代至少在嘉靖以前耳。

張生彩鸞燈傳

　　此本亦平話體，文極可觀，在蘇長公章臺柳傳之上，寶文堂目亦著録。開場爲一絕句：

> 致和上國逢佳姝，恩厚燕山遇故人。
> 五夜華燈應自好，綺羅叢裏竟懷春。

絕句畢，入話先記徽宗時一汴京張生元宵看燈，見一車
子上懸雙鴛鴦燈，中有女子風貌甚冶，因與通慇懃。女
子實一尼，乃攜之逃至蘇州平江，創第而居。次入正
傳，言越州人張舜美於上元觀燈，見一丫鬟，肩挑一盞
彩鸞燈前行，後乃一美女，試調之。女遺一方勝，上題
如夢令詞，並附書，約生以次日在十官巷家中相會。生
如約往，兩情既洽，遂謀潛逃，之鎮江同居。出門後，於
鬧市相失。生覓女不得，在新馬頭見一綉鞋，確是女所
着者。里巷相傳十官巷劉家小娘子溺水死矣。然實女
恐家人踪跡，故遺其履，以絕家人之念。既抵鎮江，不
見生。悲惋之極，投水欲自盡，爲一尼所救。後生上京
應試，偶遊大悲庵遇之，遂團圓。故事敷演畢，乃收呵
道：“話本說徹，權作散場。”觀其口吻風度洵是古話
本也。

古今小說四十卷四十篇　　内閣文庫　尊經閣

内閣文庫藏明刊原本。圖四十葉，極精。第三十七葉
記刊工姓名曰“素明刊”，即劉素明。正文半葉十行，行二十
字。形式與今所見通言全同。界已有磨滅處，似尚非初印。
尊經閣所藏爲白紙本，插圖形式正文行款亦同，或係初印
本。據長澤先生言，曾以内閣本校之，其序少數字間有異
同。古今小說，中國已佚。此二本至可寶貴。

二刻拍案驚奇三十九卷三十九篇附宋公明鬧元宵雜劇一卷　　内閣文庫

明精刊本。圖三十葉，中無鬧元宵雜劇圖。第一葉圖
記繪工，曰“劉崟摹”，第六葉記刻工，曰“劉君裕刻”。第十
八葉曰“君裕刻”。正文半葉十行，行二十字。板心下題“尚

友堂”。

鼓掌絕塵四集　　内閣文庫

明刊大字本。每集均題“古吳金木散人編”。其評者題名則各集不同。風集題永興清心居士評，花集題錢塘百拙生評，雪集題錢塘猗猗主人閱，月集題錢塘百益居士校。卷首序二。第一序署云“崇禎辛未歲之元旦閉戶先生書於岋園之烹天館”。第二序後署“赤城臨海逸叟”。章二，曰“王宇印章”、曰“斂華氏”。據臨海逸叟序“余主人龔君延選經文詩書，嗣後房稿行世，因海内共賞選叙，索鼓掌絕塵小引一編”。又云“茲吳君纂，其篇開帙則滿幅香浮，掩卷而餘香鉤引，入手不能釋者什九。遂名之曰鼓掌絕塵云”。則刻書者爲書林龔某。撰小説者爲吳某，當亦選家者流。其書自第一回至第四十回，每十回爲一集。驟視之似爲四十回之長篇小説，實則每集演一故事，包含四個短篇小説。董綬經先生書舶庸譚卷四著録此書，極稱之，謂其“結構緊嚴，文詞幽蒨”。以余觀之，唯風集演梅蕚韓玉姿事稍可觀。十回以下，其技已窮，第雜湊成篇而已。雖回目聯對工整，勝於其他諸書；然亦虛有其表，與本文無與也。

風集

記巴陵一書生，幼遭亂，迷其本姓，指梅爲姓，名梅蕚。有杜翰林者，聞其能詩，收養之，因冒杜姓，是爲杜蕚。以鳳凰山清雅觀幽雅，與友康生同往，將棲止爲讀書之所。路遇韓相國船，有歌伎韓玉姿韓蕙姿俱姣好。二人佇望，與通慇懃。而生所眷者玉姿，康眷蕙姿。及元宵，乃隨鮑老雜劇入相國第。生以紈扇遺玉姿，爲相國所見，重其才，因召生與康生至家，館穀之。久之，生與玉姿通。懼罪，攜玉姿逃走。至長沙，遇其生父，復本姓爲舒。偕玉姿入京應試，中狀元。相國失生及婢，竟以蕙姿歸康生；至是亦來京，以三甲及第。生回籍拜杜及韓相國。相國更爲媒致金刺史女，與玉姿以姊妹相呼云。

花集

記汴京婁公子（名祝字萬年）疏財尚義，人稱"哈哈公子"。門客夏方，嘗盜其馬，後貧困來歸，仍優容之。友曰俞生及林某。公子掩豺，獲一石蟹，以獻本兵，遂起家爲軍校。將兵征韃靼。與俞林並加官。頗牽强無謂。

雪集

記蘇州文荊卿與女子李若蘭事。荊卿失愛於叔父，逃之臨安。夢神贈詩云："好音送出畫樓前，一段良緣咫尺間；莫怪風波平地起，佳期準擬蝶穿簾"。已而入李刺史園，遇李若蘭小姐，若蘭即憂思成疾。生託醫進，與若蘭通，爲若蘭叔父所控。太守高穀面試詩，判爲夫婦，生後點探花。

月集

記金陵人張秀以嫖賭蕩其産，流落至洛陽。有楊員外者憐之，引至家，賜以酒食。秀乘機盜楊員外金逃回，夤緣爲袁州吏員。得人資助，又幹辦得桃源驛丞。時楊員外之子楊琦選授廣西太守。秀忽悔過，贐三百金。琦行，遇刼。秀又力救，致爲賊所殺。琦遇俠僧救得免。到任，旋厭世，辭官爲僧。叙次蕪雜，不知其用意所在。

　　　　按：此書大連滿鐵圖書館亦有一部。滿鐵公司有含秀舍叢書排印本，然不全。

無聲戲十二回　　尊經閣

　　清初精刊本。插圖極雅，人物形狀，大似陳老蓮筆意。首僞齋主人序，章二，曰"僞齋主人"、曰"掌華陽兵"。收笠翁小説十二回。第五回第六回第八回第九回，全收今大連圖書館所藏連城璧外編之四卷。餘八回亦見於連城璧全集。第一回爲連城璧辰集，第二回爲卯集，第三回爲丑集，第四回爲巳集，第七回疑爲寅集，第十回爲酉集，第十一回爲戌集，第十二回爲未集。唯缺連城璧之子午申亥四集。按笠翁無聲戲，本有前後二集，皆杜濬評次。後杜氏又合而一之，名曰無聲戲合集。吾國馬隅卿先生有合集原本，首載杜氏序，惜其書僅存第一第二兩篇。以余所考，此合集本現存二篇標目聯語，與大連圖書館藏鈔本連城璧子丑二集同；合集第一篇至第十二篇，其故事及篇第亦與鈔本連城璧同；因疑大連藏之鈔本連城璧，即無聲戲合集後身。已詳連城璧下。此尊經閣藏僞齋主人序本無聲戲十二回，其次第與無聲戲合集不同，標目聯對亦不同，頗爲異事。此可有兩種推測：一，此僞齋主人序本無聲戲，乃先於合集之無聲戲前集或後集；二，此僞齋主人序本之無聲戲乃後於合集之另一選本。究以何者爲是，頗難斷定。然杜濬與笠翁之關係至深，今之無聲戲合集及十二樓，均經其評論，兼爲作序。據合集杜序，則無聲戲前後二集，亦曾爲評次。如此本爲單行之"前集"或"後集"，似亦應有杜序，今乃爲僞齋主人序，此不能無疑。似亦不題撰人及評論人姓名。

　　按：曲海總目提要卷三十一於萬倍利傳奇下，引小説有"兒孫棄骸骨奴僕奔喪"一目；卷二十九於雙官誥傳奇下引小説有"妻妾抱琵琶梅香守節"一目。前者在連城璧全集爲戌集，在僞齋主人序本爲十一回；後者在連城璧全集爲未集,在偽齋主人序本爲十二回。聯對與連城璧不同,而與此偽齋主人序本全同;則曲海提要作者所見無聲戲,即是此本也。又第一回演闕生事,目録題目下注云:"此回有傳奇即出。"即奈何天傳奇所譜。第二回演老鼠爲蔣瑜撮合事,目録注云:"此回有傳奇嗣出"。第十二回演馬麟如妾碧蓮守節事,目録下注云:"此回有傳奇嗣出"。此二事今不見於十種曲,笠翁戲曲與小説從同者,比目魚、奈何天、凰求鳳,見無聲戲合集;即連城璧。巧團圓見十二樓。而陳二白有雙官誥傳奇,此所預告者,是否即陳氏所作,今亦不可知。按笠翁自謂所撰傳奇,行世者前後八種,已填未刻者内外八種(閒情偶寄卷一),不言其名目。今通行者,唯風箏誤、憐香伴等十種。此外如金陵坊刻之偷甲記等五種,又笠翁新傳奇之四元記等三種,姚燮今樂考證已指爲范希哲作,原非笠翁手筆(此馬隅卿先生爲余言)。而觀目録下所注,於奈何天云"即出",於蔣瑜事、碧蓮事云"嗣出",似一種已有劇本,二種僅屬擬議,亦不知其是何關係也。

目録(與連城璧異同並校注於下)

	無聲戲(偽齋主人序本)		連城璧
第一回	醜郎君怕嬌偏得豔 (原注:此回有傳奇即出)	辰　集	美婦同遭花燭冤 村郎偏享温柔福
第二回	美男子避惑反生疑 (原注:此回有傳奇嗣出)	卯　集	清官不受扒灰謗 屈士難伸竊婦冤
第三回	改八字苦盡甘來①	丑　集	老星家戲改八字 窮皂隸陡發萬金②

---

①補注:合選第七回。所謂合選即指孔憲易所見三近堂刊巾箱本(此爲殘本,半葉七行,行十六字,孔氏定爲順治間刻本)無聲戲合選。

②補注:合選第七回。

續表

	無聲戲(偽齋主人序本)		連城璧
第四回	失千金禍因福至	巳　集	遭風遇盜致奇贏 讓本還財成巨富
第五回	女陳平計生七出	外編卷一	落禍坑智完節操 借讎口巧播聲名
第六回	男孟母教合三遷	外編卷三	嬰衆怒捨命殉龍陽 撫孤熒全身報知己
第七回	人宿妓窮鬼訴嫖冤①	寅　集	乞兒行好事 皇帝做媒人②
第八回	鬼輸錢活人還賭債③	外編卷四	連鬼騙有故傾家 受人欺無心落局④
第九回	變女爲兒菩薩巧	外編卷二	仗佛力求男得女 格天心變女成男
第十回	移妻換妾鬼神奇⑤	酉　集	喫新醋正室蒙冤 續舊歡家堂合事⑥
第十一回	兒孫棄骸骨奴僕奔喪⑦	戌　集	重義奔喪奴僕好 貪財殞命子孫愚⑧
第十二回	妻妾抱琵琶梅香守節⑨ (原注:此回有傳奇嗣出)	未　集	妻妾敗綱常 梅香完節操

---

① 補注:合選第十一回。大連圖書館藏本連城璧全集、外編皆無人宿妓篇,孔憲易所
　見三近堂刊巾箱本無聲戲合選第六冊第十一回有此七字標目,並簡單介紹其內容
　(見一九八三年藝文志第一輯,198頁)。
② 補注:與人宿妓無關,合選第三回改題"傲公卿乞兒仗義"。又,尊經閣本無乞兒
　行好事篇,三近堂本第二冊第三回有,但題作"傲公卿乞兒仗義"。
③ 補注:合選第十二回。
④ 補注:合選第十二回。
⑤ 補注:合選第八回。
⑥ 補注:合選第八回。
⑦ 補注:合選第五回。
⑧ 補注:合選第五回。
⑨ 補注:合選第六回。

八洞天八卷　内閣文庫

清初原刊本。寫刻，中型。封面題"五色石主人新編"。左方題識"五色石主人借筆以爲鍊"云云。作者自序後署"五色石主人題於筆鍊閣"。此書與五色石小説同爲一人所撰。卷數體例亦同。每卷演一故事，亦如通行之短篇小説。唯每卷以三字標題，復綴以回目，則前此未有此例。書演明事者四種，唐後周宋金各有一種。叙述呆板，教訓意味尤爲濃厚，以文境論之尚在李漁十二樓之下。唯在吾國則殊不多見。今記其篇目及內容於下：

第一卷　補南陔

收父骨千里遇生父　裹兒屍七年逢活兒

記宋仁宗時事。略謂貝州魯翔，妻石氏，妾曰楚娘。石氏生子曰魯惠。翔中進士，除授廣西知縣。值儂智高作亂，留家眷於家，自往赴任。而楚娘生子名魯意，染痘而殤，藁葬之。時傳魯翔已死，石氏逼楚娘改嫁。楚娘不從，入玄女廟爲尼。魯惠往收父骨，因王則亂滯於柳州。遇鄉人昌某，以女許之。而翔固未死，自虜中逃歸。父子俱還鄉。迎楚娘至家。昌氏女亦來歸。先，魯意之葬，楚娘裂繡裙爲二幅以一半裹之。昌女偶至楚娘處，見半裙，自云其家亦收得半裙，恰爲一物。相與研詰，則昌女有弟本螟蛉子，即是魯意。緣意患痘，見風而愈，藁葬時僕以主母妬不敢送還，乃賣與昌家也。大抵謂節婦有子，孝子得父，以爲行善之報云。按清初無名氏百鳳裙傳奇所譜與此同。或同出一人手，亦未可知。

第二卷　反蘆花

幻結合前妻是後妻　巧相逢繼母是親母

記唐肅宗時事。房州長孫陳，妻辛氏，生子曰勝哥。長孫官興元郡武安知縣，值史思明亂，棄城逃走。亂兵且至，辛氏自投於井。長孫攜子至西鄉，投止孫姓家，聘其女。時妻父宦閬州，往依之。路聞已升京職，遇一故人將赴夔州司户任者，家屬遇害，病不能行，屬長孫冒名往。抵任，與孫氏完婚。孫氏遇勝哥殊薄，旋病死，遺有子女。後長孫以軍功升京職，朝庭免其前罪，准復原名。入都謁妻父，知其繼妻已死，以姪女妻之。入門則即前妻辛氏，蓋投井未死復遇其父云。

第三卷　培連理

斷冥獄推添耳書生　代賀章登換眼秀士

記明朝事。揚州莫豪才思敏給。友黎竹禿髮，豪輒以詩嘲之。竹甚窘，而無以報之。一日忽出一文示豪，豪嘆其敏。問之，則云表兄晁所爲。向他人訪之，則其表妹也。因媒聘之。將親迎而莫病瘖，請退婚。女不從，竟來歸。且以婢侍生。生爲文則口授而女寫之。後浙江布政使聘生爲書記，代草免賦優刑疏，多所匡助。一夕，夢判官剜其瘖目，目復明。隨布政至京，太祖嘉之，授翰林修撰。所記莫生始末，約略如此。文中謂莫友聞生耳聾復聰，與本文全不相涉，無端設此一事以與莫生換眼配合，尤無謂也。

第四卷　續在原

男分娩惡騙收生婦　鬼産兒幼繼本家宗

記明朝事。真定商人岑鱗，弟早死，撫其子岑金命在商店生理，甚爲得力。鱗生子曰玉，驕惰無俚。金負其能，遂與伯父析產，自營商業。鱗家事日落，抑鬱而死。玉益放浪縱淫，慕一收生婦美，則假扮孕婦以誘之。與宇文氏女順姐私，墜胎未遂，暴死，玉亦病死。金經營有方，頗殖其產。而性苛毒，遇伯母尤酷。一日妻將分娩，金自請乳醫，於塚旁拾一嬰兒歸，則即玉所私順姐死後所生者。妻生子不育，遂撫爲義子。金死，繼其產者實即玉之子云。

第五卷　正交情

假掘藏變成真掘藏　攘銀人代作償銀人

明浙江蘭谿有窮漢甄奉桂。鄰有馮員外及盛某均好善，奉桂得其周濟，因緣致富。已而馮盛二家皆遭變故，覆其產。奉桂背恩，不償所負，更攀高與郤鄉紳結親。凡置買田產，均使郤出名。馮子盛女，郤皆撫之，及長，配爲夫婦。奉桂死，財產均歸郤所有。馮子旋點翰林，郤乃以所得奉桂財還二家，使皆復其舊。

第六卷　明家訓

匿新喪逆子生逆兒　懲失配賢舅擇賢婿

明正德時無錫人晏傲，父爲石家贅婿，父母死，其外祖以爲己子，使冒姓石，爲之完婚。傲性刻薄，多私蓄，外祖死又歸宗。而其制中所生之子亦嗜博無行，傲犯罪下獄，亦不之顧。傲死後，至盜賣其棺。同時傲之族兄某則慈善寬大，生子中進士。兩相形容，以明善惡之有報，文中輒插入詩詞八股，頗酸腐不可耐。

第七卷　勸匪躬

忠格天幻出男人乳　　義感神夢賜內官鬚

金豐潤人李真感南渡君臣之不兢，作詩二首，爲仇人告發處斬。家人王保攜其幼子生哥私逃，緝捕其急。保本內監，因與生哥俱改女裝，僞爲母女之狀。於路保忽渾乳，兒得不死。與俱止一庵中。時有顏太監以忤海陵私遁，忽生鬚，得免於難。於路拾一幼女，名廉冶娘，乃諫官之女，因父被罪流落失所者。因收爲義女，爲改男裝，亦來棲斯庵。冶娘生哥久之狎習，各悉本末，因告其義父母託媒結婚，而粧束如故。值世宗立，昭雪舊臣，始各易其裝，復本姓云。

第八卷　醒敗類

兩決疑假死再返真　　三滅相真金亦是假

記紀延祚失子復還事，而以延祚家金佛被奴盜賣爲關目。略謂周世宗時，歸德人紀延祚，妻強氏，姪曰望洪。延祚四十無子，與婢私，有孕。強氏忌之，將婢賣與人爲妾。婢入門後，其人即遭巨變，得完厥貞。未幾，其人死，婢免身生一子。延祚贖回之。望洪本視叔父財産爲己有，至是恚甚，乘間將小兒拐賣。延祚卒於汴京相國寺訪得之。望洪流配。

警世奇觀十八帙　長澤規矩也先生　殘存八帙

書小型，無圖。板匡高營造尺二寸九分強，寬二寸五分餘。扁字，刻極工整。封面中大字題書名；右上題"博古齋評點小說"；左下題"西湖藏板"。目錄題"博古齋評點小說'警世奇觀'"，次題"古閩龍鍾道人彙輯，豫金呵呵道人校閱"。卷首序,後署"龍鍾道人漫題"。章二,曰"岑翁"、曰"龍鍾道人"。每篇後有評,或無評。有評者署"葉岑翁",蓋一人也。目錄每篇題目皆作儷語,而正文篇首及板心所記,則皆單言。其文與目錄上聯或同或不同,殊不一律。今以目考之,第二帙第三帙出初刻拍案驚奇;第四帙第七帙第十一帙出醒世恒言;第五帙第六帙出警世通言;第八帙第九帙第十帙出古今小説;第十二帙出無聲戲;第一帙秋江夢李宏招四女,第十三帙前生定金公空貯物,爲通言卷十一及初拍卷一入話。第十四帙真秀才退居林泉下演圓澤事今不詳所出。第十五以下四帙,皆演莊子事。扇墳及田氏事疑即本通言莊子休鼓盆成大道篇爲之。嘆骷髏事,則多至二篇。且四篇皆演一人事,尤爲可疑。按坊刻小本燕居筆記載陳希夷、呂洞賓、美孝廉本出三言、轉運漢四篇本出初拍,"行好事"、"錯姻緣"二篇本出無聲戲;錯姻緣篇,此書未收,篇首輒題"博古齋評點小説"。謂當別有評本。今覩茲刻,始知其轉錄此書也。

目録

第一帙　存

　　　秋江夢李宏招四女　　妬相爭驚醒南柯人

　李宏於嚴州秋香亭題酒色財氣詞。已而,酒色財氣變作四女子入夢。按:通言卷十一蘇知縣羅衫再合篇入話演此事。

第二帙　存

　　　好娼婦代作姚一妹　　奸光棍拐良誘巨商

　按:即初拍二卷姚滴珠避羞惹羞篇。

第三帙　*存*

　　　轉運漢巧遇洞庭紅　　波斯胡指破鼉龍殼

按：即初拍第一卷，目亦同。

第四帙　*存*

　　　美孝廉許武計讓產　　賢昆玉晏普立高名

按：即恒言第二卷三孝廉讓產立高名篇。

第五帙　*缺*

　　　真才子李白嚇蠻書　　采石江騎鯨朝天帝

按：即通言第九卷李謫仙醉草嚇蠻書篇。

第六帙　*缺*

　　　才高才荊公難子瞻　　採山藥劉璽陷雙狐

按：即通言第三卷王安石三難蘇學士篇。

第七帙　*缺*

　　　蘇小妹三難秦少游　　佛印師遙寄巧詞篇

按：即恒言第十一卷蘇小妹三難新郎篇。

第八帙　*缺*

　　　兩世逢佛印度東坡　　相國寺二智成正果

按：當即古今小說第三十卷明悟禪師趕五戒篇。

第九帙　*存*

　　　隱華山陳希夷辭命　　張超谷脫骨白雲封

按：即古今小說第十四卷陳希夷四辭朝命篇。

第十帙　存

　　累世冤滯結於冥府　　鬧陰司司馬貌斷獄

按：即古今小説第十五卷鬧陰司司馬貌斷獄篇。

第十一帙　存

　　釋玄辨黃龍師顯智　　誤飛劍得成大羅仙

按：即恒言第二十二卷呂洞賓飛劍斬黃龍篇，本書
正文篇題同。

第十二帙　存

　　行好事蔣成奇發積（跡）　美刑廳提挈假同年

按：即原本無聲戲第二卷老星家戲改八字　窮皂
隸陡發萬金篇。

第十三帙　缺

　　前生定金公空貯物　　現世受王老得奇財

按：即初拍卷一轉運漢巧遇洞庭紅篇入話。

第十四帙　缺

　　真秀才退居林泉下　　三生石圓澤會李源

第十五帙　缺

　　蝴蝶夢南山扇新墳　　假門生田氏羞自縊

第十六帙　缺

　　嘆塵中莊子休嘆世　　慧道童啓師尊問答

第十七帙　缺

　　踏翠微莊子訪梁棟　　空郊外途中嘆骷髏

第十八帙　缺

發善願莊子度骷髏　梁邑宰功成自飛昇

人中畫四卷　再團圓五卷　並内閣文庫

此二書行款形式皆同：俱黑紙，寫刻，半葉十行，行二十五字；且同爲泉州書肆發行者。再團圓封面欄外橫題“五種奇傳”；中央題書名；右上題云：“步月主人書，尚志堂藏板。”左題篇目：曰真珠衫，芙蓉屏，破氈笠，竹籬（籬）棒（即金玉奴），紫衣人（即裴晉公）。人中畫封面則欄外橫題“乾隆庚子新鐫”；中央直行題書名；右曰“風月主人書”；左下曰“泉州尚志堂梓”。其目錄每卷俱以十二支目之（正文不標卷數）：人中畫曰丑下，曰酉上，曰未下，曰戌上。再團圓曰午集，曰巳下，曰寅下，曰未上，曰五上（此卷例外或係誤記）。凌亂如此，似曾經改訂非復原書之舊。且如人中畫有未下，而再團圓即有未上；又似書本二集，第一集十二卷，以十二支目之，曰某上；第二集亦十二卷，以十二支目之曰某下。然再團圓第一卷即題“午集”無上下之分。究竟如何，不得而知。凡書賈圖售其私，於書隨意改竄分割，或移易書名，或妄增名色，致失本來面目；非目覩祖本，無從訂之。在他書不免，而小説爲尤甚，亦可恨之事也。余按大連圖書館藏鈔本人中畫，封面依原題曰“乾隆乙丑新鐫”，“植桂樓藏板”，“風月主人書”。乙丑爲乾隆十年，先於内閣刊本者三十五年。則書或本名人中畫。然鈔本人中畫僅三篇，刊本人中畫則有四篇，更加入再團圓之五篇，則即現存者論之，已比鈔本多六篇。其關係如何，今亦無從推測也。二書共收小説九篇，除唐季龍、柳春蔭、李天造三篇係新編者外，餘皆選自前人小説。

人中畫目録

唐季龍丑下

唐秀才持己端正　　元公子自敗家聲

長汀縣人唐辰（字季龍）薄遊卓邱。見樓上一女子風調佳絶。旋爲故人莊叟邀至酒肆，攀談之次，樓下停舟中一女子輒出相窺，若不勝情。辰聞叟有女美，意即樓上所見者，託張姥聘之。於時有元公子性痴，已聘某氏，慕莊叟女美，賂張姥使致款曲。而向船上女子屢目唐生者，亦請致意於唐。張婆知男女貞正，事無可爲，乃兩詿之，並云事諧，期會河舫，申其繾綣。且盗莊女繡鴛鴦貽元。元更放言，詞甚醜惡。唐生即請退婚。莊叟怒婆子無禮，送之官。及元娶婦，辨其顏色，驚向河舫所遇即是己妻，亦控婆子。事乃白。唐與莊女結婚。

柳春蔭酉上

柳春蔭始終存氣骨　　康尚書慷慨認螟蛉（正文第二句作“尚書慷慨認螟蛉”。）

貴陽柳春蔭遭家難，遁之杭州。爲康尚書所激賞，召至家，認爲義子，與諸子同讀書。柳聰秀卓絶，諸子咸忌之，數謀陷害，而皆不遂。有孟尚書來康家擇壻，獨愜柳生。春蔭點翰林，遂婚於孟氏。時傳孟女病瞽，說者謂勿娶，春蔭不從。然女入門後固無恙。蓋委心於生，故爲此言以免他人覬覦云。

李天造未下

李天造有心托友　　傅有魁無意還金（正文無

下句。）

湖廣辰州李天造，妻先死，偕子春榮經商，俱没于水。天造遇救，逕往蘇州生理。遇武昌人傅星，云"負豪家錢，强劫女去，流落至此"。天造憐其孤苦，因言"蕪湖有貨物，如欲爲吾致之，當以相煩"！傅至蕪湖，則售其貨，致千金，逃去。春榮之溺，遇一寡婦季氏救之，撫爲己子。俄又救一女子，因家主凌虐投水者，則傅之女。已而傅囊金亦至，即以女妻春榮，財物一以委之。春榮忽憶生父，亟訪之，遇於中塗。與俱返。入揖親翁，則即向竊負之傅星也。於時鄰佑畢集相賀。星白於衆，謂季氏寡居，天造喪偶，"無意同居一室。豈可令小女有不合卺之公姑，又豈可令小壻有不同床之父母"？欲躬執斧柯，成全倫好。衆人皆以爲高論，"又近人情，又合天理"。天造竟娶季氏。

女秀才戌上

　　　　杜子中識破雌雄　女秀才移花接木（正文無上句。）

　　　　以上"人中畫"

再團圓目録

蔣興哥午集

　　蔣興哥重會珍珠衫

崔俊臣巳下

　　崔俊臣巧會芙蓉屏

宋金郎寅下

　　宋金郎團圓破氈笠

金玉奴未上

　　金玉奴棒打薄情郎

裴晉公丑上

　　裴晉公義還原配

明清部二（長篇）

講　史　類

三國演義

　　三國演義板本，國内近年所出，已多秘本。最初之嘉靖本，已登於北京圖書館。其他明本，各家所藏亦復不少；故余此次在日京閱書，於此書板本，未之注意。且就所見者而言，亦無以逾於吾國所存者。今以觸類所得，記其色目，略爲疏明如下。

三國志通俗演義二十四卷二百四十則　　嘉靖本

　　此書國立北京圖書館已有全本。日本則文求堂主人田中氏藏一部，第一本係鈔配，上海商務印書館曾借以影印。因該館又買得前半配補，遂影印全書。張菊生氏又爲田中氏影印所缺之一本贈之，與原書大小相當，用酬借書之惠。田中氏此書購自北京來薰閣，自言以百五十元得之，頗爲得意。又德富蘇峰氏成簣堂亦藏此書殘本，只七八兩卷，乃鄭板橋故物。有二章曰

"七品官耳"、"十年磨一劍",亦田中氏購之中國轉售之德富蘇峰氏者。

新刊校正古本大字音釋三國志通俗演義十二卷二百四十則

萬曆辛卯本

　　　　周曰校刊。吾國馬隅卿先生藏此本。日京則文求堂田中氏藏有一部。村口書店主人亦有一部待售。長澤氏言內閣文庫及名古屋蓬左文庫,並有此本覆本,余未及閱。

新刊京本補遺通俗演義三國全傳二十卷不分回　　萬曆丙申本

　　　　德富蘇峰氏成簣堂藏此本。係萬曆二十四年丙申刊本。插圖,半葉十四行,行二十八字。三四兩卷題"新刻京本補遺漢接晉三國志全傳"。卷第下題"東原羅貫中編次"、"書林誠德堂熊清波銹行"。卷首有重刻杭州考正三國志傳序。吾國國立北京圖書館亦藏此本。

新刊京本校正通俗演義按鑑全像三國志傳二十卷不分回　　萬曆乙巳本

　　　　成簣堂藏此本。上圖下文,刻工精。正文半葉十五行,行二十七字。封面大書"三國志赤帝餘編",左下記云"三垣館鄭氏少垣刻行"。首顧充撰序。卷一題"東原貫中羅本編次","書林少垣聯輝堂梓行"。有木記云"萬曆乙巳歲孟秋月閩建書林鄭少垣梓"。內容同周曰校本。聞內閣文庫、尊經閣、蓬左文庫均有此本。書在吾國未見。

武穆演義　　通各書擬此總名

　　　　岳武穆爲民族英雄,不幸爲昏君所殺,人至今惜之。觀夢粱錄所記說話人有敷衍中興名將之事,則武穆事固宜演唱於當時矣。宋元話本，今不可見。明則嘉靖以來遞有刻本。一變而爲託鄒元標編之岳武穆王精忠傳，整齊回目，省略文字，實亦自舊本出。再變而爲錢彩之説岳，乃多市語，語近荒唐，大改舊本矣。余在東京所見，有嘉靖時清白堂刊本之大宋演義中興英烈傳，是爲原本。有萬曆間仁壽堂本之大宋中興通俗演義，有萬曆間三台館本之大宋中興岳王傳，此三本書名不同，實是一書。今分志如下：

新刊大宋演義中興英烈傳八卷八十則附會纂宋岳鄂武穆王精忠録後集三卷　內閣文庫

嘉靖壬子（三十一年）楊氏清白堂刊本。中型，黑口。圖像共十四葉（第一面爲岳王像），頗古雅秀勁。正文半葉十一行，行二十二字。板心上題“中興演義”或“大宋演義”。題“鰲峰熊大木編輯”，“書林清白堂刊行”。首嘉靖三十一年自序，後署“建邑書林熊大木鍾谷識”。又凡例七條，語甚拙。演中興諸將，以岳王爲主。所附精忠録，題“李春芳編輯”。有正德五年重刊精忠録後序。又附古今褒典、古今賦詠及律詩於後。按鍾谷編此書，先於唐書志傳者一年。余曾見法人鐸爾孟氏藏一明鈔大本。圖嵌文中，彩繪甚工，雖不免匠氣，的是嘉靖時內府鈔本。則當時此書曾進御矣。

附：序

武穆王精忠録，原有小説，未及於全文。今得浙之刊本，著述王之事實，甚得其悉。然而意寓文墨，綱由大紀，士大夫以下遽爾未明乎理者，或有之矣。近因眷連楊子素號湧泉者，挟是書謁於愚曰：“敢勞代吾演出辭話，庶使愚夫愚婦亦識其意思之一二!"余自以才不逮班馬之萬一,顧奚能用廣發揮哉?既而懇致再三,義弗獲辭,於是不吝臆見,以王本傳行狀之實迹,按通鑑綱目而取義。至於小説與本傳互有同異者,兩存之以備參考。或謂小説不可絫之以正史,余深服其論。然而稗官野史實記正史之未備,若使的以事跡顯然不泯者得録,則是書竟難以成野史之餘意矣。如西子事昔人文辭往往及之,而其説不一。吳越春秋云,吳亡西子被殺;則西子之在當時固已死矣。唐宋之間詩云:"一朝還舊都,艷妝尋若耶。鳥驚入松網,魚畏沈荷花。"則西子嘗復還會稽矣。杜牧之詩云:"西子下姑蘇,一舸逐鴟夷。"是西子甘心于隨蠡矣。及東坡題范蠡詩云:"誰遣姑蘇有麋鹿,更憐夫子得西施。"則又以爲蠡竊西子,而隨蠡者或非其本心也。質是而論之,則史書小説有不同者,無足怪矣。屢易日月,書已告成鋟梓,公諸天下,未知覽者而以邪説罪予否?

　　　時

　　嘉靖三十一歲在壬子冬十一月望日

　　　　　　建邑書林熊大木鍾谷識

新刊大宋中興通俗演義八卷八十則附精忠録二卷　　内閣文庫

　　明萬曆間刊本,每卷題"鰲峰熊大木編輯","書林雙峰堂刊行"。而卷七亦題"書林萬卷樓刊行"。板心又題"仁壽堂"。按雙峰堂爲福建余氏,萬卷樓爲金陵 周氏,今周曰校本三國志爲萬卷樓本,亦署仁壽堂。豈在閩中雕板,後又售之于<u>金陵</u>耶？圖嵌正文中，記刻工曰"<u>王少淮</u>寫"。按<u>少淮上元</u>人，則實爲<u>金陵</u>刻書。蓋重刻<u>余氏</u>本耳。正文寫刻半葉十三行，行二十六字。板心上題<u>全像大宋演義</u>。有<u>熊大木</u>序，序及正文，並同<u>清江堂</u>本。

新刊按鑑演義全像大宋中興岳王傳八卷八十則　　内閣文庫

明<u>萬曆</u>間<u>三台館</u>刊本。題"<u>紅雪山人余應鰲</u>編次"，"<u>潭陽書林三台館</u>梓行"。上圖，下文。字扁體，半葉十三行，行二十三字。板心上題<u>全像演義岳王志傳</u>。卷首有目。序即<u>熊大木</u>序，而改署"<u>三台館主人言</u>"。此本與<u>清江堂</u>本、<u>萬卷樓</u>本同，但不附<u>精忠錄</u>。按<u>三台館</u>刊<u>唐國志傳</u>既攘<u>熊</u>氏名改題<u>余應鰲</u>。<u>三台館</u>刊<u>大宋中興岳王傳</u>，又攘<u>熊</u>氏名改題<u>余應鰲</u>。<u>余</u>氏本書肆名家，至於<u>明</u>代，乃有後人所爲如此者，亦有忝此緒餘矣。

唐書演義　　通四書擬此總名

我國小說演<u>隋唐</u>事者唯<u>褚人穫</u>之<u>隋唐演義</u>最普通，次則<u>徐文長評隋唐演義</u>，亦間有之。他書雖知其名，概未之見。余此次在<u>東京</u>所見，有<u>楊氏清江堂</u>本之<u>唐書志傳通俗演義</u>；有<u>三台館余</u>氏本之<u>唐國志傳</u>；有<u>陳氏尺蠖齋評唐氏世德堂</u>校本之<u>唐書志傳通俗演義題評</u>；有<u>武林藏珠館</u>本之<u>徐文長評唐傳演義</u>。此四名稱雖異，實是一書。其作者爲<u>熊鍾谷</u>，後來刊本多不存其名。今歷述之。

新刊參采史鑑唐書志傳通俗演義八卷九十節　　内閣文庫

<u>嘉靖癸丑</u>（三十二年）<u>楊氏清江堂</u>刊本。無圖，無眉評。半葉十二行，行二十五字。卷八後有木記云"<u>嘉靖癸丑孟秋楊氏清江堂刊</u>"。刻不甚精，然的是<u>嘉靖</u>刊本。書名所題頗不一致：如目錄題"<u>秦王演義</u>"，卷一題"<u>唐書志傳通俗演義</u>"，大尾題"<u>新刊京本秦王演義唐國</u>

志傳"。首嘉靖癸丑李大年序。卷首一卷列書中人名，其目爲唐臣紀、諸夷蕃將紀及別傳。次目録。次爲正文。署"金陵薛居士的本"，"鼇峰熊鍾谷編集"。今所見諸本，以此本爲最早。據李序及署題，作者爲熊鍾谷無疑。他本皆削其名而不書，序亦改換。賴此本訂之。此舊本之可貴也。

此本據標題爲九十節，然實是八十九節。第三十四節後第三十七節前，中衹一節，其數目字與題目均剗去。疑編書時本衹八十九則，與靜嘉堂藏之世德堂本同。刊書時第三十六節誤爲三十七，以下蟬聯，不可勝改。中間之一節題三十四或三十五均不可，因剗去之也。

附：唐書演義序

唐書演義，書林熊子鍾谷編集。書成以視余。逐首末閱之，似有紊亂通鑑綱目之非。人或曰："若然則是書不足以行世矣。"余又曰："雖出其一臆之見，於坊間三國志、水滸傳相仿，未必無可取。且詞話中詩詞檄書頗據文理，使俗人騷客披之自亦得諸歡慕。豈以其全謬而忽之耶？惜乎全文有欠，歷年實跡，未克顯明其事實，致善觀是書者見哂焉。"或人諾吾言而退。余曰：使再會熊子，雖以歷年事實告之，使其勤渠（劬）於斯，迄於五代而止，誠所幸矣。因援筆識之以俟知者。

時

龍飛癸丑年仲秋朔旦

江南散人李大年識

書林楊氏清江堂刊

新刊按鑑演義全像唐國志傳八卷　宮内省圖書寮

　　余氏三台館刊本。封面並有"雙峰堂記"圖章。上圖下文，圖兩旁有題句。正文半葉十三行，行二十三字。書亦別題唐書志傳。目録第一行。第一卷題"紅雪山人余應鰲編次"，"潭陽書林三台館梓行"。實即熊鍾谷本。正文開首古風一首與各本同，而删去"鍾谷子述古風一篇單揭創立之有由"二句，以避原作者姓名。但卷一第七則李密擁衆章"鍾谷演義至此，亦筆七言絶句"云云，則仍未删去，致爲罅漏。卷首序後署"三台館主人書"，不記年月。序文與世德堂本同。但世德本序末但云"題之尺蠖齋"，不署名，不知孰作孰襲也。

新刊出像補訂參采史鑑唐書志傳通俗演義題評八十九節　靜嘉堂文庫　尊經閣

　　世德堂刊本。白紙大字，正文半葉十二行，行二十四字。眉欄有評。圖嵌正文中，左右各佔半葉爲一幅。記畫工曰"王少淮寫"。人物長大，一如世德堂所刊戲曲式樣。板心魚尾上題"唐國志傳"，下題"世德堂刊"。書正文前目録外亦載諸人姓氏爲一卷。所題書名亦不一致：曰"唐書志傳"，姓氏卷題。曰"秦王演義"，目録。曰"唐書演義"。序。今第取卷一第一葉所題爲正名。不著撰人，第一卷但題"姑孰陳氏尺蠖齋評釋"，"繡谷唐氏世德堂校定"。卷首長序有云："載攬演義，亦頗能得意。獨其文詞時傳正史，於流俗或不盡通；其事實時采譌狂，於正史或不盡合。因略綴拾其額，爲演義題評。"則第爲評釋，即書中眉欄所記者是。末署"癸巳陽月書之尺蠖齋中"，按明嘉靖後弘光前唯萬曆二十一年太歲在癸巳，疑序作即在是年也。

附:唐書演義序

往自前後漢、魏、吳、蜀、唐、宋咸有正史,其事文載之不啻詳矣。後世則有演義,演義以通俗爲義也者,故今流俗節目不掛司馬班陳一字,然皆能道赤帝,詫銅馬,悲伏龍,憑曹瞞者,則演義之爲耳。演義固喻俗書哉。義意遠矣!唐創業高祖,然高祖正自木強,是固太宗之發蹤,化家爲國,則封秦時居多,故俗言小秦王,爲太宗也。嗟嗟,唐去今幾時,然扼腕鄉慕即秦,裂眦指髮即齊、即太子建成,況當時乎?而欲與秦爭,此真無異奮其螳臂以當,若爵喙往成啜耳。嗟嗟,太宗用兵,即當時李魏諸臣不過;論治,即當時房杜諸臣不過;賦詩染翰,即古之帝王未有,布衣操觚之士不能。往固嘗嘖嘖嘆之。新舊書備爾矣。載攬演義,亦頗能得意。獨其文詞,時傳正史,於流俗或不盡通。其事實時采謠狂,於正史或不盡合。因略綴拾其額,爲演義題評,亦愁恩光禄之志。書成叙之。吁嗟歟!正史余嘗涉矣,偃蹇齟齬,莫之盡其涯涘。稗官小説,既雅非其好,而然獻其萬舞,又強顏説耶?西方美人,余於太宗與?何遐思也!歲癸巳陽月,書之尺蠖齋中。

新刊徐文長先生評唐傳演義八卷九十節　内閣文庫

萬曆庚申(四十七年,即泰昌元年)武林藏珠館刊本。封面中央大書"隋唐演義",右上曰"徐文長先生評",左下曰"書林舒載陽梓"。所題書名始易舊稱,與書中所題不同,與舊本亦不同。舒載陽爲蘇州書賈,殆書刻於杭州，後板歸舒氏也。插圖三十二葉，均附卷首，亦精細，而一望知爲明季風貌。正文半葉十行，行二十一字。眉欄有評。板心魚尾上題"唐傳演義"，下題"藏珠館"。前有總紀，目曰"唐君紀"，"諸夷番將紀"，"附僭僞別傳"；亦紀諸人姓名。亦不著撰人。一卷但題"武林藏珠館繡梓"。前有萬曆庚申錢塘黄士京二馮父。長序，殊空洞無實際，今不録。此本每節標目，以勘世德堂本間有異同，或易其一句，或改數字，然大致相同。全書九十節，數與清江堂本同；與世德堂本，則三十六節以下，遞差一數目字。清江堂本剜去標題之一節，世德堂爲三十五節，目云"世民大軍克并州，唐儉單騎説敬德"。藏珠館本則爲第三十五第三十六兩節。第三十五節目爲"李文紀上表辭官，劉樹義襲封尚主"；中李綱諫太子一段爲清江堂本第三十四回之文，劉文靜子樹義尚主一段，爲清江堂本剜去標題一節之上半。此一段提行，與上李綱事雖同在一節中，而分爲兩段。第三十六節目爲"李世勣十面伏埋，尉遲恭孤城守節"；爲清江堂本剜去標題一節之下半。顯係分原文之一節爲二節，使節數變爲整數也。

以上四本，書名雖異，實爲一書，其標題及内容文字，亦無不同。記李唐開國事，起隋煬帝大業十三年，至貞觀十九年而止，以秦王世民事爲主，故又有"秦王演義"之稱。其節次，略爲唐公李淵納劉文靖及子世民之議，起義晉陽。鼓行入長安，立代王侑，定關中，聲威日著。已而受隋禪。李密爲王世充所敗窮蹙歸唐，復叛，斬之。滅薛氏，走宋金剛，大戰美良川，尉遲敬德來

降。時王世充勢日蹙，部下離貳，秦叔寶等均單騎來
降。旋滅鄭及夏，以次掃蕩群雄及建德餘孽，歸於一
統。以玄武門之變，秦王受禪。更勘定四夷，滅薛延陀
及突厥，而終以征高麗事。凡事非涉唐者皆甚略，唯煬
帝江都遇弒及竇建德滅宇文化及事稍詳而已。其叙次
情節，則一依通鑑，順序照鈔原文而聯綴之。所附書札
等，間有擬作，乃至鄙俚。時代先後，亦間有舛誤。且
有顯違史實者；如破鐵勒九姓及薛仁貴定天山，均高宗
時事。以爲太宗征高麗時事，不經甚矣。亦多附周靜
軒詩，一如閩刻之三國志。其演義而稍具規模者，爲竇
建德破宇文化及第二十節、二十一節、二十五節、二十六節
與尉遲恭戰美良川二事第三十一節至三十三節。按：竇
建德滅宇文化及優禮蕭后自是事實，唯於楊義臣全不
相涉。此謂義臣志爲煬帝復仇，破滅化及，皆其策畫。
俟君父之仇已報乃高蹈而去。極力描寫義臣，魯連海
上，諸葛隆中，似欲兼而有之，不知何據？當爲臆説。
美良川之戰，自元人已豔稱，茲所叙述，雖至粗鄙，然亦
活潑。謂敬德逼秦王於虹蜺澗，秦王禱天躍鬃馬而越，
敬德躍馬越澗逐之，秦叔寶亦縱馬躍澗從之，以救秦
王。是爲"秦王三跳澗"。形容義勇之概，亦自不凡。
按小秦王跳澗明范濂雲間據目鈔卷二記鄉鎮所扮雜劇
即有此目。雖未質言其事，意即此等。蓋當時雜劇詞
話，多有此説，事既煊赫，作者亦不忍棄去，竟取以入書
也。按通鑑一百九十一高祖紀載：建成有胡馬，壯而喜蹶，誑世
民乘之，謂馬甚駿，能超數丈澗。馬三蹶，世民三躍，復乘之。市
人乃據之演爲三跳澗之説耳。除此而外，則多鈔綴史書，盡
是呆板之文矣。大抵講史一派，市人揣摹，則勇於變古，

唯其有變古之勇氣，故粗糙而尚不失爲活潑。小儒沾
沾，則頗泥史實，自矜博雅，恥爲市言。然所閱者至多不
過朱子綱目，鈎稽史書，既無其學力，演義生發，又愧此
槃才。其結果爲非史鈔，非小説，非文學，非考定。凡前
人之性格趣味，既不能直接得之於正史，又不能憑其幻
想構成個人理想中之事實人物，如打話人所爲。固謂雅
俗共賞，實則兩失之無一而是。如此唐傳演義，如東西
漢，如東西晉，以至於清之梁武帝南北史等皆然。於過
去吾國小説中，乃留此一種，亦可謂不幸之事矣。

鐫楊升庵批點隋唐兩朝志傳十二卷一百二十二回　尊經閣

明萬曆己未（四十七年）刊本。大型。四周單邊。半葉
九行，行二十字。板心魚尾上題“隋唐志傳”。下記卷數。
十二卷後有長方木記，題一百十三字，末署云“萬曆己未歲
季秋既望金閶書林龔紹山繡梓”。與北京圖書館藏萬曆乙
卯（四十三年）刊本“陳眉公評列國志傳”同爲一人所刻。書
題“東原貫中羅本編輯”，“西蜀升菴楊慎批評”。首楊慎序，
頗空泛。次爲林瀚序，謂唐代演義久闕，瀚於京師得此本，
審爲羅氏原本，因徧閱隋唐諸書編爲十二卷，名曰“隋唐志
傳通俗演義”。後署“賜進士第資政大夫南京參贊機務兵部
尚書致仕前吏部尚書國子祭酒春坊諭德兼經筵講官同修國
史三山林瀚撰”。官銜皆不誤。褚人穫本載此序多異文，署名官
銜上尚有“正德戊辰仲春花朝後五日”十一字。戊辰爲正德二年，瀚
元年爲南京兵部尚書，二年閏正月降浙江參政，致仕。五年劉瑾敗，
復官；仍致仕。二年二月，瀚方降謫被罪，似不應逕稱以兵部尚書致
仕也。似所據爲羅氏舊本，而書成遠在正德之際，先於熊鍾
谷唐書志傳者且四十餘年。而細觀全書，則似與熊書同出
於羅貫中小秦王詞話（今有明諸聖鄰重訂本），熊據史書補，

故文平而近實。此多仍羅氏舊文，故語淺而可喜。考書中文字，有與熊書同者：如楊義臣隱雷澤，收范願，及助竇建德滅化及功成身退事，幾無一字差忒。戰美良川事亦略同，唯此書三鞭換兩鐧事則尤粗鄙。有與熊書微異者：如裴寂以晉陽宮人私侍李淵，熊書與通鑑同，此則竟指爲張、尹二妃。有熊書紀事誤而此書不誤者：如破鐵勒九姓及薛仁貴三箭定天山本高宗時事；熊書以爲太宗時事，大是謬誤。此於太宗征遼，改鐵勒爲扶桑，太宗征高麗，本無功而還，熊書尚不背於史，茲以高麗王輿櫬出降，則亦誤也。仍以薛仁貴事屬之高宗。又熊鍾谷所演以太宗爲主，故書終於征高麗，以"坐享太平"結束。而書又名"唐書志傳"，故李大年序即斥其"全文有欠"，事實多缺。今此書於九十二回後增補高宗以下事至僖宗而止，而文至草草，即褚人穫所謂"補綴唐季一二事，又零星不聯屬"者。蓋高宗以下，更歷十餘朝，將三百年，事狀紛繁，非坊肆選家者流所能駕馭，其潦草綴補自爲不可免之事也。且即此書九十一回以前觀之，其規模間架，亦猶是羅貫中詞話之舊。唯於神堯起義以前增隋事數回而已。其記太宗事，有太宗爲李密所擒囚南牢之說；紀李密歸唐事，有秦王十羞李密之說；紀美良川之戰，有叔寶污敬德畫像之說；紀征高麗事，有叔寶子懷玉與敬德子寶林爭先鋒之說，有莫利支飛刀對箭之說。凡此種種，皆戲曲及詞話所演唱者，今猶可考。其事當時盛傳於閭里，人所習知，熊氏雖偶采一二，而欲託附風雅，大數拋棄，茲則盡量採之入書耳。以是言之，則此楊慎評本隋唐志傳號爲林瀚編次者，其書當出於詞話。其增唐季事，當即萬曆間書賈所爲。所載瀚序，蓋依託耳。所疑如此，未知於事實如何，然核之本書所記，差爲近理，故不敢將時代前置，遽信爲正德時書。又熊書附詩，多云"周靜軒先生"。此本則每回多附麗泉詩。靜軒之名亦間見於各回中。而其俚拙實亦相埒。靜軒、麗泉，今俱不知爲何如人，殆與熊鍾谷輩爲一流人物。其十二卷後木記，云：書起隋公楊堅，至僖宗乾符五年而止。繼此者則有殘唐五代志傳，讀者不可不並爲涉獵。今殘唐五代傳，每回亦多附麗泉詩，與此正同。顯係同時編次二書，而麗泉者亦參與其事之人。殘唐五代今署羅貫中，容係舊本，然附麗泉詩之殘唐，必與此附麗泉詩之萬曆己未刊本隋唐兩朝志傳時代相去不遠，則可斷言耳。

是集自隋公楊堅于陳高宗大建十三年辛醜歲受周主禪即帝位起歷四世禪位于唐高祖以迄僖宗乾符五年戊戌歲唐將高元裕勦戮王仙芝止凡二百九十五年繼此以后則有殘唐五代志傳詳而載焉讀者不可不並爲涉獵以睹全書雲萬曆己未歲季秋既望金閶書林龔紹山繡梓

十二卷本後木記

　　又按：北京孔德學校圖書館藏有新刻徐文長先生批評隋唐演義一書，係覆明刊本。全書十卷一百十四節，每節標目皆二句七言。自第九節以上，即襲楊慎評本之隋唐志傳。標目亦全採之，但增下聯，足成二句。自第十節以下至九十八節，則內容全同熊鍾谷書，凡楊慎評本所增益情節，皆無之。每節標目，亦全同武林藏珠館本，顯係自藏珠館本出者。第九十九節以後，則又全同楊慎評隋唐志傳，但併二回爲一節，標目亦一字未改。其採熊書之全部，而開首數節及九十九節以後，以楊慎評本隋唐志傳補之，以符隋唐演義之稱，至爲顯然。以熊鍾谷古風冠於第一節之首，亦同諸本唐傳演義。十卷後木記百餘字，亦同楊慎評本，但不書年月，改"龔紹山繡梓"爲"武林書坊繡梓"而已。前有徐文長序，尚雅飭，無林瀚

序。此書似當在楊慎評隋唐志傳之後。以與熊鍾谷唐書及
託林瀚著楊慎評之隋唐志傳均有關係,今附記於此。

　　楊慎評隋唐志傳與褚人穫著之隋唐演義,均載林瀚序,
而文字有異。今並録如下。

隋唐志傳林瀚序

　　　　三國志羅貫中所編;水滸傳則錢塘施耐菴集
成。二書並行世遠矣,逸士無不觀之。唯唐一代
闕焉,未有以傳,予每憾焉。前歲偶厲京師,訪有
此作,求而閲之,始知實亦羅氏原本。因于暇日徧
閲隋唐(諸?)書所載英君名將忠臣義士,凡有關於
風化者悉編爲一十二卷,名曰隋唐志傳通俗演義。
蓋欲與三國志、水滸傳並傳于世,則數朝事實,使
愚夫愚婦一覽可概見耳。予頗好是書,不計年勞,
鈔録成帙,但傳騰既遠,未免有魯魚亥豕之訛,不
猶欲入室而先升堂也。

　　　　賜進士第資政大夫南京參贊機務兵部尚書致
仕前吏部尚書國子祭酒春坊諭德兼經筵講官同修
國史三山林瀚撰

褚人穫隋唐演義載林瀚原序

　　　　羅貫中所編三國志一書,行於世久矣,逸士無
不觀之。而隋唐獨未有傳志,予每憾焉。前寓京
師,訪有此書,求而閲之,知實亦羅氏原本。第其
間尚多闕略,因于退食之暇,徧閲隋唐諸書所載英
君名將忠臣義士凡有關於風化者悉爲編入,名曰
隋唐志傳通俗演義。蓋欲與三國志竝傳於世,使
兩朝事實愚夫愚婦一覽可概見耳。予既不計年

勞，鈔録成帙，又恐流傳久遠，未免有魯魚亥豕之
訛，茲更加訂正，付之剞劂，庶幾觀者無憾。夫“飽
食終日，無所用心，不若博奕之猶賢乎已”？若予
之所好在文字，固非博奕技藝之比。後之君子能
體予此意，以是編爲正史之補，勿第以稗官野乘目
之，是蓋予之至願也夫。時正德戊辰仲春花朝後
五日賜進士出身資政大夫南京參贊機務兵部尚書
致仕前吏部尚書國子監祭酒左春坊左諭德兼經筵
日講官同修國史三山林瀚撰

之林	進丙
印瀚	士戊

宋傳

　　俗傳南北宋演義，在吾國亦未見明本。書亦閩書林熊
鍾谷所編，而後來刊本，多不著撰人。余在東京所見，有内
閣文庫藏之三台館刊本南北兩宋傳二十卷，在今所見諸本
中，當以此本爲最早。其序曾提及作者，可資考訂。次爲内
閣文庫藏之世德堂刊本南宋志傳、北宋志傳二書，析一書爲
二，内容亦同。次爲宮内省藏之金閶葉崑池刊玉茗堂批點
本南北宋傳，二書合刻，名南北宋傳。此葉崑池本與世德堂
本卷數回數並同，所載叙文字亦同，唯署題異。今之坊間翻
刻及重印本，並從葉崑池本出。今分誌如下：

全像按鑑演義南北兩宋志傳二十卷　内閣文庫

　　三台館刊本，上圖下文。正文係扁字，半葉十三
行，行二十三字。書題頗不一律。封面曰“全像兩宋南北
志傳”，叙題“南北兩宋傳”。其書共二十卷，不標回數。南

宋、北宋雖分叙，而卷數實相銜接。自一卷至十卷爲南宋，十一卷至二十卷爲北宋。南宋志傳卷一第一葉題"雲間陳繼儒編次"，"潭陽書林三台館梓行"。北宋則無署題。卷首序有云"昔大本先生，建邑之博洽士也。徧覽群書，涉獵諸史，乃綜核宋事，彙爲一書，名曰南北宋兩傳演義。事取其真，辭取明，以便士民觀覽，其用力亦勤矣"。末署"三台館主人言"。按大本先生，當即熊鍾谷。他書題"大木"，此云"大本"，不知孰是。熊鍾谷所編有全漢志傳，西漢、東漢各六卷；有唐書志傳通俗演義八卷，有大宋演義中興英烈傳八卷；據此序則又有南北宋兩傳演義二十卷。一人所編如此之多，在無聊之講史小説中，自爲極重要之人也。三台館主人於唐國志傳、岳王傳均攘熊鍾谷所著書爲己有，此序却存鍾谷之名，於同鄉前輩猶有追慕之心，獨爲難能可貴也。

新刊出像補訂參采史鑑南宋志傳通俗演義題評十卷五十回

新刊出像補訂參采史鑑北宋志傳通俗演義題評十卷五十回

並內閣文庫

明唐氏世德堂刊本，插圖。正文半葉十二行，行二十四字。圖記刻工姓名，曰"上元王少淮"。書題"姑蘇陳氏尺蠖齋評釋""繡谷唐氏世德堂校訂"。二書分刻，無"南北兩宋志傳"或"南北宋傳"總題。板心上南宋題"南宋志傳"，北宋題"北宋志傳"。南宋序結云"皆癸巳長至泛雪齋叙"。北宋序結云"皆癸巳長至日叙"。癸巳疑即萬曆二十一年。北宋傳卷第皆以十干字目之，如云"甲續集卷之一"、"乙續集卷之二"以至"癸續集卷之十"。又北宋傳第一回前有"叙述"一段，先以七言古風，次有按語云：

　　謹按：是傳紀一十卷，起於唐明宗天成元年石敬塘
出身，至宋太祖平定諸國止。今續後集一十卷，起宋太
祖再下河東，至仁宗止。收集楊家府等傳，總成二十
卷，取其揭始要終之義。並依原成本參入史鑑年月編
定。四方君子覽者，幸垂藻鑒。

　　此以今南宋志傳爲正傳，北宋志傳爲後集，且云出
於楊家府，頗可注意。

新刊玉茗堂批點繡像南北宋傳　宮內省圖書寮　南北宋各十卷五
十回

　　明金閶葉崐池刊本。南北宋圖各有十六葉，三十
二面。圖爲晚明風，記刊工曰“李翠峰刊”。正文半葉
十行，行二十字。扁體，旁着圈點，直勒。今所見南北
宋，皆從此本出。南北宋並署“研石山樵訂正”，“織里
畸人校閱”。按吳王織里在吳縣，研石山亦在吳縣，則亦蘇州
人耳。序亦同世德堂本，而異其署題。南宋序後署云：
“織里畸人書於玉茗堂”，不記年月。北宋署云：“萬曆
戊午中秋日玉茗主人題”。此二序署名亦與今通行本同。
謂義仍曾批此書，自爲依託。北宋第一回前亦有“叙
述”。古風後有按語，亦同世德堂本，而文字稍異。今
亦鈔錄於下：

　　按前集起於唐明宗天成元年石敬塘出身，至宋太
祖平定諸國止。兹後集起宋太祖再下河東，至仁宗止。
收集楊家府等傳，參入史鑑年月編定。蓋取其揭始要
終之意云。

此以今南宋爲前集，北宋爲後集，亦與世德堂本同。

以上三本，雖板刻不同，實是一書。其"南宋"、"北宋"之名，至爲不通。如其所叙，南宋自石敬瑭征蜀起，至曹彬定江南止。北宋自北漢主逐忠臣起，至楊宗保定西夏止。則所記者一爲五季及宋開國事，一爲宋初事，烏覩所謂南宋北宋者乎？余疑其書本爲"宋傳"及"續集"。記宋開國事之宋傳先出，即今之南宋志傳。嗣有續書，補綴太宗及真仁三朝事，多是俚談，即今之北宋志傳。此於北宋第一回前叙述中按語猶可以見之：世德堂本按語謂"是傳紀一十卷，今續後集一十卷"。書中記卷第亦有"續集"之名。葉崑池本按語目今南宋傳爲前集，今北宋傳爲後集。然則書僅正續前後之分。强名南北，無所取義，乃書先後行世後，無知人之所妄加，本名決不如此也。抑前書之名宋傳，仍可於他書證明之。今殘唐五代傳亦有題玉茗堂批點者。下卷第六十回煞尾云："餘見宋傳，此編不多録也。"殘唐五代傳，雖及陳橋禪位事，而於太祖事極略。今所謂南宋傳者，即承五代傳之後，以太祖事爲主，亦與唐傳以秦王事爲主者同，則即是宋傳，殆無可疑。宋傳續集，據世德堂本葉崑池本叙述按語，謂取材於楊家府。按：熊鍾谷爲嘉靖時人。萬曆間，三台館刊唐國志傳、岳王傳均竊據其書，易以余應鰲名，同里之人所爲如此，按之情理，似鍾谷殁後乃有此事。今所見明本楊家府，爲萬曆丙午三十四年刊本，自熊鍾谷嘉靖三十一年作"大宋演義中興英烈傳"，至此凡五十五年；自熊鍾谷嘉靖三十二年作唐書志傳通俗演義，至此凡五十四年。似是原本。謂鍾谷取材此書，其時代似不相及。或舊本楊家府編輯，尚遠在萬曆丙午楊家府刊本之前；或鍾谷所撰只是宋傳，"續集"又爲後人所綴續者，三台館主人所謂鍾谷編南北兩傳演義之語，虛實各半，仍不免謬誤。斯則不可知矣。

新刻續編三國志後傳十卷　村口書店

萬曆刊本。題"晉平陽侯陳壽史餘雜紀"，"西蜀酉陽野史編次"。插圖，記刻工曰"金陵魏少峰刻像"。按周曰校刊三國志亦有此刻工名。正文半葉十二行，行二十七字。首萬曆己酉（十四年）某氏序。姓名剜去。序後又有引，不署名；其文至中間，忽有改定，但前文已刻，仍存之，另刻其改定之文於後，而引遂有兩截，一爲未了之文，一爲改定之後半。所記以劉曜事爲主，兼及東晉初數事，自"劉蜀降英雄避難"起，至"陶侃興兵討蘇峻"止。謂劉曜爲北地王諶幼子。劉淵實梁王劉理之子本名璩，改名劉淵。張賓乃張苞姜所生子。關興子曰關防、關謹，趙雲孫曰趙概、趙染。並佐劉成功。實爲淆亂事實。據某氏引謂感於蜀漢衰微，輔以關張葛趙諸人，亦不能恢復漢業，致爲司馬氏所併，故託其後裔以洩憤一時，取快千載，故不以虛誑爲嫌云。不知三國鼎峙，英雄割據，原無是非，後人祖蜀漢而抑魏吳，實南宋以後造成之特殊心理。正統之説，糾紛不清，本自無謂。且以祖蜀之故而謬引侵略者爲漢裔，助彼張目，乃荒謬之甚者。小説俚語，意在嘲詼，固不必核以史實，然因惑於蜀爲正統之迂説，至遂認賊作子，末流至此，其弊實不可勝言，不可不力闢之也。按張譽重刻平妖傳序，謂續三國志如"病人囈語，一味胡談"，當即此書。劉廷璣在園雜誌卷三謂東西晉演義即續三國志，與此書不符。今明本東西晉演義亦無題續三國者，唯見一清末上海石印本，曾題"續三國"而確是兩晉。

蓋相傳別本或有此題，亦未可知，但非此記劉曜事之續三國耳。坊本又有後三國石珠演義，僅三十回，記劉淵石勒事，不云蜀後，又羼以妖異之説，與此書微異。蓋清初人所爲。明劉晉充小桃園傳奇演劉淵事，謂淵爲先主曾孫，張賓爲張飛孫，蓋即本此小説爲之，亦文人不思之過也。

附：新刻續編三國志序

　　粵自書契肇興，而紀動紀言，代不乏史。唐虞已前尚矣。若左聞(?)人之“内外傳”，戰國士之縱橫語，馬班之兩漢記，環瑋瑰麗，耀人心目，博士家業已沈酣浸灌其間。顧其古調奇辭，員機奧理，可以賞知音，不可以入俚耳。于是好事者往往敷演其義，顯淺其詞，形容粧點，俾閭巷顓蒙，皆得窺古人一斑；且與唫歌俗諺並著口實，亦牗民一機也。矧人才之盛，古稱三國。方黨錮之英盡燼，卯金之餤方熸。擁州邑者，人藏問鼎之奸；伏塵堆者，士懷奮翼之志。龍蛇爭競，豹虎同噱。一時英雄豪傑，相與借箸揮戈，而成敗利鈍，百千萬狀，亦當世得失之林也。乃陳壽所志六十五篇，簡質遒勁，雖足步武前史，而正統未明，權衡未確，其間進退予奪不無謬戾。涑水編其年，而細微之事則略；新安挈其綱，而襃貶之義則微。所藉以誅奸雄，闡潛德，彰曖昧，誌奇幻，俾古人心跡燭若日星，即庸夫俗子，鄙薄懦頑，罔不若目覩其事，而感發懲創，閲之靡靡忘倦者；演義一書不可無也。顧坊刻種種，魯魚亥豕，幾眩人目。且其所演説容有未厭人心處。故復爲校讎，爲之增損；摹神寫景，務肖妍媸；掃葉拂塵，幾費膏晷。且復以晉書始事，略撰數首續之，所以大一統也。比授梓，分爲一十卷，通計一百回。聊當野史，以供耳食，非敢汙博雅之目也。然于酒力乍醒，午夢方回，焚香啜茗，轉卷垂青，未必非揮塵之一資也。較諸世說、叢譚等書，豈遽多讓云。時萬曆歲次己酉。

　　　　　　　　　　　　　（署名剜去）

附：引

　　夫小說者，乃坊間通俗之說，固非國史正綱，無過消遣於長夜永晝，或解悶於煩劇憂態，以豁一時之情懷耳。今世所刻通俗列傳，並梓西遊、水滸等書，皆不過快一時之耳目。及觀三國演義至末卷，見漢劉衰弱，曹魏僭移，往往皆掩卷不懌者眾矣。又見關張葛趙諸忠良反居一隅，不能恢復漢業，憤嘆扼腕，何止一人？及觀劉後主復爲司馬氏所併，而諸忠良之後杳滅無聞，誠爲千載之遺恨。及見劉淵義子因人心思漢乃崛起西北，叙檄歷漢之詔，遣使迎孝懷帝，而兵民景從雲集，遂改稱炎漢，建都立國，重奧繼絕。雖建國不永，亦快人心。今是書之編，無過欲洩憤一時，取快千載，以顯後關趙諸位忠良也。其思欲顯耀奇忠，非借劉漢則不能以顯揚後世，以洩萬世蒼生之大憤。突會劉淵，亦借秦爲諭，以警後世奸雄，不過勸懲來世戒叱凶頑爾。其視西遊、西洋、北遊、華光等傳不根諸說遠矣。雖使曹魏扞力諸臣有知，亦難自免事僞助逆之咎矣。（自此以下有一百六十八字乃改定後棄去不用之文，今不重錄。）客或有言曰：書固可快一時，但事跡欠實，不無虛誕渺茫之議乎？予曰：世不見傳奇戲劇乎？人間日演而不厭，內百無一真，何人悅而眾豔也？但不過取悅一時，結尾有成，終始有就爾。誠所謂烏有先生之烏有者哉。大抵觀是書者，宜作小說而覽，毋執正史而觀，雖不能比翼奇書，亦有感追蹤前傳以解世間一時之通暢，併豁人世之感懷君子云。

英烈傳

有楊明峰刊三台館刊二本，實一書。余在國内所見英烈傳有明季刊十二卷八十回本，有清刊十卷八十回本，均在此二本之後。

新鐫龍興名世録皇明開運英武傳八卷六十則　　内閣文庫

明萬曆十九年辛卯刊本。卷一題云："原板南京齊府刊行"，"書林明峰楊氏重梓"。按明諸國以"齊"名者，惟太祖庶子搏，國青州。永樂間國除，子孫爲庶人，居南京。此云"南京齊府"，蓋以舊稱稱之。後有木記曰"皇明萬曆辛卯年歲次孟夏月吉旦重刻"。上圖下文。正文十四行，圖下行十八字，圖旁者低一格，行二十五字。書八集，以"金石絲竹匏土革木"爲目。卷首序殘，只存一葉。而第一卷第三則記滁陽王死，子某立爲王。注云："舊本其子名道明，年一十四歲。"第六卷徐達奉太祖命勿急攻張士誠。注云："舊本遺此。"且每卷新增各則，俱以"附增"二字標出。均此書出舊本之證。所記自元順帝驕奢起，至沐英平雲南止。每則皆記其出處，所引有西樵野記及今獻彙言等。所附評論人有張和美。作詩者有素齋主人，主人爲魯人，然亦不知何人。武定侯郭英射陳友諒事，見於第五卷。云友諒將張定邊射中郭英左臂，英拔箭還射，中友諒。太祖初不知之，及康茂才告，乃曰："郭英一箭勝十萬師"，較他書所記爲獨詳。大抵搜輯野史及傳説,時補正史所不足。而支言俚説,亦往往而有,如載太祖賜沐英七律一首,"大將征南膽氣豪"云云,弇州山人已指出爲宋詩。此詩世又以爲世宗送毛伯温詩。又謂太祖於擂臺上打滁州平章陳也先,則與明小説演宋藝祖事者,乃同一身分。太祖以無賴化家爲國,其軼聞瑣事,明人記載所傳已多,然未有頌揚膂力如此條所記者。豈開國者,不唯以器度權謀勝,尤必以膂力雄人耶?

沈德符野獲編五謂英裔孫郭勛自撰英烈傳,令内官演唱於上前,謂是相傳舊本,盛稱英功,以爲配享高廟之地。按:勛是否曾撰此小説,固不可知,此書刻於萬曆十九年,固云原板係南京齊府刊本也。沈氏又謂射友諒者乃鞏昌侯郭子興,與英同姓,勛遂冒竊其功。按郭子興即郭興,與英爲親兄弟,俱預鄱陽湖之戰。友諒之殪,爲興爲英,明人記載,已有異説。如祝允明九朝野記即指爲郭興,郎瑛七修類稿又力辨爲郭英。二人所記,不同如此,蓋此事口耳相傳,已自歧異。小説即爲勛所作,採世所傳之一説,以屬於其所從出之遠祖,未爲大誤。此書第五卷尚載太祖圍武昌時陳英傑將犯太祖,太祖曰:"郭四爲吾殺賊!"此事明史本傳亦載之,作陳同僉不作英傑。知其不誤。兹役英之功亦偉,豈亦勛僞説耶!況就此書所記者觀之,其事虚實相間,亦無文采,大似坊市湊合之本,是否與勛有關,亦殊屬疑問耳。

新刻皇明開運輯略武功名世英烈傳六卷　内閣文庫　成簣堂

明三台館刊本。圖嵌正文中,四周單邊,半葉十三行,行二十五字。封面題官板皇明全像英烈誌傳。有

鼎式木記云"書林余君召梓行"云云。首無名氏序,與
楊明峰本序不同。略云"是録纂集當時經緯之績,庶幾
爲備。惜其文辭繁冗,叙事舛錯,不足以翊揚其盛,而
垂典古之實。某故不揣,博採昭代之事蹟,因舊本而修
飭之:補其所遺,文其所陋,正其所訛,集以成編,分爲
六卷,名之曰'皇明開運傳'。蓋取明良昌期之意也"。
所言如此,而節目文字實與楊明峰本全同,但倂八卷爲
六卷而已。卷一"太祖出身"條,楊氏本注云:"按西樵
野記。"此本改作"按原本英烈傳"。所謂原本,當即楊
明峰本。

承運傳四卷　　内閣文庫

明坊刊本。上圖下文。正文寫刻,半葉十行,行十七
字。與余光斗所刊八仙傳等書同一形式,疑同時同地所刻。
書不標回數。所記以成祖靖難事爲主,至出關破敵得角端
獸而止。開首詩辭云:"南都開基英烈書,北甸中興承運
傳",則書出當在英烈傳之後也。此書極陋,於本朝事尚不
能知其梗概,至以黄子澄、練子甯、鐵鉉、景清爲奸黨,貪賄
賂,嗜酒亂政,則尤顛倒是非之甚者。按清昭槤嘯亭雜録
云:"近有承運傳載朱棣篡逆事",當即是書。然書當爲萬曆
刻本,不得云近。豈所見爲後來重刻本,故不知其爲明人
書邪?

新刻全像音注征播奏捷傳通俗演義六卷一百回　　尊經閣

明萬曆刊本。大型,插圖,正文半葉十一行,行二十六
字正文低一格。板心題征播奏捷傳。封面書名分二行大書
之。中間小字題"萬曆癸卯秋佳麗書林謹按原本重鎸"。欄
外横題"巫峽望僊巖藏板"。曰按原本重刊,似前此尚有舊

本。然所載九一居主人序及作者名衢逸狂自記，均題癸卯，則實爲原本。不知何故。其卷第下署題多至四人，曰"清虛居吉瞻儇客考"，"巫峽岩道聽野史紀略"，"棲真齋名道狂客演"，"凌雲閣鎮宇儒生音詮"。首九一居主人萬曆癸卯刻征播奏捷引。略云"玄真子性敏強學。偶自出庚子征播酉楊應龍事蹟始末，輯成一帙，額曰'征播奏捷傳'。屬余序。余公餘游閱，觀其言事論略，皆有根由實蹟，悉同之蜀院發刊平播事略并秋淵路人平西凱歌、道聽山人平播集書中來，又非抵虛架空者垮。吁，是集也，詢足以昭宣國憲，顯揚威靈，絕反萌，褫賊魄，振士氣也"云云。後署"旹萬曆昭陽闕單，按當作單閼。重光作噩，哉生明，九一居主人題"。卷末有玄真子自叙詩一首，頗俚拙；又有李昌胤川蜀用兵議，及棲真齋玄真子後叙。並有木記，云："西蜀省院刊有平播事略備載勅奏文表，風示天下。道聽子紀其耳聆目矚之顛末，積成一帙，梓行坊中。不佞因合二書之所叙事蹟敷演其義，而以通俗命名，令人之易曉也。即未必言言中窾，事事協真；大抵皆彰善殫惡，非假設一種孟浪議論以惑世誣民"云云。後署"癸卯冬名衢逸狂白"，諸凡卷第下所題之棲真齋名道狂客，九一居主人序中之玄真子，作後序之棲真齋玄真子，與木記署名之名衢逸狂，當即一人。然亦不知何人。

書六卷，以禮樂射御書數爲目。自第一回"朱太祖定鼎金陵"起，至九十八回"普天下共樂昇平"止。其九十九之逸狂贊頌平播詩，及一百之翰林川貴用兵議，俱附九十八回，正文並無標題。雖目爲百回，而每回文甚短，實勉強湊成此數者。所謂蜀院刊本平播事略，疑即李化龍撰之平播全書。至道聽山人即道聽子之平播集，則書未見傳本，不知其內容如何？按化龍平楊應龍在萬曆二十八年庚子；其平播全書成於二十九年辛丑；而此小説之刊即在三十一年癸卯；去應龍之死僅五年，距化龍著書亦僅三年，不可謂不近矣。明貴州巡撫郭子章又有平播始末，四庫提要於雜史類存其目，謂子章晚年退休家居，聞一二武弁造作平話，左袒化龍，飾張功績，多乖事實，乃爲此書以辨之。所謂平話，雖不知何名目，殆即此征播奏捷傳一類之書，或作者即爲一武弁，亦未可知。此書在吾國自來未見傳本。

東西漢

東西漢在吾國亦未見明本。日常所見者，唯通行之劍嘯閣評本，冠以僞撰之袁宏道序者，俱不題撰人。因袁序中有"兹演義一書，胡爲而刻？又胡爲而評"之語。望文生義者遂以撰者爲"胡氏"名"爲而"。殊堪捧腹。此書在明時亦不只一本。以余所知，日本名古屋蓬左文庫有萬曆十六年書林余文台刊之熊鍾谷編本京本通俗演義全漢志傳各六卷①，合爲十二卷。又萬曆乙巳（三十三年）書林詹秀閣刊之黃化宇校本京板全像按鑑音釋兩漢開國中興傳誌，西漢四卷，東漢二卷，合爲六卷。此二書余未得閲。以其開首均以文王夢兆飛熊起，初疑爲一本。據長澤規矩也氏言，二書内容亦詳略不同。余此次在東京所見，有萬曆四十年壬子大業堂刊之甄偉編本重刻西漢通俗演義及同書坊發行之陳眉公評謝詔編之重刻京本增評東漢十二帝通俗演義志傳。俱宫内省圖書寮物。二書行款形式不同，然同屬一家發行。内閣文庫藏之東西漢通俗演義，即從此出。其書始削去撰人姓名，冠以袁宏道序，題"劍嘯閣評"，即今通行之劍嘯閣東西漢原本，然與甄偉、謝詔所編者實爲一書。又大連滿鐵

---

① 補注：當作西漢、東漢各六卷。

圖書館藏之拔茅居本東西漢係清初本，較通行者爲精，雖卷
有歸併，亦與通行之劍嘯閣本同。此等書在小説史上本無
地位，雖迭經書賈重編翻印，要皆一丘之貉，不足一顧。然
在今日亦通行，且不知其撰人。余因閲宫内省圖書寮藏本
而知二書之作者，及其板刻源流，亦自覺欣幸。今以宫内省
圖書寮及内閣文庫所藏，記於後。其大連圖書館藏本，宜另
作記，今不之及。

重刻西漢通俗演義八卷一百零一則　　宫内省圖書寮

明萬曆壬子金陵周氏大業堂刊本。綿紙。寫刻。
正文半葉十四行，行三十字。有句讀旁勒。無評語，亦
無圖。係德川家故物。署"鍾山居士建業甄偉演義"
"繡谷後學敬弦周世用訂訛""金陵書林敬素周希旦
校"。首甄偉自序。甄偉之名，僅見此書。緣是而知其
作者，則亦彌足珍貴矣。

附：西漢通俗演義序

西漢有馬遷史，辭簡義古，爲千載良史，天下
古今誦之，予又何以通俗爲耶？俗不可通，則義不
必演矣。義不必演，則此書亦不必作矣。又何以
楚漢二十年事敷演數萬言以爲書耶？蓋遷史誠不
可易也。予爲通俗演義者，非敢傳遠示後，補史所
未盡也。不過因閑居無聊，偶閲西漢卷①，見其間
多牽强附會，支離鄙俚，未足以發明楚漢故事，遂
因略以致詳，考史以廣義；越歲，編次成書。言雖
俗而不失其正，義雖淺而不乖於理；詔表辭賦，模

---

① 補注：指熊鍾谷編全漢志傳之西漢卷。

仿漢作；詩文論斷，隨題取義。使劉項之強弱，楚漢之興亡，一展卷而悉在目中：此通俗演義所由作也。然好事者或取予書而讀之，始而愛樂以遣興，既而緣史以求義，終而博物以通志，則資讀適意，較之稗官小説，此書未必無小補也。若謂字字句句與史盡合，則此書又不必作矣。書成，識者爭相傳録，不便觀覽，先輩乃命工鋟梓，以與四方好事者共之。請予小叙以冠卷首，遂援筆書此。欲人知余編次之初意云耳。萬曆壬子歲春月之吉鍾山甄偉撰。

重刻京本增評東漢十二帝通俗演義十卷一百四十六則　宮内省圖書寮

亦大業堂發行本。封面欄外橫書"陳眉公增評"，兼有"大業堂重校梓"字樣，與上書同。字爲扁體。半葉十二行，行二十八字。有句讀旁勒。復有小字旁評及注釋。與上書非一時所刻。署"金川西湖謝詔編集"，"金陵周氏大業堂評訂"。署名亦僅見此書。首陳繼儒序，馳騁史論，頗無謂。末云："有好事者爲之演義，名曰東漢志傳。頗爲世賞鑒。奈歲久字湮，不便覽閱。唐貞予復梓而新之，且屬不佞稍增評釋。其中有稱謂不協及字句之訛舛者，亦悉爲之改竄焉。或可無亥豕帝虎之誤，而覽者亦庶免於攢眉贅（疑是聱字）齒之苦云。"後署"雲間眉公陳繼儒書於白石樵"。不記年月。疑亦依託耳。

劍嘯閣批評東西漢通俗演義　内閣文庫

甄偉西漢，謝詔東漢，如上所述，蓋先後單行。兹本乃合刻爲叢書，總名東西漢通俗演義。西漢曰西漢演義評。東漢曰東漢演義評，目録及正文板心上題如此。亦曰新刻劍嘯閣批評西漢演義傳、新刻劍嘯閣批評東漢演義傳。每卷題如此。冠以袁宏道東西漢通俗演義序，亦泛而無當。以無題記，其刻書時代不明，然當在明季。圖西漢十九葉三十八面，東漢十一葉二十二面，頗精細，爲晚明風。正文半葉十行，行二十二字。字加圈點。每回後有總評，眉端有評。其文字與甄謝書比勘，分記如次：

新刻劍嘯閣批評西漢演義傳八卷一百則

此分卷與甄偉書同。唯第八卷十二則，比大業堂本少一則。

新刻劍嘯閣批評東漢演義傳十卷一百二十五則

此卷數亦與謝詔本同，但少二十一則。如二卷二十二則，謝書二十四則；三卷十六則，謝書三十則；四卷十五則，謝書十六則；六卷十一則，謝書十二則；七卷五則，謝書六則；十卷四則，謝書六則。餘同。

新鐫陳眉公先生批評春秋列國志傳十二卷　內閣文庫

明龔紹山梓本。封面記書值云每部紋銀一兩。書中所題不一律，今據每卷所題。書十二卷。每卷前附圖五葉，正文半葉十行，行二十字。刻繪俱極工整。首陳眉公序，及列國源流總論。每則後有批，每卷有總批，皆以行書刻之。每卷一葉題“雲間陳繼儒重校”，“姑蘇龔紹山梓行”。無朱篁序。按：國立北京圖書館藏萬曆乙卯（四十三年）本有朱篁序爲十一行本，與此書爲一本而不同板。此等書在當時刻本之多，誠非吾人所能意料者也。

新鐫全像孫龐鬪志演義二十卷　内閣文庫

明刊本。題“吳門嘯客述”。大型。圖三十葉，極細，記刊工曰“項南洲刻”，與醋葫蘆圖之刻工爲一人，則明末所刊也。正文半葉九行，行二十字。首序，署望古主人。序有“當多事之秋，豈必無小補”之語，不記年代。日內閣文庫此書有二部，其一部望古主人序外，尚有崇禎丙子（九年）序，署“戴氏主人書於挹珠山房”。又同時錚城居士跋。則爲崇禎刊本。此戴氏主人序、錚城居士跋本余未得見。然據內閣漢籍書目謂二書同板，或此本偶失此序跋，亦未可知。

書二十卷，不標回數。自潼關鎮白起偷營，朱仙鎮孫龐結義起，至馬陵道分龐涓屍，孫子拂袖歸雲夢而止。其所構設事端，誠爲荒唐不經，文亦殊不完密。而市人之本色固在。如收袁達則元無名氏燕孫臏用智捉袁達劇即演其事，余邵魚亦收入列國志。水滸傳所附四六中每言袁達，則此事元明人固盛傳。孫子被刖後，隨卜子夏茶車如齊，則與元無名氏之馬陵道射龐涓雜劇亦全同。其謂孫臏父名孫操，與元至治本平話樂毅圖齊七國春秋後集亦同。按今元刊平話只存五種，七國春秋存後集，則必有前集可知。此書雖明刊本，其作風實與今存元刊諸平話爲近，與春秋後集亦沆瀣一氣，疑即出於元人七國春秋前集。即以一書視之，亦不至大謬。自此而後，則有康熙丙午梅士鼎序本之前七國志孫龐演義二十回，而目與此本同，實是一書。乾隆間有楊景淐之鬼谷四友志，據列國志補蘇秦張儀事。同治間又有鋒劍春秋六十回，演孫臏事，與梆子秦腔所演從同，則又爲清季野語，非復元明人之舊矣。

按鑑演義帝王御世**盤古至唐虞傳二卷十四則**　内閣文庫

明書林余季岳刊本。題"景陵鍾惺景伯父編輯"，"古吴馮夢龍猶龍父鑒定"。末卷廣告署"書林余季岳識"。上圖（圓圖）下文，半葉十行，行十八字。封面中題"盤古誌傳"，右上題"鍾伯敬先生演"，左下題"金陵原梓"。首景陵鍾惺序。書僅寥寥十四則，雖遠古事蹟，難于稽考，亦可見其文之易窮也。余在國内所見有崇禎八年刊本周游仰止編之開闢演義六卷八十四回，較此書多數倍，似當在此書之後。

按鑑演義帝王御世**有夏誌傳四卷十九則**　内閣文庫

明刊本，上圖下文。亦題"景陵鍾惺敬伯父編輯"，"古吴馮夢龍猶龍父鑒定"行款形式，與余季岳刊盤古至唐虞傳全同，即一人所刻書。首鍾惺序極空洞冗長。今坊間夏商合傳本有夏誌傳，即是此本，但改四卷爲六卷耳。

皇明中興聖烈傳五卷　長澤規矩也氏

明刊本。板匡高營造尺七寸，闊四寸七分。圖五葉十面，頗精細。正文概低一格（涉朝廷則頂格），半葉八行，行十九字。題"西湖義士述"。卷首有小言，謂"逆璫惡迹，罄竹難盡，特從邸鈔中與一二舊聞演成小傳，以通世俗"云云。署"西湖野臣樂舜日"，當即作者。書半文半白，亦附詩與聯對，僅具小説形式。而文理殊拙，事亦半爲傳説，可資考證者殊少。蓋野老紀聞，所知不過里巷瑣語，託之稗官，兼多附會。至於朝政得失，名臣事蹟，耳目不接，固不能知其底蘊。且應時之作，意在牟利，亦不得與雜史野史等類齊觀也。

此明本插圖，取自通言者三面，頗爲趣事：如"械繫忠良入獄"圖，即通言之"三現身包龍圖斷冤"圖之後半葉。"袁

公錦甯破虜"圖,即通言"趙太祖千里送京娘"圖之後半葉;
"魏忠賢至阜城店"圖,即通言"小夫人金錢贈年少"圖之後
半葉,於原圖樹右方增刻二人。又坊間有光緒三十二年上
海中新書局排印之魏忠賢軼事一書,分上下二卷。題"西湖
野臣原著","河間趙雲書輯錄"。亦載樂舜日序,實即此書。

新鐫出像通俗演義遼海丹忠錄八卷四十回　　內閣文庫

明崇禎刊本。圖二十葉,甚細。正文半葉九行,行十九
字。題"平原孤憤生戲筆","鐵厓熱腸人偶評"。首翠娛閣
主人序。記明季遼東之役,於毛文龍事獨詳,文亦詳贍細
膩,不爲苟作。孤憤生雖不知何人,要爲當時之有心人頗能
留心時事,決非率爾操觚者比也。書中極稱毛文龍之孤忠,
所記文龍在皮島施設,與毛稚黃所作毛太保傳同,而尤詳
盡。謂文龍誘降李永芳、劉愛塔,使離間清諸王,使自相離
貳,將規復遼東。值永芳病死,不果。並云文龍先以此謀商
之袁督師,崇煥不欲文龍專其功,因與清謀而殺之。語近誣
蔑。然烈皇小識亦有此說(卷二)。其事之有無不可知。緣
崇煥專殺,當時論者多不滿,轉而祖毛。作者殆亦深同情於
毛之人,故言之若是耳。

附:序

"一腔熱血洒何地",不洒於國爲誰洒乎? 所可痛
者,賀蘭山下之俠骨,猶蒙詬詈之聲;錢塘江上之"鴟
夷",祇快忌嫉之口,此忠臣飲恨九原,傍覩者亦爲之憤
懣也。如渾河之殉爲違制;鎮武之殞爲浪戰;老謀籌
國,竟以左排右擠,先揚王而傳首九邊;至遼海所恃爲
長城者,讒而殺之;至釀逆胡犯闕,不得竟牽掣之功。
所爲青徐蜃氣,猶爲吐冤氣於天壤;溟渤濤聲,猶爲瀉

冤聲於朝夕。檀子若在，胡馬寧至飲江哉！顧鑠金之
口，能死豪傑於舌端；而如椽之筆，亦能生忠貞於毫下：
此予丹忠錄所綴錄也。至其詞之寧雅而不俚，事之寧
核而不誕；不剽襲於陳言，不借吻於俗筆；議論發抒其
經緯，好惡一本於大公：具眼者自鑒之，而亦何敢阿所
好乎？因其欲付剞劂也，謹發其意以弁諸書。時崇禎
之重午，翠娛閣主人題。

近報叢譚**平虜傳二卷二十則**　　內閣文庫

明崇禎刊本。中型。每卷十則，不分回。卷前均附圖。
正文半葉八行，行二十字。涉朝廷皆頂格，餘皆低一格。首
吟嘯主人序，即作者。記崇禎初，清兵陷遵化、順義、固安，
圍京城，袁崇煥入衛諸事，至思宗中反間，逮袁崇煥而止。
鈔綴邸報數事，雜以里巷瑣談。既不足語文學，於當時事亦
無足徵。乃書賈雜湊臨時求售者。觀其序即知之矣。

附：序

　余坐南都燕子磯上，閱邸報，奴因越遼犯薊，連陷
數城，抱杞憂甚矣。凡遇客自燕來者，輒促膝問之，言
與報同。第民間之義士烈女，報人眎爲細故不錄者，予
聞之更實獲我心焉。忠孝節義兼之矣，而安得無錄？
今奴賊已遁，海晏可俟，因記邸報中事之關係者，與海
內共欣逢見上之仁明智勇。間就燕客叢譚，詳爲記錄，
以見天下民間亦有此忠孝節義而已。傳成，或曰：風聞
得真假參半乎？予曰：苟有補於人心世道者，即微訛何
妨。有壞於人心世道者，雖真亦置。所願者，內有濟川
之舟楫，外有細柳之旌旗；衣垂神旬，雲擁萬國冠裳；氣
奪鬼方，風搖兩階干羽而已。茲集出，使閱者亦識虜茜

之無能可制梃以撻之也。因名曰近報叢譚平虜傳。近
報者邸報，叢譚者傳聞語也。吟嘯主人書於燕子磯上。

新編勦闖通俗小說十回　内閣文庫

明興文館刊本。圖五葉，十面。正文半葉八行，行二十
二字。字爲扁體，旁加密圈，頗似時文。凡涉朝廷皆頂格，
餘一律低一格。題"西吳懶道人口授"。卷首序，後署"西吳
九十翁無競氏題於雲溪之半月泉"。記李闖王始末，至弘光
即位南京，吳三桂降清而止。書成蓋在南渡之後。所據爲
國變錄、泣鼎傳等，雖所載頗詳，然往往鈔錄原文，不加以聯
綴。如二回附重記越郡三忠實錄、重紀馬素修先生死難實
錄、重訂死難名臣籍貫姓氏，又附蔣模弔四忠詩。三回列死
難諸臣名單，又錄魏宮人、費宮人傳及魏學濂遺事。又錄吳
縣文學許玉重先生死節始末。四回列附闖王諸臣授職名
單，附延陵龔仲震哭降闖王諸臣文。五回列被夾諸人名單，
附闖事奇聞，又附張家玉上闖王陳情書，上闖王荐人才書，
周鐘撰闖王登極詔。六回則全以諸條劄記湊成。七回錄金
壇合邑諸生討降闖諸臣檄。八回錄陳良弼等疏及龔雲起上
錢牧齋書。九回錄錢復書。十回錄梁溪討逆揭；又閻爾梅、
黎玉田事；附刑部一本議定從闖事六等。皆東西鈔掇，雖勉
立回目，前後文各不相屬，實未嘗加以組織。其匆匆爲之，
無暇排比，於此可見。

精繡通俗全像梁武帝西來演義十卷四十回　宮内省圖書寮　帝國圖書館

清永慶堂原刊本。無圖，正文半葉十行，行二十七字；
旁加圈點直勒。卷一題"天花藏主人新編"，"永慶堂余郁生
梓"。宮内省所藏已失其序，帝國圖書館藏本有天花藏主人

序,署"癸丑花朝天花藏主人題於素政堂"。癸丑,疑即康熙十二年。天花藏主人所編次小說皆爲才子佳人,多至十餘種,此獨爲講史。書記梁武事,謂梁武爲菖蒲精(蒲羅尊者),郗后爲水仙精(水大明王),男生蕭室,女降郗門。佐命者爲王茂、陳慶之(云陳名剛字慶之誤,按:慶之字子雲)、柳慶遠。名字尚不誤。自蕭齊叙起,中記滅東昏侯,破魏,郗后變蟒諸事;至侯景叛逆,武帝困臺城而止。亦採史實,而因果神怪摻入其間,不倫不類。其鋪張處似極用力,而叙述呆板,文殊不足以振之。至梁武帝成佛說則元明戲曲已演之,馮夢龍古今小說亦取其事演爲梁武帝累修歸極樂一文,不自此書始也。國內所見有嘉慶乙卯抱青閣本,改題梁武帝全傳。黃摩西小說小話有梁武帝外傳,所指當即嘉慶本,"外傳"或係"全傳"之誤。

大明正德皇遊江南傳四卷四十五回　宮內省圖書寮

高麗鈔本。所演以正德事爲主。謂正德微服遊江南,梁儲奉太后命往尋主,殊爲不經。兼及宸濠造反,及劉瑾謀逆事。謂李鳳姐爲江南南樓鎮人(三十六回),與世所傳爲宣府人者不同。書中所言名人籍貫,幾無一不誤。如謂楊廷和爲江西人,王守仁爲雲南人,謝遷爲山西人,極可笑。而於梁儲籍貫獨不誤,指爲順德人,殆是廣東人所爲。又謂宸濠姓王,乃弘治時武庠生,胞弟爲王權,尤堪捧腹。四十四回有革職發往黑龍江充配爲奴及調回江南總督某提督某之語,則是清朝無知之人所作,不知何以傳入朝鮮,有此鈔本也。

坊刻又有小本亦四卷,僅二十四回亦此書。題大明遊江南梁太師訪主。末卷有字一行"大明正德皇遊江南傳"云云,仍存原書之名。

明清部三（長篇）

煙　粉　類

飛花詠十六回　一名玉雙魚　内閣文庫

　　原刊本。寫刻，大型，半葉八行，行二十字。卷首長序。後署"天花藏主人題於素政堂"。目錄題"新鐫批評繡像飛花詠小傳"。演昌生與女子端容姑情好事。二人輾轉流離，各易姓二次，而後歸宗團圓。故爲奇幻之筆，令人不測，是當時氣習；而文尚清。書記明事，開首前朝云云，蓋作者爲清初人。略謂：華亭有昌全者，子曰昌谷。友人端居女曰容姑。子女皆早慧。因締婚約。昌氏以家藏玉雙魚爲聘。昌全隸軍籍，被勾，舉家徙塞外。行至臨清，以子昌谷付醫生唐希堯爲義子。端女容姑名噪，爲無賴子掠奪，乘間逃走。有官人鳳儀者，方以行取入京，遇女，試以飛花詩而大悅，即收爲義女，改名彩文。自此昌谷爲唐氏子，端容姑爲鳳氏女。鳳本臨清人，與唐希堯爲中表。既抵臨清，省其姻族，而昌谷與端容姑本不相識，至是以表兄妹禮相見。昌谷和女飛花

詩，大得女意，許相配適。已而別去。鳳入京後，旋以忤石
亨謫榆林驛丞。遇亂兵，與女相失。是時昌全居塞下，適得
女，愛之，而不知爲端氏女即子昌谷幼時所聘者。即命從己
姓，爲義女。有邊將某聞其才，欲爲女娶之。而女固不從，
因以婢子代嫁。昌全旋以軍功賜冠帶回籍。昌谷在臨清唐
家，爲希堯姪所惡苦，毆之至死，藁葬原野；而端居以貢生入
京考選，得新喻教諭，赴任經此。值谷復活，即收爲義子，亦
不知爲親家之子。自此端容姑爲昌全義女，昌谷爲端居義子。抵
任未久，又升宜城任。有襄陽刑尊某羨生之才，欲以女適
之。生亦不從。端居恐得罪，乃自劾而歸。於時昌端二翁
相見，子女皆失，而咸有螟蛉，共相嘆忻。因議重結姻好。
而生女以在臨清有舊約，初皆不願。旋因生無意中寫舊和
女作之飛花詠，爲女所見，悉即向之唐生，乃許之。既結婚，
猶各自以爲本唐氏子鳳氏女，今歸昌端二氏爲螟蛉，不能互
認其生父也。及鳳儀與唐希堯來晤二翁，各訴前事。生與
女始識其本原，咸歸宗，事義父母以禮云。按此文作者固自
以爲思入風雲，變化已至，然按之情理，實多罅漏。昌生端
女皆冒他姓，二翁或因此致惑不能辨其爲子婦女婿。然生
與女並早慧，又能唱和詩詞，豈於君舅婦翁姓名乃茫然不
知，各爲其義子義女若干年！既歸華亭，父於親生子女，亦
不能仿彿其容貌，直至唐鳳來晤，乃互知其本末；豈非異
事邪？

金雲翹傳四卷二十回　內閣文庫　東京帝大研究室

　　刊本。八行，行二十字。題"貫華堂評論"，"聖嘆外
書"；自是依託。演嘉靖臨清妓女王翠翹事。謂翠翹本良家
女，眷書生金重。金生旋別去，而翠翹父犯罪，因賣身以贖
父。爲無賴子馬生所騙，僞娶之，而賣爲娼。於勾欄中識束

生名正者，落籍從之，而大婦甚妬，拘翠翹於幽室，俾寫經。束生亦畏婦甚，無如之何。翠翹乘間逃去，依尼覺緣以居。又受擾困，不能安居，仍流落爲娼。歸徐海。海既猖獗海上，屢窘官軍。翠翹得藉以復仇。數説徐海返正。海嬖之甚，遂從之。既降而督府食言，海被殺。翠翹乃奮投錢塘江。覺緣救活之，與金重爲夫婦。按翠翹事本至烜赫，茅坤、余澹心均有文記其事。當時督府藉一女子力以説海歸降，明史胡宗憲傳亦言之。以此入文，本可於陳陳相因之酸腐小説外，另闢一境界。惜作者手筆太弱，不能爲翠翹生色。至翠翹投江自沈本天然結束，可演爲好文字；乃故意抹煞事實，謂遇救不死，歸於團圓。因嘆世之俗人直是不可救療。古人奇節至行，不幸入庸俗人書中，其煞風景有如是也。

引鳳簫四卷十六回　　內閣文庫

　　坊刊本題"楓江半雲友輯""鶴阜芰俗生閲"。託宋仁宗時事。略言青州樂安縣有白引者，嘗以冬日尋仙人黃犢客贈以四言：一曰："駕一葉之扁舟，挾飛仙以遨遊"；二曰："鳥宿池邊樹，僧敲月下門"；三曰："鳳凰臺上憶吹簫"；四曰："羊子當年墮淚碑"。已而引父以忤王安石罷歸。縣令賢之，爲立碑褒之。安石怒，命緹騎逮之。入獄，有俠客救之出。因慝聲息影，逃於五湖。而第一言驗。引遭家難，亦逃去。止於杭州寺院。而第二言驗。時有金侍郎延引至家教讀。侍郎女名鳳娘，婢曰霞簫。慕生之才，與通款曲。而第三言驗。後安石罷相。父子俱還家，守高不仕。向碑爲新黨所毀者，至是復植於通衢。而第四言又驗。文意殊平平，牽合四語，猶覺無味。

幻中真四卷十回　　内閣文庫

坊刊中型本。題"烟霞散人編次","泉石主人評訂",
"曲(?)枝呆人評録"。卷一先演一事,題曰"司馬雙訂鴛鴦
譜",似爲入話性質。略言金陵司馬元與女子呂玉英通好,
互有贈貽。以會試赴京。行至山東,爲寇所劫。遇桂天香
者救之,贈僕馬而別。生旋及第,奉命平寇,戰敗,爲寇所
擄。其呂氏女隨父入京時爲寇所擄,亦在寨中,寇知爲生
妻,不敢相犯。而寇實女子,前後劫略及拯生之桂天香,皆
一人。要以婚配,遂降。正傳自二卷一回起至四卷十回止。
略言姑蘇吉生,妻易氏,爲妻族所凌,易氏自盡,生亦避仇他
所。遇富室汪某,認爲義子,使冒汪姓應試,中狀元。時相
何用,欲配以女,生不願。乃奏生平海寇,以難之。生竟綏
清海隅,投簪而歸。而生之弟及易氏向所生子以喪母撫於
他姓者,皆與生同榜及第,不相知聞。至是亦相認。並歸宗
團圓云。後有總評云:"無名演幻夢集,覺非人作采真編,俱
以行世。烟霞子兼得其美,題曰幻中真。"此二書今俱不見。

鴛鴦配四卷十二回　　内閣文庫

坊本,小型。託宋理宗時事。崔學士有二女,長曰玉
英,次曰玉瑞。學士館故人子申荀二生於家。玉英悦申生;
瑞悦荀生。各以家藏玉鴛鴦爲贈。後崔因援襄陽失利,拿
問家屬。夫人携女潛逃。玉瑞爲盜所擄,玉英爲江統制劫
去,欲納爲妾。二生旋登高第。荀平寇得玉瑞。申遇俠客
劫玉英還,爲夫婦。文意並拙。

李卓吾先生批評繡榻野史四卷　　文求堂田中慶太郎

明萬曆刊本。九行,行十七字。眉欄有評。板心下署
"醉眠閣藏板"。正文概低一格。書題"卓吾李贄批評","醉

眠閣憨憨子校閲”。不標回數。卷首序末有缺文。當即憨憨子所叙者。雖不免玩物喪志之譏,而頗有警語,在小説序跋中固亦不多得。按此書在明朝爲有名穢書,張無咎平妖傳序,清劉廷璣在園雜誌二均引。馬隅卿先生據曲律四,考爲呂天成作,則出名士之手,而文殊不稱。雖有意鋪張穢褻事,而文甚短淺,勉分節段。以視金瓶梅之汪洋恣肆,實乃天壤之別。此等書籍,最易散亡,而原本今猶存於天壤間,殊爲異數。抑自小説板刻上言之,亦可謂異書矣。

附:序

　　余自少讀書成癖,余非書若無以消永日,而書非予亦若無以得知己。嘗於家乘野史尤注意焉。蓋以(?)正史所載或以避權貴當時不敢刺譏,孰知草莽不識忌諱,得抒實録。斯余尚友意也。奚僮不知,偶市繡榻野史進余。始謂當出古之脱簪珥永巷有神聲教者類,可以娛目,不意其爲謬戾,亦既屏寘之矣。踰年,間通(過)書肆中,見冠冕人物與夫學士少年行往往詆咨不絶。余慨然歸取而評品批抹之。間亦斷其略。客有過我者曰:“先生不幾誨淫乎?”余曰:“非也,余爲世慮深遠也。”曰:“云何?”曰:“余將止天下之淫,而天下已趨矣,人必不受。余以誨之者止之,因其勢而利導焉,人不必不變也。孔子删詩,不必皆關雎、鵲巢、小星、樛木也,雖鶉奔鵲彊、鄭風株林,靡不臚列,大抵亦百篇皆爲思無邪而作。俾學士大夫王公巨卿(下闕)

浪史四十回　東京帝大研究所

日本鈔本。題“風月軒又玄子著”。後有跋亦署“又玄子”。演元至治間錢塘梅素先事,謂梅生風流無檢,人呼曰

"浪子"。與王監生妻李文妃通，又私寡婦潘素秋。已而監生死，竟取文妃。後訪故人鐵木朵魯於亳州，私其妻安哥，鐵木朵魯厭世，盡以財物及妻委之梅生。生後中進士，歸隱，自號石湖山主，時爲至順九年云。所記皆牀第穢褻事，不可理喻。而文甚荒率。又謂生妻文妃及妹俊卿皆與僕通，而生亦曾私其妹，滅倫棄理，不知何意。按張譽平妖傳序，謂"浪史""野史"，如老淫土娼，見之欲嘔。則固亦明人書。曾見一舊活字本，削去書名，署"風月入玄子演"。所演正與此同，即此書也。

靈　怪　類

錢塘漁隱濟顛禪師語錄一卷　內閣文庫

明隆慶年刊。題"仁和沈孟㭲述"。正文半葉十一行，行二十一字。卷首有像，像有贊。無競齋贊漁隱。卷末有長方木記云"隆慶己巳四香高齋平石監刻"。記宋僧道濟事，多叢雜瑣語，連綴處不甚周密，然事亦放誕可喜。云僧本紫脚羅漢後身，投胎爲天台縣李氏子，俗名修元。後至杭州靈隱寺遠瞎堂長老所出家，名道濟，傳其衣鉢。然行頗放浪無拘檢。或出入坊曲，與妓女戲弄。王侯貴介，多識之。或强之與妓女同宿，亦無所染。遊戲里巷，奇跡甚多，爲人療病，亦有驗。寺壽山福海藏殿塌壞，道濟即持疏簿之毛太尉家，請施錢三千貫以三日爲期。太尉蛊之。無何太后夢金身羅漢示現，如數佈施。大厦層甍，頃刻而就。後收小負販沈乙爲弟子，示疾怛化，留偈云："六十年來狼藉，東壁打倒西壁；如今收拾歸來，依舊水連天碧。"入龕之際，全大同長老，印鐵牛長老，甯棘庵長老，宣石橋長老，咸爲偈以輓之。而濟公入滅後，猶每有靈應云。小説演濟顛事者，余所見，尚有大連圖書館藏之濟公全傳，別題"麪頭陀新本"。署"西湖香嬰居士重編"，爲康熙刊本，共三十六則。除頭尾稍有增飾外，内容實與隆慶本同。有宮内省之濟公傳，署"西湖漁樵主人編"，爲乾隆刊本，共十二卷。内容全同隆慶本。皆罕見。已分別著録。至通行之醉菩提二十回，署"天花藏主人編次"者，所演與張心其之醉菩提傳奇同，與西湖佳話之南屏醉蹟小説亦大同小異，乃自爲一本，與康熙乾隆二本無關。按：宋釋居簡北磵文集十有湖隱方圓叟舍利塔銘，題下側注"濟顛"。即爲道濟作。云道濟爲天台李氏子，時人稱爲"湖隱"。皆與此書合。小説題"漁隱"，蓋"湖"字之誤。明田汝成西湖遊覽志餘卷十四亦載道濟事，云風狂不飭細行，飲酒食肉，人稱"濟顛"。卒於淨慈寺。今寺中尚塑其像。云云。則人與事皆非虛。意此等異人，當時閭里間傳説至多，其見於詞話者亦不一而足。沈孟桦第掇拾其事演爲俗文小説，非即創始之人也。

按：此演道濟事僅一卷，實亦明人之短篇單行小説。今姑入長篇。

濟公傳十二卷　宮内省圖書寮

清乾隆九年吳門仁壽堂刊本。小型。刻殊不工。卷一第一葉題"西湖漁樵主人編"。卷首有序，後署"乾隆九年季春金陵旅寓楓亭王宣撰"。内容與内閣文庫之濟顛語録全同，文字亦幾全數沿用。唯分爲十二卷各立標題而已。

目録

第三卷	掃得開突然而去	放不下依舊再來
第四卷	施綾絹丐兒受恩	化鹽菜濟公像局
第五卷	(忘記其目)	
第六卷	佛力顛中收萬法	禪心醉裏出無名
第七卷	榜文叩闕驚天子	酒醉吐裝佛像金
第八卷	救生禍遣死人走路	解前冤指張公得銀
第九卷	不避嫌裸體治女癆	恣無禮大言供醉狀
第十卷	前生後世爲死夫妻訂盟	轉蠢成靈替蟲將軍下火
第十一卷	救人不徹嘆佛力不如天數	悔予多事嬾飲酒倦於看山
第十二卷	去來明一笑歸真	感應神千秋顯聖

西遊記

　　西遊記吾國通行者有三本：一爲乾隆庚子陳士斌西遊真詮本；二爲乾隆己巳張書紳新說西遊記本；三爲嘉慶間劉一明西遊原旨本。明本概未之見。余在日京所見，有華陽洞天主人校本，書凡三部，内閣文庫、帝國圖書館及村口書店俱有之。有袁幔亭序李卓吾評本，内閣文庫及宮内省圖書寮各有一部；有汪憺漪評西遊證道書，此清初刊本。唯内閣文庫有一部。有鼎鍥全像唐三藏西遊傳，爲村口書店書，其書尤世所僅見。保存舊本，如斯之多，頗可驚嘆。今不憚詳細述之。

一　華陽洞天主人校本西遊記

　　書所見凡三本，更列舉如下：

鼎鍥京本全像西遊記二十卷一百回　　内閣文庫

　　　黑紙，上圖下文，半葉十五行，行二十七字。

末卷末葉有大圖佔半葉，上欄橫題云"四衆皈依正果"。刻工不甚精。封面題"書林楊閩齋梓行"。卷一題云："華陽洞天主人校"，"閩建書林楊閩齋梓"。餘諸卷中"閩"字或作"閩"，"建"亦作"建"。卷二題云："華陽洞天主人校"，"清白堂楊閩齋梓"。卷三、卷七、卷八、卷九、卷十四、卷十五、卷十六、卷十七、卷十八、卷十九皆題清白堂。按：楊氏清白堂亦元明有名書肆。余所見清白堂刻小説，有熊大木編之武穆王演義，爲嘉靖壬子三十一年刊本，題"書林清白堂刊行"。又熊大木唐書志傳之嘉靖癸丑三十二年刊本，卷八後有木記云"嘉靖癸丑孟秋楊氏清江堂刊"，蓋亦同族。此二書之開板大小及字態點畫，均與此西遊記爲近。又萬曆三十八年庚戌刊三國志傳題"明閩齋楊起元校"。末卷木記云"萬曆庚戌孟秋月閩建書林楊閩齋梓"。朱星祚編之新刻全相二十四尊得道羅漢傳，爲萬曆乙巳聚奎堂刊本。其第一卷題云"書林清白堂梓"。第六卷後木記云"萬曆甲辰（三十二年）冬書林楊氏梓"。則本亦楊氏所刻。明年萬曆乙巳，其板片遂移於聚奎堂。由是言之，則清白堂乃閩建書林至萬曆末猶世守弗替。閩齋乃楊起元字。起元刻三國志在萬曆三十八年，則此西遊記殆亦刻於萬曆間耳。序云時癸卯夏念一日，似即萬曆三十一年。

此本書題亦不一致，如封面曰新鐫全像西遊記傳，叙曰全像西遊記，目録曰新鐫京板全像西遊記，今依卷一所題。書分二十卷，以"月到天心處，風來水面時，一般清意味，料得少人知"爲目，每卷

五回。首秣陵陳元之撰序。以袁幨亭序李卓吾評
本校此本,此本文字有刪略處。

新刻出像官板大字西遊記二十卷一百回　　村口書店

明萬曆間世德堂刊本。題"華陽洞天主人
校","金陵世德堂梓行"。卷九、卷十、卷十九、卷
二十又題"金陵榮壽堂梓行""書林熊雲濱重鍥"。
圖嵌正文中,左右各半葉爲一幅,頗古雅。字寫
刻,半葉十二行,行二十四字。亦端整可觀。首陳
元之序。

唐僧西遊記二十卷一百回　　帝國圖書館

明刊本。署題回目亦與清白堂本世德堂本全
同。每卷第一行題云"唐僧西遊記"。末有長方木
記云:"全像唐三藏西遊記卷終"。扁字,半葉十二
行,行二十四字,亦萬曆間刊本。惜書有殘缺,第一
回至第五回,第五十六回至第六十回,均係鈔補。

以上三本,皆題"華陽洞天主人校",有秣陵陳元之
序。作序年月,則楊閩齋本作"癸卯夏念一日",似即萬
曆三十一年。世德堂本則又作"壬辰夏端四日",不知
何故。世德堂本爲原刊本,則以作壬辰萬曆二十年爲是。按:
茅山爲金陵洞穴,週迴一百里,名曰"華陽洞天"。齊梁
之際,陶弘景隱於此,自稱"華陽隱居"(見談藪)。茅山
在句容縣境,則此所謂"華陽洞天主人"者,蓋爲句容
人。秣陵即南京,句容亦明應天府屬縣。則此書校刻
之始,蓋與南京應天府人有密切關係矣。通行本第九
回"陳光蕊赴任逢災,江流僧復讐報本"一回,爲此本所
無。以今通行本第十三分之二爲第九回,自張梢李

定對話起,至唐王與魏徵對弈止。又以通行本十回三分之一與通行本第十一回前半爲第十回,自魏徵睡熟斬龍至太宗遊地府將畢而止。以通行本第十一回後半與通行本第十二回三分之一爲第十一回,自太宗還魂起,敘劉全進瓜,蕭瑀傅弈辯佛,群臣選得唐僧作壇主而止。以十二回所餘之三分之二爲第十二回,演唐僧登壇,觀音顯化事。雖離析歸併,而文字却與通行本全同。唯少通行本第九回之文,其第九回、第十回、第十一回回目與今通行本稍異而已。爲求明瞭,列表對照於後:

通　行　本		華陽洞天主人校本	
九　回	陳光蕊赴任逢災 江流僧復讐報本	九　回	袁守誠妙算無私曲 老龍王拙計犯天條
十　回	老龍王拙計犯天條 魏將軍遺書托冥吏	十　回	二將軍宮門鎮鬼 唐太宗地府還魂
十一回	遊地府太宗還魂 進瓜果劉全續配	十一回	還受生唐王遵善果 度孤魂蕭瑀正空門
十二回	唐王秉誠建大會 觀音顯聖化金蟬	十二回	玄奘秉誠建大會 觀音顯象化金蟬

附:全相西遊記序　秣陵陳元之撰

　　太史公曰:"天道恢恢,豈不大哉! 譚言微中,亦可以解紛。"莊子曰:"道在屎溺。"善乎立言! 是故"道惡乎往而不存,言惡乎存而不可",若必以莊雅之言求之,則幾乎遺西遊按當重"西遊"二字。一書,不知其何人所爲。或曰:"出天潢何侯王之國";或曰:"出八公之徒";或曰:"出王自製"。余覽其近意趰跎滑稽之雄,巵言漫衍之爲也。舊有叙,余讀一過。亦不著其姓氏作者之名。豈嫌其丘里之言與？其叙以爲"孫"，猻也；以爲心之神。"馬"，馬也；以爲意之馳。"八戒"，其所八戒也；以爲肝氣之木。"沙"，流沙；以爲腎氣之水。"三藏"，藏神藏聲藏氣之藏；以爲邪郭之主。"魔"，魔；以爲口耳鼻舌身意恐怖顛倒幻想之障。故魔以心生，亦心以攝。是故攝心以攝魔，攝魔以還理。還理以歸之太初，即心無可攝。書奇之，益俾好事者爲之訂校，校其卷目梓之，凡二十卷數千萬言有餘，而充叙於余。余維太史漆園之意，道道所存，不欲盡廢，況中慮者哉？故聊爲綴其軼叙叙之。不欲其志之盡堙，而使後之人有覽，得其意忘其言也。或曰："此齊東野語，非君子所志。以爲史則非信；以爲子則非倫；以言道則近誣。吾爲吾子之辱。"余曰："否！否！不然！子以爲子之史皆信邪？子之子皆倫邪？子之子三字疑衍文。此其以爲道道成耳。此其書直寓言者哉！彼以爲大丹丹數也，東生西成，故西以爲紀。彼以爲濁世不可以莊語也，故委蛇以浮世。委蛇不可以爲教也，故微言以中道理。道之言不可以入俗也，故浪謔笑虐以恣肆。笑謔不可以見世也，故流連比類以明意。於是其言始參差而俶詭可觀；謬悠荒唐，無端崖涘，而譚言微中，有作者之心傲世之意。夫不可没也。唐光禄既購是。據此則序爲唐氏世德堂主人作。世德堂本乃此華陽洞天主人校本，元本也。史皆中道邪？一有非信非倫，則子史之誣均。誣均則去此書則遠。余何從而定之？故以大道觀，皆非所宜有矣。以天地之大觀，何所不有哉？故以彼見非者，非也；以我見非者，非也。人非人之非者，非非人之非；人之非者，又與非者也。是故必兼存之後可。於是兼存焉。"

而或者迺亦以信。屬梓成，遂書冠之。時壬辰夏念一
日也。

二　李卓吾先生批評西遊記一百回　　內閣文庫　宮內省圖書

寮藏本係覆本

　　明刊大字本。卷首附圖百葉，前後二面寫一回事。
刻繪精絕。“五行山下定心猿”一圖中，巖石上有細字
四，曰“劉君裕刻”，則昌啓時刻書也。巷首有題詞，後
署“幔亭過客”。墨章二，一曰“字令昭”，一曰“白賓”。
“幔亭”、“令昭”、“白賓”，俱是袁于令字，則序作者乃于
令也。序亦開朗，似非依託。序後有凡例五條，曰批着
眼處，批猴處，批趣處，總評處，碎評處，頗煩瑣無謂。
此本亦無陳光蕊事。第九、第十、第十一三回，回目與
今本異而與諸華陽洞天主人校本同。即其離析歸併
處，亦無不同也。

附：題詞

　　文不幻不文，幻不極不幻。是知天下極幻之
事，乃極真之事；極幻之理，乃極真之理。故言真
不如言幻，言佛不如言魔。魔非他，即我也。我化
爲佛，未佛皆魔。魔與佛力齊而位逼，絲髮之微，
關頭匪細。摧挫之極，心性不驚。此西遊之所以
作也。說者以爲寓五行生尅之理，玄門修煉之道。
余謂三教已括於一部，能讀是書者于其變化橫生
之處引而伸之，何境不通？何道不洽？而必問玄
機於玉匱，探禪蘊於龍藏，乃始有得于心也哉？
至於文章之妙，西遊、水滸實並馳中原。今日雕
空鑿影，畫脂鏤冰，嘔心瀝血，斷數莖髭而不得

驚人隻字者,何如此書駕虛游刃,洋洋灑灑數百
萬言,而不複一境,不離本宗;日見聞之,厭飫不
起,日誦讀之,穎悟自開也! 故閑居之士,不可
一日無此書。

幔亭過客　賓白　令昭字

三　汪憺漪評古本西遊證道書一百回　內閣文庫

清初原刊本。目錄題"鍾山黃太鴻笑蒼子西陵汪
象旭憺漪子同箋評";正文題"西陵殘夢道人汪憺漪箋
評";"鍾山半非居士黃笑蒼印正"。板匡高營造尺六寸
四分,闊三寸二分。前附"仙詩繡像"共十七幅。右圖
左詩,刻繪均極工細。第一幅"悟徹菩提真妙理"圖,左
下方有小字曰"念翼"。按"念翼"當即胡念翊,乃有名
繪手,笠翁無聲戲原本圖,即其所繪。正文半葉九行,
行二十六字。板心上頂格題"證道書",中題"古本西遊
第幾回",下題"蜩寄"。明本西遊,皆不言撰人,如陳元
之序,且以爲不知何人所作。自汪象旭此書,始以爲丘
長春作,"證道"之說亦自此書倡之。首冠以虞集序,次
丘長春真君傳,原注:出廣列仙傳及道書全集。次"佽作此
字奘取經事跡"。原注:出獨異志,唐新語出譚賓錄及兩京
記。第九回載陳光蕊事,目爲"陳光蕊赴任逢災,江流
僧復讎報本"。今通行本即沿用之。其第十、第十一二
回目,亦皆與今本同。後來評注本,如陳士斌真詮,張
書紳新說,劉一明原旨,無不有第九回之陳光蕊事,蓋
皆從此本出。而坊刻劣本之載虞集序者,臚列評人,而

評語至簡略，實亦是本耳。

　　據第九回之汪憺漪評，謂俗本刪去此一回，致唐僧家世履歷不明。而九十九回，歷難簿子上，劈頭却又載遭貶、出胎、抛江、報冤四難，令閱者茫然不解其故。及得大略堂釋厄傳古本讀之，備載陳光蕊赴官遇難始末，始補刻此一回云云。而所謂大略堂古本，究係何人何時所刻，憺漪却未詳言之。而釋厄傳之名，則其來源甚早。考西遊記第一回引首詩有云："欲知造化會元功，須看西遊釋厄傳"，此詩通行本有之，明本亦有之。此或吳承恩西遊記本名有西遊釋厄傳，或吳承恩西遊記自西遊釋厄傳出，今難質言。又東京村口書店有萬曆刊本朱鼎臣編西遊記，其書有陳光蕊事，亦題"唐三藏西遊釋厄傳"，然文甚簡略，與吳承恩百回本西遊記却非一書。且末卷木記題"書林劉蓮台梓"，不題"大略堂"，似尚非汪憺漪所得本。汪氏所云大略堂本，其源流不明如此，殊不足爲持論根據。唯余所見明本西遊記有六種，除朱鼎臣編之略本外，都無陳光蕊事，至汪憺漪之證道書，乃增此一回，且其文字情節與朱鼎臣本亦不盡同。依余個人意見，則汪憺漪所見大略堂本即使有之，且爲文繁之百回本；此所增第九回文字亦難遽目爲吳氏原文。因即汪書第九回文與本書他回文合觀之，實未能融合無間。如第十二回所附七言詞讚，謂收養玄奘之僧爲遷安（諸明本十一回亦作遷安）。第九回作法明。詞讚又云："恩官不受願爲僧，洪福沙門將道訪"，似玄奘報父讐後，尚有面君授官之事，今第九回亦無之。又第十二回言陳光蕊拜文淵殿大學士，第九回乃云陞學士之職。第十二回言觀音菩薩引送玄奘投

胎。第九回乃言南極星君奉觀音菩薩命引送。第九十
九回玄奘第三難爲滿月拋江,第九回乃謂二日拋江。
凡此種種,前後文皆不相應,自是異事。此其一。汪本
第九回承第八回觀音訪取經人之後,另起一事;第十同
承第八回之後,亦另起一事。此第九回與十回之間,措
辭屬文,乃毫無聯絡。若第以文論,則此第九回者,可
有可無。且按之下文乃有一大罅漏:第九回謂玄奘父
陳光蕊以太宗貞觀十三年己巳按貞觀十三年歲在己亥,非
己巳,但此乃末節。中狀元,授官,之江洲任,時方暮春;
路爲劉洪所害。殷小姐以懷孕忍辱,暫與劉洪相處。
未幾生玄奘。以光蕊赴任在貞觀十三年三月其時殷小姐已
有孕言之,則玄奘出生至遲亦在貞觀十四年。生十八歲而爲
父報仇。設玄奘生貞觀十三年,則十八歲當爲高宗顯
慶元年。乃第十二回記其應群臣之荐設道場爲壇主,
即在貞觀十三年九月,十三年三月玄奘猶在母腹,十三
年九月已長至十八歲或逾十八歲而爲高僧。此寧非怪
事!凡小說戲曲皆隨意敷衍,固難認真,然朝代年號以
及地理職官,原不可苛求,核之正史;如玄奘西行首塗,本
在貞觀三年,吳氏乃云十三年,顯違事實。吾輩今日當以小說
還之小說,史傳還之史傳,若拘泥史實,執此非彼,便爲笨伯,非
通論也。如此等乃行文之絕大罅漏,名手爲之,當不爾
爾。後之諸回非僞,則第九回者斷非原文。不特此也,
第九回自"話表陝西大國長安城"起,至"太宗登基十三
年歲在己巳"止,開端數語,乃與第十回開端數語從同。
前後二回,合掌如此,假令吳氏爲此,亦何其文思之窘
也!此其二。且玄奘出身,乃有四難。遭貶、出胎、拋江、
報冤見九十九回。吳氏果有意記玄奘出身事於正文,自

當盡其所長,從容爲之。今觀第九回所記,以一回之文,備諸情節,詞意窘枯,乃全無描寫,尤欠周密,不能繕完;以視本書記沙僧朱八戒乃至龍馬之出身各節,大有遜色。似後人補作於隸事屬文均不及仔細推敲者。此其三。由此言之,吳氏原文,果有陳光蕊事與否,固不可知;即有之,亦決非如汪本及今通行本之第九回之文。汪氏所謂古本,即實有之,殆亦如朱鼎臣所編一類之書著其事而文不備,乃參以己意撰此一回。第九回既增此一事,於第十、第十一、第十二諸回文字乃不能不有所歸併,兼別立回目。否則所據者必爲僞增之一本,不能訂正,因而用之。要之,無論如何,決非吳氏之文也。按吳氏原書,或竟無陳光蕊赴任及江流報冤事。唯今以明本言之,於玄奘開壇主講以前事,僅於所附詞讚中述其崖略,正文則毫未提及。以本書記沙僧三衆及龍馬出身皆詳其原委例之,似於玄奘亦不得獨略。若果有其事,以文勢論之,似當在太宗決建道場朝臣推舉之後,即入玄奘而追述其平生(今四遊傳中之西遊記即如此)。其故事當略如本書十二回中詞讚所記,或散見於本書他處也;亦略同吳昌齡西遊記。萬曆間刻書者嫌其褻瀆聖僧,且觸近本朝(高皇),語爲不祥,亟爲删去。而汪氏乃於明本原書百回之外,增此一回。自此而後,遂爲定本。以至通行諸書莫不遵之。今人驟覩明本之無陳光蕊事者,反詫爲異事矣。是以汪氏此書,雖刻於清初,而關係却甚巨:目爲"證道書",而開後來悟一子等之箋注附會;以爲邱長春作,使後此二百餘年世人不復知吳承恩之名;自謂得古本,增撰第九回陳光蕊事,自此遂爲西遊記定本也。

四　鼎鐫全相唐三藏西遊釋厄傳十卷　村口書店

明刊本。末卷末葉有木記云“書林劉蓮台梓”。上圖下文，正文半葉十行，行十七字。題“羊城冲懷朱鼎臣編輯，書林蓮台劉求茂繡梓”。按尊經閣藏鼎鐫徽池雅調南北官腔樂府點板曲響大明春一書，摘選戲曲，亦間録小説俚語。題“教坊掌教司扶摇程萬里選，後學庠生冲懷朱鼎臣集，閩建書林拱塘金魁繡”。以二書互證，則朱鼎臣字冲懷，廣州人，且爲庠生。大明春確是萬曆刊本，日本文求堂主人田中氏精於賞鑒，亦云定是萬曆本。則朱鼎臣者當爲萬曆間人。又大明春爲閩刊本，則此西遊記或亦閩刊，亦未可知。

此書每卷題“西遊傳”，亦題“西遊釋厄傳”。書十卷，不標回數，每則有目。目間有與明百回本西遊記同者，亦有在明百回本西遊爲回目，在此書則爲前附詩中之二句，官封弼馬心何足，名注齊天意未寧。所記以猴王得道鬧天宫，陳光蕊赴任逢災，江流報冤，唐太宗還魂事爲詳，玄奘西行以後諸難則較略，金峴洞以後則尤略，往往某一故事在百回本中爲數回文字，兹則括以數行，或三四故事，以一則統之，僅具崖略。然規模節次除陳光蕊及江流報冤事外，與明百回本全同。以今通行四遊傳中西遊記校之，其文字之詳略輕重處，亦幾於全同。唯今四遊傳中之西遊無陳光蕊赴任及玄奘報讐節目，唯記太宗設道場訖，轉入玄奘，追述其平生。文百餘字，與汪憺漪本西遊記所記大同小異。此本記陳光蕊事乃有四則，目爲：

陳光蕊及第成婚

劉洪謀死陳光蕊

小龍王救醒陳光蕊
江流和尚思報本

此四節目，在汪憺漪本，即爲第九回“陳光蕊赴任逢災，江流僧復讐報本”一篇。然汪本所述，與此亦不盡同。此本謂玄奘抛江後爲神攝至寺旁，爲僧收養，無置木板上飄流之説。又此本叙太宗還魂，節目有八，自“袁守誠妙算無私曲”起，至“觀音顯象化金蟬”止，目乃與明刊諸百回本第九回至第十二回四回目全同。此十卷本西遊傳與明百回本西遊記，其關係如何，今雖不易質言，然此四回目爲西遊舊本原文，殆無疑義。第九回目之改爲陳光蕊二聯與第十回第十一回目之改換，乃汪憺漪以己意爲之，於此亦得一證明矣。

村口主人初得此書，頗惹中日學者之注意。長澤規矩也氏首發表於斯文雜誌，疑爲西遊祖本。余到東京，訪村口書店，主人出是書相示。乃以半小時之力恍讀一過。雖嘆爲秘籍，而頗疑是書爲節本。今略而言之。如上所云，朱鼎臣當爲萬曆時人，則其編次此書，至少在吳承恩書之後。然舊本改題撰人，亦小説常例，但據此等，以言出於吳本西遊，要删爲書，亦未周密。唯統觀全書，與明諸百回本比，除陳光蕊事此有彼無外，餘僅繁簡之異，西行諸難，前後節次，以及精怪名稱，故事關目，無一不同。倘是祖本，焉能若是！今所見舊本小説，如元本武王伐紂書爲封神演義祖本，元本三國平話爲三國演義祖本，其由簡至繁，殆亦如此十卷本西遊傳與百回本西遊記之比。今以此二武王伐紂書、二三國志較之，其規模節次，雖大致相同，而稱謂情節，則不無乖隔。三國演史事，其人物事蹟有書可徵，通於衆人，難以變換。然以三國演義校平話，其參差處亦至足驚異，下之馮夢龍新列國志之於余邵魚列國志，馮夢龍新平妖傳之於羅貫中平妖傳，亦移步換形，面目全非。由十卷西遊傳之僅存崖略，語意不完者，擴大充實而爲百回之西遊記，乃其關目情節以及名稱無一不同，寧非異事！夫唯删繁就簡可無變更；由簡入繁乃欲絲毫不變原本，在理爲不必要，在事爲不可能。故余疑此朱鼎臣本爲簡本，且自吳承恩之百回本出。至於陳光蕊之官遇禍與江流報怨事，雖爲此本所獨有，其他明本無之。然吳氏原本，此事之有無，今不易懸測。江流故事，自元至明流傳里巷，即吳書果無之，採常談而補此四節亦非難事，況其節目及插附詞讚亦往往與吳書同，則謂從吳書出，成此節本，亦未必果爲大膽之論也。如余所疑不誤，則後之四遊傳中之西遊記亦此系統之書，同爲節本，且其淵源甚舊，遠在萬曆之時矣。

新刊八仙出處東遊記二卷　　内閣文庫

明余文台刊本，中型。封面題"全像東遊記上洞八仙傳"，分兩行大書，中題"書林余文台梓"。上圖下文，今坊間通行之粗劣本子，正從此出。題"蘭江吳元泰著"，"社友凌雲龍校"。二卷作書林余氏梓。上下二卷各二十八則，下卷附補遺事。又降戰詩文聯一卷附於後。卷首有余象斗引。文理至拙，然實書賈本色。姑爲錄出，以見當時書賈之編書情狀有如是也。

八仙傳引

不佞斗自刊華光等傳，皆出予心胸之編集，其勞鞅掌矣！其費弘鉅矣！乃多爲射利者刊，甚諸傳照本堂樣式，踐人轍跡而逐人塵後也。今本坊亦有自立者固多，而亦有逐利之無恥，與異方之浪棍，遷徙之逃奴，專欲翻人已成之刻者。襲人唾餘，得無垂首而汗顏，無恥之甚乎？故説。

三台山人仰止余象斗言

| 仰止 |
| 象斗 |

吕仙飛劍記上下二卷十三回　　内閣文庫

明萃慶堂刊本，圖嵌文中。題"安邑竹溪散人鄧氏編"（按即鄧志謨）"閩書林萃慶堂余氏梓"。卷首有引。記吕洞賓事多採宋元人記載雜以俗説。五卷斬黄龍事，與戲白牡丹事捏合爲一，大異恒言二十二卷所記。文亦流利，而叙次不免張皇。

目録

第十二回　　純陽子擲劍化女　　純陽子見火龍君

第十三回　　呂純陽度何仙姑　　呂純陽升入仙班

薩真人呪棗記上下二卷十四回　　内閣文庫

明刊本，與飛劍記形式全同。作者亦鄧志謨氏。首萬曆癸卯(三十一年)引，署"竹溪散人"。所記亦多里巷之談。

目録

上卷

第一回　　總叙天地間人品　　薩真人前身修緣

第二回　　薩君入衙門爲吏　　薩君爲醫誤投藥

第三回　　薩君秉誠心修道　　三神仙傳授法術

第四回　　薩君沿途試妙法　　薩君收伏惡顛鬼

第五回　　至上清見張天師　　參符籙奏名真人

第六回　　王惡收攝猴馬精　　真人減祭童男女

下卷

第七回　　真人火燒廣福廟　　城隍命王惡察過

第八回　　王惡察真人過失　　真人還客高明珠

第九回　　李瓊瓊不守女節　　薩真人遠絕女色

第十回　　薩真人憐老惜幼　　用雷火騙治疫鬼

第十一回　　薩真人往酆都國　　真人遍遊地府中

第十二回　　陰司立賞善行台　　真人遊賞善分司

第十三回　　薩真人遊遍地獄　　關真君引回真人

第十四回　　真人建河西大供　　虛靖保真人上升

新刻全相二十四尊得道羅漢傳六卷　　内閣文庫

明萬曆刊本，中型。上圖下文。正文半葉十行，行十七字。封面署云："萬曆乙巳年夏書林聚奎堂梓"。而第一卷題"書林清白堂梓"。六卷後木記題云："萬曆甲辰冬書林楊氏梓"。按閩楊氏刻書甚有名。甲辰爲三十二年，明年即乙巳，豈一年之間，書肆即轉移耶？其第三卷題云："撫臨朱星祚編"。所述半文半白，殆不足以爲小説，僅淺短之記述而已。

新刻全像牛郎織女傳四卷　文求堂田中慶太郎

萬曆刊本。上圖，下文。半葉十行，行十七字。題"儒林太儀朱名世編""書林仙源余成章梓"。

新刻鍾伯敬先生批評封神演義二十卷一百回　内閣文庫

明刊本。據封面識語則刻者爲金閶書坊舒冲甫。第二卷第一葉又署"金閶載陽舒文淵梓行"，或爲一人，或是一家，今難詳考。按泰昌庚申（四十七年）武林藏珠館刊本唐傳演義，封面署"舒載陽梓"，與此封神演義第二卷所題正同。則此亦萬曆末年所刊，或竟在昌啓時，亦未可知。正文半葉十行，行二十字。字扁體，而端好悦目，開板亦闊。圖五十葉百面，尤精采如繪，寫刻俱出名手無疑。首李雲翔爲霖序。每回後，均有評語，一評之後，復有又評，似非出一人手，而語意筆墨，實亦

批評全像武王伐紂外史

封神演義

每部定價　紋銀貳兩

此書久係傳説苦無善本語多俚穢事半荒唐評古愚今名教之所必斥兹集乃先生考訂批評家藏秘册余不惜重貲購求鋟行以供海内奇賞真可羽翼經傳爲商周一代信史非徒寶悦琛瑰而已識者鑒之

金閶書坊舒冲甫識

封面

無差別。按此書國內甚流行,然明刻舊本絕不可見。余所見明末清初刊之周之標序本及通行之四雪草堂訂正本,文字評語,實亦與此明本全同,毫無改易。唯刪原序及撰人名,致爲憾事。此本則序題儼然,書亦精好如是,自爲驚人秘笈。而觀封面所記書值乃爲紋銀二兩,尤致慨於明季至今相去不過三百餘年間,而得書難易之懸絕有如斯也。

此書作者久晦,後世傳說,致多讕言。今覯此本,乃稍知其端緒。卷首李雲翔序云:"舒冲甫自楚中重資購有鍾伯敬先生批閱封神一册,尚未竟其業,乃托余終其事。余不愧續貂,刪其荒謬,去其鄙俚。而於每回之後,或正詞,或反說,或以嘲謔之語,以寫其忠貞俠烈之品,奸邪頑頓之態。於世道人心,不無喚醒耳。"所謂鍾惺曾評者,自是依託。必云購自楚中,則以惺爲景陵人耳。似作者即雲翔。然第二卷第一葉又題"鍾山逸叟許仲琳編輯",所題如此,其人名決非僞撰。然他卷均無此題,不知何故? 觀封面識語,謂"書久係傳說,苦無善本,事半荒唐。兹集乃某先生名字削去考訂批評家藏秘册"云云;李雲翔序,亦謂俗有姜子牙斬將封神之說,從未有繕本,不過傳聞於說詞者之口。冲甫由楚中購得評本,而己爲刪定評論之。按:元有武王伐紂書三卷,即演此事,乃云無繕本,豈其書在明時久已不存,秘本鍾評之說,或亦誇張。且語言恍惚,無從徵其事實。或編書時曾以舊本作底本稍潤色之,亦未可知。觀書中所演,實亦與元刊本武王伐紂書平話略同,今之封神演義即就元本擴充之,乃顯然之事。封面猶題"武王伐紂外史",即襲元刊舊稱也。余邵魚編列國傳,遠在萬曆丙午(三十四年)之前,開端所記武王伐紂事,亦與今所見元刊本平話略同。則與此"封神演義"所據殆爲同一底本。宋元小說,明人所見,遠富於今日,元刊平話數種，明時當猶流傳；意亦傳本非一，重編敷衍者大有其人，至萬曆末，乃有此定本耶？

附：序

　　古今有可信者，經史綱鑑之書是也。有不可信者，齊諧、虞初、山海之書是也。若可信若不可信者，諸子小說陰陽方技術數之書是也。迨至結繩以後，倉頡成書，宇宙人始煥，斯文始鑿。極天蟠地，無竅不開，其中所以爲帝王帥相，人物臧否，如經史百家之書無不假此定其好醜。若所稱二帝曰放勳，曰重華；禹曰“文命敷於四海”；湯曰“顧諟天之明命”；文曰謨，武曰烈；下至曰桀，曰紂，曰幽，曰厲；何在不非史臣親承之下：揣摹則效之也？孟夫子尚曰：“盡信書不如無書”，況三代以來，所謂曰文，曰武，曰孝，曰莊，曰敬，曰神，曰懿，曰徽，曰德，種種美詞，不過皆史臣爲之粉過飾非，寫爲一代信史。其中可信不可信明甚。又何怪後儒曰：“三代之下無書。”嗟嗟！自周禮以小史掌邦國之志，外史掌三皇五帝之書，至周末德衰，不無紊亂。我夫子爲之憲章祖述，刪繁芟僞，不可不謂斯文之幸。孰意秦火一烈，尺籍無遺矣。雖歷漢魏晉於五代以至唐宋，不無除挾書之令求天下之遺書者；有建石室蘭臺東觀仁壽崇文秘閣，以藏其典籍者；甚至求錄於民間者：可謂盛矣！然而有遭喪亂而焚燬者，有遭遷徙而遺棄者，又有遭運而舟覆於砥柱，航海而盡喪於滄茫：可勝言哉！幸而天啓文明，我國家景運洪開，於斯文獨盛，真駕軼千古，而內府民間可曰汗牛充棟矣。俗有姜子牙斬將封神之說，從未有繕本，不過傳聞於說詞者之口，可謂之信史哉？余友舒冲甫自楚中重資購有鍾伯敬先生批閱封神一册，尚未竟其業，乃托余終其事。余不愧續貂，删其荒謬，去其鄙俚，而於每回之後，或正詞，或反説，或以嘲謔之語，以寫其忠貞俠烈之品，奸邪頑頓之態，於世道人心，不無喚醒耳。語云："生爲大（當是"上"字）柱國，死作閻羅王。"自古及今，何代無之？而至斬將封神之事，目之爲迂誕耶？書成，其可信不可信，又在閱者作如何觀，余何言哉？

邗江李雲翔爲霖甫撰　　　翔李　　爲氏
　　　　　　　　　　　印雲　　霖

平妖傳

羅貫中編平妖傳二十回，今唯吾國馬隅卿先生藏有錢塘王慎修刊本，即張無咎序馮夢龍本所謂"昔見武林舊刻本只二十回"者。明季馮夢龍增其書爲四十回。日本内閣文庫藏之泰昌元年刻本有張無咎序者，爲馮書初刻原本。崇禎間，板燬于火，張無咎復重訂舊序而刻之。内閣文庫藏之金閶嘉會堂本即此本，是爲馮書重刻原本。今之坊本四十回平妖傳，皆自嘉會堂本出。王慎修所刊，圖古樸蒼秀。馮書泰昌初刻本及嘉會堂重刻本附圖，亦遒麗細密，墨光爛然。余於國内，既見武林刻之羅氏舊本，於日本又見馮書之初二刻原本，於坊間諸本，直將塵垢視之。自幸酸丁眼福不淺也。

馮書初二刻本吾國所無。今分記於後：

天許齋批點北宋三遂平妖傳四十回　　内閣文庫

目録引首，書名均如此題。此爲泰昌元年刻本。

引首葉上題："宋東原羅貫中編"，"明隴西張無咎校"。

首泰昌元年張譽無咎序謂"昔見武林舊刻本止二十回，疑非全書，兼疑非羅公真筆"。"此書傳自京都，一勳臣家鈔本。即未必果羅公筆，亦當出自高手"云云。由此知馮氏平妖傳初出，猶冒羅氏之名，而張無咎序亦恍惚迷離如此，設非板燬重刻，則此翁狡猾，將騙盡天下人；而世所謂秘本舊本，傳自某府，纂於某人者，其可信程度，亦猶龍子之平妖傳而已。正文半葉九行，行二十字。插圖七葉，精絶。每葉前後二面，寫一回事，板心中題"第×回"。以此言之，則本全圖四十葉，此本不幸失之，僅存此數，爲可惜也。正文第一回前尚有引首一篇，爲今通行本所無。

叙

　　小説家以真爲正，以幻爲奇。然語有之，"畫鬼易，畫人難"。西遊幻極矣，所以不逮水滸者，人鬼之分也。鬼而不人，第可資齒牙，不可動肝肺。三國志，人矣，描寫亦工；所不足者幻耳。然勢不得幻，非才不能幻，其季〔孟〕之間乎？嘗辟諸傳奇：水滸，西廂也；三國志，琵琶記也；西遊則近日牡丹亭之類矣。他如玉嬌麗、金瓶梅如慧婢作夫人，只會記日用賬簿，全不曾學得處分家政，效水滸而窮者也。七國、兩漢、兩唐宋如弋陽劣戲，一味鑼鼓了事，效三國志而卑者也。西洋記如王巷金家神説謊乞布施，效"西遊"而愚者也。王緱山先生每稱"三遂平妖傳"堪與"水滸"頡頏。余昔見武林舊刻本止二十回，首如暗中聞砲，突如其來；尾如餓時嚼蠟，全無滋味；且張鸞、彈子和尚、胡永兒及任、吳、張等後來全無施設；而聖姑姑竟不知何物，突然而來，杳然而滅，疑非全書，兼疑非羅公真筆。及觀茲刻，回數倍前，始終結構備人鬼之態，兼真幻之長，縱山先生所稱，或在斯乎？余尤愛其以偽天書之誣兆真天書之亂，妖由人興，此等語大有關係。聞此書傳自京都一勳臣家鈔本，即未必果羅公筆，亦當出自高手，非近日作"續三國"、"浪史"、"野史"等鷗鳴鴉叫，獲罪名教者比。永（允）可列小說名家，故賈人乞余敘也而余許之。

泰昌元年長至前一日隴西張譽無咎父題

引首

词

　　　國泰時平，月白風清，興來時酒盞頻傾。茫茫今古，一局棋枰，看幾人爭，幾人敗，幾人成。　　休逞英雄，莫弄聰明！生一事，一害還生。滿盤算子，交付黔贏。只得順他來，順他止，順他行。

這篇詞名爲行香子，大概說人窮通有命，只宜安分，不可强求。且如讀書等輩，有高才絶學，辛苦一生，未遇知已，終於淪落；又有小小年紀，纔學諢得幾句，尚未成章，便聯科及第去了，千人喝采，萬人誇强。若是不達的，就說試官没眼睛，皇天没耳朵；却不知那小小年紀的，或是前生讀書行善，積下今生蚤享榮貴。所以古人說得好："要知前世因，今生受者是"；又道是："一飲一啄，莫非前定。"若是數合承當，爲王稱帝也是等閒。比如，宋太祖陳橋兵變，一朝黄袍罩體，不費絲毫氣力，子子孫孫，安享三百餘年天下，豈不是個□□。□是命中没有時節，眼盼盼看着一個銅錢到，若拾起時，還要變了個柿蒂。可笑那一種最没撏煞歪肚腸空腦子的人，癡心妄想。如唐末進士黄巢，一個及第也撏不來，却想要做皇帝，殺人百萬，流血千里，後來被其甥林言所誅，貽臭于萬年之下。又如漢末黄巾賊首張角，依着左道，招引三十六方之衆，一時俱叛，自稱"天公將軍"，亦爲皇甫嵩所破，弟兄三人俱死無葬身之地。那兩個人便攪壞了漢、唐兩家的社稷。漢家天下，分爲三國，唐家天下，變做梁朝：這也是兩家國運將終，天使其然。不在話下。還有不達時務的，遇國家盛的時節也去弄一場把戲，不能個稱孤道寡，只落得身首異處，把與後人看樣：則今三遂平妖傳這本話頭便是。有詩爲證。詩曰：

飲啄由來總是天，須將行素學前賢。

飯蔬飲水真吾分，食禄乘車亦偶然。

紙虎狗形空費筆，井蛙龍勢豈安眠。

請看三遂平妖傳，禍福分明在簡編。

墨憨齋批點北宋三遂平妖傳四十回　　內閣文庫

明金閶嘉會堂刊本。封面題"墨憨齋手校新平妖傳"。有識語云："舊刻羅貫中三遂平妖傳二十卷，原起不明，非全書也。墨憨齋主人曾於長安復購得數回，殘缺難讀。乃手自編纂，共四十卷，首尾成文，始稱完璧。題曰'新平妖傳'，以別於舊。本坊繡梓，爲世共珍。"末署"金閶嘉會堂梓行"。又有二章,右下曰"潁川陳氏"。左上曰"勗吾發兌"。蓋書坊主人也。目錄葉題"墨憨齋批點北宋三遂平妖傳"。引首葉亦題"天許齋批點北宋三遂平妖傳"。撰人題名,一變初刻之舊,題"宋東原羅貫中編","明東吳龍子猶補"。首張無咎序,不記年月。序文及署名,均與今通行本同。所以題"龍子猶"之故,蓋重訂序中已明言子猶補作及重刻之故,故撰人題名亦從其實,不復爲猶龍子隱也。正文半葉亦九行,行二十一字。圖十葉,亦精。蓋二刻圖省工力,僅有十圖。第一回亦有引首,與初刻同。坊本皆從此本出,獨刪此引首,其愚妄尤不可解也。

飛跎全傳四卷三十二回　内閣文庫

　　嘉慶丁丑(二十二年)一笑軒刊本。小型。首嘉慶丁丑一笑翁序,稱"趣齋主人,負性英奇,寄情詩酒,往往乘醉放舟,與諸同人襲曼倩之恢諧,學莊周之隱語。一時聞者,無不啞然失笑。此飛跎全傳之所以作也"。按李斗揚州畫舫錄卷十一虹橋錄下記當時評話稱絕技者,有鄒必顯之飛跎傳;又卷九小秦淮錄云:鄒必顯以揚州土語編輯成書,名之曰"揚州話",又稱"飛跎子書"。當即此書。序所謂趣齋主人,殆即鄒必顯。馬隅卿先生曾購一光緒乙未上海書局石印小本,書衣題"繡像三教三蠻飛跎子傳",每卷題"繡像三教三蠻維揚佳話奇傳"。卷數回數俱同,與此爲一書。序亦同,但無署題。序又有"同人久請授梓,而主人終以遊戲所成,唯恐見嗤"之語,疑即當時書會所刻者。觀二書書題不同,則所刻已非一本矣。書名"飛跎"者,焦循易餘籥錄卷十八云:"凡人以虛語欺人者,謂之跳跎子;其巧甚虛甚者,則爲飛跎。"則本揚州俚語。今觀此書,誠亦飛跎之至。記一石姓子，背隆起而足跛，人稱跳跎子。忽如異人，備諸幻變，以臘君封駝子爲跎王，威震中原名揚四海結束。一味荒唐玄虛，莫名其妙，而多雜揚州語，市人揣摩口吻，乃躍躍紙上。似用意唯在謔浪，與敷演故事者殊科，而與世傳之何典，卻爲風味相親。然彼意存諷譏，此又似不然。不知當時何以稱絕技動人如此。蓋亦清風閘之類，如俞樾所謂"由於口吻之妙，不在筆墨間"者耶？

明清部四（長篇）

公　案　類

水滸傳

　　所見明本凡五種。文繁事簡者：爲容與堂李卓吾評本，及某坊刻鍾伯敬評本，並百回。文簡事繁者：爲閩刻評林二十五卷本，五湖老人序三十卷本，熊飛刊英雄譜一百十回本。又有金聖歎刪定之七十回原本。除金聖歎刪定本外，皆罕覯。今以刊書先後爲次，分記於下：

京本增補校正全像忠義水滸志傳評林二十五卷殘存十八卷　内閣文庫

　　明余氏雙峰堂刊本。第一卷至第七卷缺。重第十卷。不標回數。各則中每有"仰止先生或仰止余先生觀到此處有詩"云云。按：仰止爲余象斗字。明刊八仙傳引署云三台山人仰止余象斗。又號三台山人。明福建建寧府建陽縣人。建陽余氏，以書肆名家，自宋至明，世守其業，凡數百年。以余所知，余氏在明時所刻小說，有題三台館者：如唐國志傳，大宋中興岳王傳，南北兩宋志傳：並署"潭陽書林三台館梓行"。其兼署姓名者：如東西兩晉演義署三台館余氏，英烈傳署余君召，列國志傳署文台余象斗，二十四帝通俗演義全漢志傳署元素。凡此並三台館本。有題雙峰堂者：如大宋中興演義，如三國志傳。又有萬錦情林兼署姓名，曰"雙峰堂文台余氏梓"。凡此皆雙峰堂本。諸所題名有不同者，今不能定其世次。觀日本蓬左文庫所藏京本通俗演義按鑑全漢志傳十二卷，係萬曆十六年刊本，署云"書林文台余世騰梓"。則余世騰字文台。而萬曆丙午（三十四年）本京本春秋五霸七雄全像列國志傳蓬左文庫、大連圖書館均有此本。題"後學畏齋余邵魚編集，書林文台余象斗評梓"。其封面識語"象斗校正重刻"云云，末署"余文台識"。内閣文庫藏明本八仙傳，封面署"余文台梓"，序署"三台山人仰止余象斗"。則字仰止之余象斗與字文台之余世騰實為一人。又觀東西兩晉演義，署"雙峰堂主人鑒定，三台館余氏梓行"；馬隅卿先生藏覆本。唐國志傳署三台館，又有"雙峰堂記"圖章；此書日本宮内省藏。萬錦情林署"三台館山人仰止余象斗纂"，"書林雙峰堂文台余氏梓"，日本東京帝大研究所藏。則三台館與雙峰堂實為一家之書肆，且即象斗所經營者。此雙峰堂本水滸志傳評林，或即象斗所刊，或其後人刊之，固不可知。然無論如何，其刊書時代，當在萬曆間，無可疑也。其書分三欄：上欄為評釋，中欄為圖，圖左右有題句。下欄為正文。半葉十四行，行二十一字。形式與萬曆丙午刻之春秋五霸七雄全像列國志傳正同。但彼開板較闊，字亦工整，此則字較小而不甚工。書有田虎王慶事，多删節。友人鄭西諦君於巴黎國家圖書館所見新刻京本全像插增田虎王慶忠義水滸全傳，亦余氏刻本，據鄭氏審定。書僅存二十卷及二十一卷之半，比此本殘缺尤甚。據西諦所記，其殘存之一卷半皆王慶事。此本二十卷記田虎事訖。二十一卷二十二卷記王慶始末，至二十三卷始畢，則與西諦所見非一本。且彼名"新刻京本全像插增田虎王慶忠義水滸全傳"，此名"京本增補校正全像忠義水滸志傳評林"，書名亦不同。然以增補號召則一。觀其命名，於增補之外，加"校正""評林"字樣，似增補事已屬過去，所矜者爲校正與集評。意西諦所見爲原本，而此爲重刊本，即從西諦所見本出者。然皆爲一家刊書，其書之增田虎王慶亦同，則其内容文字，殆至爲接近。雖非一本，正不妨以一本視之。西諦所見本僅存一卷半，此則多至十八卷。雖殘帙亦可珍貴矣。

此書雖增田虎王慶故事，然於舊有部分，實多删略，不依原書。今以四事説明之：

一　詩詞之删略

吾國小説於正傳前，例有入話及詩詞，此等體例，實自宋朝説話人一脈相傳而來。今所見最古小説，如京本通俗小説，開首莫不有詩詞，馮夢龍撰三言，亦尚依此意。長篇如金瓶梅亦然，蓋作者爲名士，鑒源知古，故未嘗以爲支言而不用也。今所見高陽李氏百回本水滸，似從舊本出者，而開端都無詩詞。今閲此本，乃知舊本開端原有詩詞，後來刊本，乃以其無用而删之，即篇中所附，以今百回本勘之，亦删去不少。此本雖亦删略，但多移于上方評釋欄中。如八卷"吳用舉戴宗"篇評云:"凡引頭之詩,皆未干水滸内之事,觀之攄原文作此字眼,故寫於上層,隨愛覽者覽之。"詩云云。九卷"楊雄醉罵潘巧雲"篇評云:"詞之事皆是一引頭,何必要?故錄上層,隨便覽觀。"詩"朝看瑜珈經"云云(按:此詩百回本四十五回在正文中間,不在篇首)。卷十"楊雄大鬧翠屏山"篇評云:"各傳皆有引頭之詩,未見可取。觀傳者無非覽看詞語,觀其事實,豈徒看引頭詩者矣?原文作矣字。故此引頭詩,反攄人耳目。故記上層,隨人覽看。"詩"古賢遺訓太叮嚀"云云。卷十五"柴進簪花入禁院"評云:"一首詩從宋江入城言起,直到李逵鬧皇君止,不可削之,錄於上層。"詩"聖主憂民記四兇"云云。自十九卷以下,於標題下皆側注云:"其詩錄上。"凡此本上欄所錄古今體詩及詞,今皆不見於篇首。於此可知,原本水滸篇首概有詩詞,而今本已全數删去。此閩本雖力斥其不必要,究以"欲去時不錄,恐他人不知者,言此處落矣",十一卷"戴宗智取孫勝"篇評語。故雖於正文不錄,而仍移之於上欄,原書面目,猶未全失。此書於正文往往大胆删節,獨於此等猶稍持矜愼態度,推其用意,未必有愛於詩詞,蓋引首詩詞人所習見,易於看破,不若正文叙事之中節省文字之可以苟且矇溷耳。又以此書觀之,不唯引首詩今本皆删去,即文中之詩,此本偶存者,亦往往不見於百回本。九卷"楊雄醉罵潘巧雲"篇"送暖偷寒起禍胎"一絶,今猶見百回本四十五回。惜在東京時手中無百回本,不獲詳校其異同。余意文中所附詩,書賈多隨意增添改換,如三國、唐傳附静軒麗泉詩之類。若引首詩詞,如此本評者所云云,則當是舊本所有,不幸刻書者多存不必要之見,遂致刊落無遺耳。

二　正文之删略

此本雖以增補號召，實則增多者爲田虎王慶故事，於舊有文字删略殊多，正如胡應麟所謂“止録事實，遊詞餘韻神情寄寓處一概删之”者。所以知其爲删略而非祖本者，以語不繕完明之。如八卷“宋江吟反詩”篇記宋江自語云：“我生在山東，出身雖留得一個虛名，目今三旬之上，功名不就，父母兄弟幾時相見？不覺淚下。覩物傷情作西江月詞。喚酒保筆硯寫向粉壁，以記歲月。”文簡拙不成句①，試以原文勘之，則知其省其所不能省不當省，斷斷乎爲無知書賈之所爲無疑。卷九記假李逵剪徑事，無此目。通行本謂李逵有感於公孫勝之請假歸籍省母，因亦請假下山。此則略去李逵請假一段，逕接入“且説李逵來到沂水縣西門外，一簇人看榜”，則語爲無根。他如十卷之“解珍解寶越獄”篇，事爲異軍突起，故百回本於此有説話人解釋一段，此亦略之。十一卷“插翅虎枷打白秀英”篇，記説唱諸宫調事，亦縮減文字，此一段記勾欄情狀在水滸爲絶妙之文，今則不可得見矣。十五卷“燕青智撲擎天柱”篇，無唱貨郎兒之語。就當時記憶所及，匆匆籀讀，所得已如此數，其餘文字，當可類推。胡應麟不堪覆瓿之言，爲不謬矣。

三　節目之省併

每則標目，與百回本比較，則所省者爲：“梁山泊好

---

①編按：此下原有“改原文‘學吏出身’爲‘出身雖留得一個虛名’，此尚成何語”二句，據孫先生自校本删。

漢劫法場,白龍廟英雄小聚義”。百回本四十回,此併於
“潯陽吟反詩”篇。“還道村受三卷天書,宋公明遇九天玄
女”。“假李逵翦徑劫單身,黑旋風沂嶺殺四虎”。百回
本四十二回、四十三回,此併於“宋江智取無爲軍”篇。“撲天
鵰雙修生死書,宋公明一打祝家莊”。“一丈青單捉王
矮虎,宋公明兩打祝家莊”。百回本四十七回、四十八回,
此併於“楊雄大鬧翠屏山”篇。“李逵打死殷天錫,柴進失
陷高唐州”。百回本五十二回,此併於“插翅虎枷打白秀英”
篇。“徐寧教使鈎鐮鎗,宋江大破連環馬”。百回本五十
七回,此併於“吳用使時遷盜甲”篇。“宋公明夜打曾頭市,
盧俊義活捉史文恭”。百回本六十八回,此併於“宋江賞馬
步三軍”篇。“宋公明大戰幽州,呼延灼力擒番將”。百回
本八十七回。“混江龍太湖小結義,宋公明蘇州大會
垓”。百回本九十三回。“盧俊義大戰昱嶺關,宋公明智
取清溪洞”。百回本第九十八回。蓋文字既省,則標目亦
不得不省併也。

四　增加部分

水滸故事,起於北宋,流傳於南宋金源,大扇於元,
復疊經明人之潤色附益,遂爲今之百回本、百十回本與
百二十回本。其故事之構成,時代先後不同,真僞相
間,然稍習舊聞參伍證之,則亦可鑒其時代,定其真僞。
以今考之,自張天師祈禳瘟疫至打東平府東昌府止,蓋
爲宋人舊話而盛演之於元人者。方臘故事,當亦甚早。
打東平東昌後征方臘前如李逵壽張坐衙及雙獻功,燕
青撲擎天柱,柴進簪花入禁院,宋江訪李師師,蓋亦話
本遺留。三敗高太尉,征遼事,文特荒率,縱有所本必
非元本之舊,宋更無論矣。且擊遼在平方臘之後,此乃

倒置,顯係明中葉無知之人所增。然其時代似猶在插增田虎王慶之前,意者弘治之後萬暦以前,河套不守,邊事日急,乃有此悠謬之說乎?若田虎王慶故事,則顯以有征遼事之水滸傳爲底本而增出者,其出於明人之手,尤無疑義,西諦以爲即閩書賈所增,蓋爲近之。以余所見此本考之,則記宋江平遼後班師面君下入征田虎事與平王慶後面君下入征方臘事,其過脈處文字全同,如平遼後班師回朝,其情事爲:

> 賜賞宋江錦袍一領,金甲一副,名馬一匹。盧俊義等,各於内府開支。宋江等謝恩出官禁,至行營候朝庭委用。不在話下。却說當時有四處賊寇⋯⋯

記平王慶班師回朝情狀則謂:

> 欽賞宋江錦袍一領,金甲一副,名馬一匹。盧俊義等賞賜,盡於内府開支。宋江等謝恩出西華門上馬回到行營安歇,聽候朝庭委用。次日,公孫勝喬道清⋯⋯

前事爲百回平遼後原文而稍撙節;後事亦百回平遼後原文而稍撙節,下接公孫勝歸隱事亦同,唯多出一喬道清而已。其記擒田虎後徽宗敕云:"田虎田彪欺天罔上,爲惡不仁,罪不勝誅,着三法司多官綁去人煙輳□之處凌遲!"三法司自是明人語。刑部、都察院、大理寺爲三法司。如其所說,則三法司多官所司乃綁縛行刑,可笑之甚。

增田虎王慶部分凡十七節,目與熊飛刊英雄譜本
稍有出入。今校錄於下:

[盧俊義分兵征討　宿太尉保舉宋江]
　　　熊本有此目,此本無。

十九卷

　　盛提轄舉義投降　元仲良憤激出家

　　衆英雄大會唐斌　瓊郡主配合張清

　　公孫勝再訪羅真人　没羽箭智伏喬道清

　　宋江兵會蘇林鎮　孫安大戰白虎關

二十卷

　　魏州城宋江祭諸將　石羊關孫安擒勇士

　　[盧俊義神攻獅子關　段景住暗認玉欄樓]
　　　熊本有此目,此本無。

　　及時雨夢中朝大聖　黑旋風異境遇仙翁

　　[喬道清法述五千兵　宋公明義釋十八將]
　　　熊本有此目,此本無。

　　卞祥賣陣平河北　宋江得勝轉東京

　　徽宗降敕安河北　宋江承命討淮西
　　　熊本無此目。

二十一卷

　　高俅恩報柳世雄　王慶被陷配淮西

　　王慶打死張太尉　夜走永州遇李杰

　　快活林王慶使槍棒　段三娘招贅王慶
　　　熊本下有"自"字。

　　宋公明兵度呂梁關　公孫勝法取石祁城

二十二卷

　　李逵受困于駱谷　宋江智取洮陽城

　　　　宋公明遊夜翫景　　吳學究帳幄談兵

　　　　孫安病死九灣河　　李俊雪天渡越水

　　二十三卷

　　　　公孫勝馬耳山請神　　宋公明東駕嶺滅妖

　　　　　　熊本"嶺"下有"山"字。

　　　　公孫勝辭別歸鄉　　宋江領勑征方臘

　　　　　　熊本"歸"作"居","宋江"作"頭目"。

　　　　……

（注）以上卷第節目，以評林本爲主。其目爲熊本所有評林本所無者，以［　］記之。

　　以上所説，此本增多田王故事，於舊本原有文字删略殊多，實爲書肆妄作因陋就簡之俗本。雖以增補批評標榜，而所增者既無意義，評語又至不通。然其價值不在於書之善否，而在水滸故事演化中歷史上之地位。增田虎王慶故事之水滸傳，吾國未見明本，如日京內閣文庫藏之明熊飛刊本英雄譜，即從此評林本出；坊間通行之漢宋奇書殆又從英雄譜出。法國巴黎所存者，即是原本，已殘缺太甚；此本爲比較完備。引首詩詞，雖不録於正文，猶存之於上方，萬曆前水滸舊本形式，猶於此書徵之：斯則不無可取。自研究水滸者視之，固爲珍貴之史料也已。

李卓吾先生批評忠義水滸傳一百卷一百回　　內閣文庫

　　明容與堂刊本，無圖，半葉十一行，行二十二字。板心上題"李卓吾批評水滸傳"，下題"容與堂藏板"。葉數則記於後半葉之板心下。首李卓吾序，後署"溫陵卓吾李贄撰"。又另行題云"庚戌（疑萬曆三十八年）仲夏日虎林孫樸書於三生石畔"。此序百二十回本亦載之。

次爲梁山泊一百單八人優劣，爲一短文。以李逵爲首，謂爲梁山泊第一尊活佛，次則石秀魯達武松等。於宋江吳用則譏其權謀，以爲佛性漸滅殆盡。品題人物，無端摻合禪語，已覺弔詭。觀其高下低昂處，則知此等見解評論，自萬曆時已然。聖歎特本此旨而發揮之而已。次爲批評水滸傳述語，述評刻大意，每條皆云"和尚"，意即指李贄。末署"小沙彌懷林謹述"，亦不知何人。中云："和尚有清風史一部，則和尚手自刪削而成文者，與原本水滸傳絕不同。又手訂壽張縣令黑旋風集，令人絕倒，不讓世說諸書。"後復有小記云"本衙已精刻黑旋風集、清風史將成矣"云云。此二書今俱不見。黑旋風集當即聖歎所蚩之壽張集，以爲"嚼人屎橛不是好狗"者。次爲論水滸傳文字，以爲貫串三教，議論多可笑。次爲水滸一百回文字優劣，謂其中照應謹密，曲盡苦心，亦覺破碎，反爲可厭；乃不免腐儒之見。明代士夫爲文，務爲簡古，襲先秦之面目而無理致，風聲所播，延及閭里，遂有以古文法度衡小說者。書賈刻書，動多刪略，固爲省貲節本起見，然亦此輩有以啓之。此在吾國小說史上亦一厄運也。又謂九天玄女石碣天文，最爲可惡。水滸傳著此二事固無謂，然玄女授天書固源於宋人，來歷亦舊。至謂天道定不如此，則捨文字而論鬼神，亦未足服作者之心。正文亦百回。第一回前爲引首，乃高陽李氏本第一回之前半。開篇爲邵堯夫詩，亦同百二十回本。文有眉評，旁評。卷後總評或署"李載贄""李禿翁"，或署"李和尚"，頗不一律。按國內所見水滸傳，有袁無涯刊之百十二回本，爲啓禎時刻本無疑。有李玄伯藏之百回本水滸傳，圖與百二十回爲一板,或亦時相近。此本據李卓吾序後所題,似即萬曆三十八年刊本,與閩刊之水滸評林時代相去不遠。在板刻上,自爲極重要之本子也。

　　此本無田王故事,文同高陽李氏之百回本。其最堪注意者,爲評者以個人意見所加之許多擬删符號,對於擬删字句,皆上下乙之。句旁直勒亦甚多,但用意似示應注意或不滿,非擬删符號。旁勒鈎乙,充滿篇幅。以天啓間刊鍾敬伯評本校之,則擬删處亦十同八九。以崇禎間熊飛刊百十回本校之,則擬删之處,熊本果削去不錄。惜無充分時間,不得逐句逐字校勘。試舉數例,如第三十九回“宋江吟反詩”篇,“詩曰:江上高樓風景濃,偶因登眺氣如虹。興狂忽漫題新句,却被拘攣狴犴中”。此本與鍾本上下皆乙之,百十回本果無。李玄伯百回本亦無此詩。第五十四回“入雲龍破高廉”篇,自“宋江陣開處”句起,叙事百餘字,四六二百餘字,至所插第三段駢文中之“手内劍橫三尺水,陣前馬跨一條龍”止,此本及鍾本皆擬删,而百十回果無。李氏百回本則儼然俱存。第九十回“五台山宋江參禪”篇,自“天子命光禄寺”句起至“賜御宴已罷”,及中附之駢文一段,此本與鍾本擬删,而百十回本無之。李氏百回本亦無之。第九十五回“張順捉方天定”篇,解珍遇袁評事後回寨報事,“特來報知主將”句下之“有詩爲證”四字,及詩“解寶趨營忽報言,糧舟數十泊江邊。憑誰説與方天定,此是成功破敵年”。此本擬删,鍾本不删,而百十回本果不錄。李氏百回本亦無。第百回“宋公明神聚蓼兒洼”篇,“話説爲何只説這三個到任按指花榮、吳用、李逵三人。別個都説了絶後結果?爲這七員正將按指戴宗、阮小七、柴進、李應、關勝、呼延灼、朱仝七人。都不斷見着，先説了結果。有詩爲證”四十字，及詩“百八英雄聚義間，東爭西討日無閒。甫能待得成功後，死別生離意（竟）莫還”。此本及鍾本皆擬删，而百十回本亦無之。李氏百回本有叙事四十字，無詩。然此四十字與下文“後這五員正將宋江、盧俊義、花榮、吳用、李逵還有斯會處，以此未説絕了結果。下來便見。”實乃一意相承。以爲“可删”，原注。甚不合理，則亦學究之見而已。以是言之，則文簡事繁之百十回本，實就百回本删節。友人鄭西諦君，謂簡本如百十五回本等實自羅貫中原本出，非自今行之百回本出，小説月報二十卷九號。殆亦非篤論。坊刻漢宋奇書等又自熊本出無疑。無論如何，百十回本與百回本當有幾許關係，以其所删乃循批點家之謬見謬評，爲有意的而非自然的也。就此五條觀之，雖所擬删者多爲無關重要之駢文及詩，然如末條所舉，則斷不可删之文字，亦以私意刊削。以此類推，則水滸傳中吾人認爲佳文字及重要文字，在百十五回本中因陋儒之指摘而銜冤剗落者，當亦爲數不少。惜不能詳細勘之也。

鍾伯敬先生評忠義水滸傳一百卷一百回　神山閏次氏

明刊本，半葉十二行，行二十六字。首鍾惺序及水滸傳人品評。原書缺，以他本鈔補。開板不甚闊，行與字皆密。刻工形式，與長澤規矩也氏所藏之明本金瓶梅乃極相似。卷二十二題“積慶堂藏板”。聞京都倉石氏有藏本不缺，惜未能目覩。鍾序有“世無李逵吳用令哈赤猖獗遼東”之語。按：惺以天啓初任福建提學副使，癸亥丁憂，爲南居益所劾，坐廢於家，始選詩歸及評左傳、史記諸書，盛行於時，不脛而走。此序特言哈赤，且書以鍾評標榜，則書刻當在天啓乙丑丁卯間。書無田王故事。文中亦照刻擬删符號，鈎乙甚多，大致與容與堂李卓吾評本同。

水滸全傳三十卷　東京帝大研究所

大本。署金閶映雪草堂刊。圖二十葉，半葉十行，行二十字。刻殊不工。卷首序，末署“五湖老人題於蓮子峰小曼陀精舍”。書無節目，應訖處乙之。與鄭西諦在巴黎所見寶翰樓刊本同。有田虎王慶事，乃文簡事繁之本。

精鐫合刻三國水滸全傳　內閣文庫

明雄飛館刊本。封面題“英雄譜”，欄外橫題“二刻重訂無訛”，則尚有初刻。書上層爲水滸，下層爲三國。前有圖百葉，頗精。三國圖自第一葉至六十二葉止。水滸圖自六十三葉至百葉止。圖後半葉爲題詠，句旁有圈點及評，皆用朱墨。署名有張瑞圖及張采等，則崇禎時刻矣。正文上十七行，行十四字。下十四行，行二十二字。首熊飛英雄譜弁言，尾署“熊飛赤玉甫書於雄飛館”。又叙英雄譜，後署“晉江楊明琅穆生甫題”。水滸題“錢塘施耐庵編輯”。三國題“晉平陽陳壽史傳，元東原羅貫中編次，明溫陵李載贊批點”。

此合刻本所載水滸目一百零六回，實爲一百十回。第十回前有引首，與容與堂本同。開篇有詞有詩，詩爲邵康節七律，亦同容與堂本，但詞爲“人秉陰陽正氣”云云，獨此爲異。第一回開篇詩“絳幘雞人報曉籌”云云，二回開篇詩“千古幽扃一旦開”云云，亦同容與堂本。文中字句，凡容與堂李卓吾評本與鍾伯敬評本曾加擬删符號者,此本皆逕刪其文字,似刻書時即以此等本爲底本。

此本"雙林渡燕青射雁"後增田虎王慶事,共十九回,較閩刻評林本多三回,少一回(已詳評林)。又以此本文字校閩刻水滸志傳評林本文字,則省略處亦同。唯閩本省去百回本之目,此本或省或不省,標目上下聯,間有一二字不同,然大致全合。所省回目,已於評林下記之。今更以高陽李氏百回本爲主,記閩本及此本同異於後:

梁山泊好漢劫法場　　白龍廟英雄小聚義

　　　　李本四十回目。閩本熊本皆無此目。

還道村受三卷天書　　宋公明遇九天玄女

　　　　李本四十二回目。閩本無此目。熊本正文目爲"宋江授廟夢見玄女,娘娘傳授宋江天書"。

假李逵翦徑劫單身　　黑旋風沂嶺殺四虎

　　　　李本四十三回目。閩本無此目。熊本正文有。

撲天鵰雙修生死書　　宋公明一打祝家莊

　　　　李本四十七回目。閩本熊本皆無此目。

一丈青單捉王矮虎　　宋公明兩打祝家莊

　　　　李本四十八回目。閩本無。熊本忘記。

李逵打死殷天錫　　柴進失陷高唐州

　　　　李本五十二回目。閩本熊本皆無此目。

徐寧教使鈎鐮鎗　　宋公明大破連環馬

　　　　李本五十七回目。閩本熊本皆無此目。

宋公明夜打曾頭市　　盧俊義活捉史文恭

　　　　李本六十八回目。閩本熊本皆無此目

宋公明大戰幽州　　呼延灼力擒番將

　　　　李本八十七回目。閩本無。熊本有此目同,但

“呼”字作“胡”。

第五才子書施耐庵水滸傳七十五卷　長澤規矩也氏

　　明崇禎刊本，無圖。正文半葉八行，行十九字。板心魚尾上題“第五才子書”，魚尾下記卷數。板卷下題“貫華堂”。卷一目爲“聖歎外書”，序一、序二、序三，第三序署“皇帝崇禎十四年二月十五日”。卷二爲“宋史綱”、“宋史目”。卷三爲讀第五才子書法。卷四爲施耐庵序。卷五以下始爲正文。此聖歎水滸傳原本，吾國國立北京圖書館亦有一部。以書重刊者多，已無足貴。然原本亦不多見。

勸　戒　類

醋葫蘆四卷二十回　內閣文庫

　　原刊。大本。卷首有細圖二十幅，左右半葉合爲一幅。記刻工曰“項南洲刊”。封面中央大書書名，右上題“且笑厂評點小説”，左有題識數行，署“且笑厂主人識”，一如三言等書封面形式。首序，署“筆耕山房醉西湖心月主人題”。正文前又有説原，亦署“且笑厂主人”。每卷皆題“西子湖伏雌教主編”。評人署題，屢易其名。一卷曰且笑厂芙蓉癖者評。二卷曰心月主人評。三卷曰大堤游冶評。四卷曰弄月主人竹醉山人同評。余所見，弁而釵、宜春香質，與此書形式同，其署題或同或異，蓋皆一人所編一家所刊者。弁而釵、宜春香質二書，穢拙殆不可卒讀，皆爲每書四故事之短篇總集，此獨爲長篇，且舍猥褻而言因果報應，殊出意料之外也。

療妒緣八回　內閣文庫

　　坊刻小本。題“靜恬主人戲題”。略謂朱綸妻秦氏性

妬。朱會試赴京，遇盜，爲許雄所救，妻以女巧珠。秦氏踵
夫赴京，路爲盜所擄，而巧珠亦被擄至山，與秦同繫，乃設計
偕秦潛逃。秦感其義，因與共事一夫，妬念全消。文短而
拙。與坊刻鴛鴦會小説實一書異名。

附：叢書

怡園五種　　神山閏次氏

　　道光十四年坊刻本。爲一純收通俗小説之叢書。所收
凡五種：一爲玉支磯傳二十回，題"天花藏主人述"。二爲雙
奇夢二十回，即金雲翹傳。三爲情夢柝二十回，題"安陽酒
民著"。四爲蝴蝶媒十六回，題"南岳道人編"。五爲麟兒報
十六回，未題撰人。所收皆常見之書。唯此叢書，在國内余
未之見。

日本東京所見小説書目　卷六

附　　錄

傳　　奇

效顰集三卷　　內閣文庫

　　日本舊鈔本。卷第下題"漢陽縣儒學教諭南平趙弼撰述"，"漢陽府知府新安王靜訂正"。有弼宣德戊申自撰後序，誤置於卷首。此書四庫存目小説類著録，謂其書皆紀報應之事，意寓勸懲，而詞則近於小説。第三卷中闕疥鬼對、夢遊酆陽傳二篇，殆傳寫佚之。此鈔本則完全無缺。文二十六篇，雜記宋末元末及明洪武、永樂、洪熙三朝軼事，而以元至正間事爲尤多。據弼自序，謂書之作以繼洪邁瞿佑二家之後，而文采殊遜。其中大部分只可認爲艱拙的散文，不得謂之小説。最可注意者，爲中卷之鍾離叟嫗傳、續東窗事犯傳及下卷之木綿庵記。鍾離叟嫗傳記王荊公事，與京本通俗小説之拗相公無一不合，幾若一人以雅俗兩體演成者。續東窗事犯傳，明朝中葉諸通俗雜書多録之，古今小説所演亦同。賈似道木綿庵事宋南戲有之，古今小説亦有木綿庵鄭虎臣報冤,此三篇均與話本有關。而鍾離叟嫗傳尤重要。按:繆荃蓀刊京本通俗小說,自云出於景元人寫本,如所載拗相公果脫胎於此書之鍾離叟嫗傳,則繆氏景元本之說即根本動搖,即所收諸篇見於也是園書目爲宋人詞話者,亦將成問題。然以余考查結果,則此鍾離叟嫗傳及木綿庵記,與其認爲弼自作,毋寧認爲與話本出於同一底本,因此二篇之組織及作風,顯然與他篇不同,他篇爲弼所自撰者,皆情節甚簡而文筆極拙,如鍾離叟嫗傳之結構筆墨,以他篇律之,斷斷乎非弼之文也。余在內閣文庫閱書,未注意此書,因遇伊能源太郎氏,伊能君方致力於吾國三言研究,爲余言之;因細閱全書一過,記個人之見如此。

　　諸篇所述故事約略記之如下:

上卷

　　續宋丞相文文山傳

　　　　　　文中附元字羅祭文丞相文。又古風一首,七言律二首,疑弼自作。

　　宋進士袁鏞忠義傳

　　　　　　袁字天與,洪都鉅族,咸淳辛未進士,與謝昌元趙孟傳共謀拒元兵,爲孟傳所賣,被執焚死。子澤民,有義僕收之,四世孫即袁柳莊。

　　蜀三忠傳

　　　　　　記明玉珍入蜀,元平章郎革歹、左參政趙資、右參政完者都殉難事。

　　何忠節傳

　　　　　　何字廷臣,江陵人,永樂進士,遷日南知州事。洪熙初,黎利抗明。何夜縋出城請師,爲敵所獲。以杯擊敵面,罵敵死。禮部致祭,諡"忠節"。附弼所撰祭文。

玉峰趙先生傳

趙名善瑛，字廷璋，蜀人。至正庚子，遭天下亂，撫恤親友，多所全活。癸卯，明玉珍據蜀，徵之，不就。入明，築室錦江，著述自娛，有陶貞集、正誼藁傳於世。

張繡衣陰德傳

張名純，字志忠，南郡人。永樂進士，擢監察御史。宣德癸丑，丁艱在家，值荊湖大飢，出己貲勸賑，全活三千人。

孫鴻臚傳

臨川孫剛有盛德，爲同里何某所辱。及官四川參政，何以罪流萬邑，反厚遇之。

趙氏伯仲友義傳

記明威將軍烏撒衛指揮趙銘二子孟開孟明互讓襲職事。

愚莊先生傳

愚莊爲永嘉潘文奎，洪武庚辰進士，官至廣西主考，性恬退，曾官漢陽別駕。

新繁胡大尹傳

記胡壽安（克仁，新安人）宰新繁時清節。

覺壽居士傳

遂寧人袁學壽學佛，好善。永樂甲午，遂寧旱，禱雨有應。此篇正文在張繡衣陰德傳後。

中卷

三賢傳

山東孔允寓蜀，商販至左綿，夜宿人家，遇三人：一爲司馬長卿，一爲王子淵，一爲楊子雲。因相與醻詠。孔爲詩譏子雲，長卿子雲亦相詆毀。子雲拂衣而去。

鍾離叟嫗傳

情節次第，與小說拗相公全同，附詩亦同。

酆都報應傳

至正辛卯，渝州士人李文勝好玄元之教。上元夜赴酆都山玉真觀誦經，有三神道見於殿中，中坐者爲酆都大帝。士人因旁聽斷戾太子江充案，袁盎晁錯案，漢外戚呂史竇梁案，又王鳳王莽及附逆臣谷永等案。

續東窗事犯傳

錦城士人胡迪讀秦檜東窗傳憤恨作詩，有怨冥司語。就寢後，被攝至冥府，乃見秦檜及妻皆受刑。其他各朝奸臣宦官，亦皆有獄。忠良皆居瓊樓。文中附載迪作供一判一。文甚長。按秦檜冥報，宋洪邁夷堅志既著其事，元人又譜爲戲曲。蓋以岳飛冤死，秦檜壽終，人心不平，不得已而委之於冥報，如此篇所記，意既無謂，文亦未工。而以岳飛事最足以刺激人之故，故故事特爲盛傳。如明嘉靖本大宋演義中興英烈傳即取此篇爲最後回目，萬曆本國色天香及明何大掄序本燕居筆記亦皆選錄。馮夢龍古今小説且本之演爲通俗小説。至今猶流傳於市井里巷也。

鐵面先生傳

蜀士人韓德原性直，稱“鐵面先生”。適雷震牛，韓作弔牛文哀之。神乃於牛脊留字，乃唐奸臣許敬宗等二十八人名。

蓬萊先生傳

古渝人林孟章號蓬萊先生，嗜酒，病死。妻邢絕美。葬林後，偶染疾，延醫生蔣某診脈。蔣説之改嫁，竟自娶邢。後林屢見形於其家。蔣果以祟死。金瓶梅李瓶兒嫁蔣竹山事，似取徑於此。

下卷

青城隱者記

華陽士人李若陽遊青城山，遇一叟號青城隱者，乃孟蜀故臣，妻亦孟蜀宮人。爲語孟昶故事。

兩教辨

至正庚午，蓬溪士人韋正理之潼川，憩僧堂中，見一僧一道東西對坐，辨釋道二教短長，苦辯至千言。次日詢之居人，知其地爲王重陽馬祖二師講堂。

丹景報應録

至元壬午，河東解郡中條山道士劉海蟾遊蜀彭川丹景山。中元醮壇，見天曹定名玉曆真君、九天司禄真君、岱宗司命真君，鞠李斯、趙高及扶蘇一案。

木綿庵記

記賈似道謫貶，爲鄭虎臣所殺事。謂似道父賈涉與婢胡海棠私通，海棠又私涉弄兒似兒、道兒，因而懷孕。"賈似道"命名，即取涉姓及似兒、道兒二人名。按田汝成西湖遊覽志餘五載似道母本錢塘某姓婦，賣於似道父賈涉。既懷孕，不容於嫡，歸陳履常後生似道。後流落爲石匠妻。似道貴，始迎之。是似道本涉子，而屢易其夫，本多話

柄，疾惡者務取流言，不以穢語爲嫌，乃有此悠謬
之説耳。

繁邑古祠對

繁邑古祠，人謂西嶽之神。士人東郭生以西
嶽在華陰，于名不順，欲更之。夜夢神來詰。

泉蛟傳

天彭漢繁間，有泉曰觀音水。永樂中，苦旱，
邑令命浚之。有巨鱔三尺，頭生角。父老以爲泉
蛟。農夫龔銛烹而食之。夢黃衣人索命，即病死。
附弼所作古風。

疥鬼對

成都守拙生患疥，作遣疥文。疥鬼責之。

夢遊鄱陽傳

弼於洪武間遊武昌，遇王道士，相與唱和。永
樂中王尸解。弼夢與王共遊鄱陽。弼所作懷仙吟
三十二首，全載入文中。

後序：

予嘗效洪景盧瞿宗吉編述傳記二十六篇，皆
聞先輩碩老所談與己目之所擊者。初但以爲暇中
之戲，不意好事者雅傳於士林中。每愧不經之言，
恐貽大方之誚，欲棄毀其稿，業已流傳，放疑誤字。
無及矣。因題其名曰“效顰集”，所謂西施之捧心
而不覺自衒其陋也。客有見者問曰：子所著忠節
道義孝友之傳，固美矣，其於幽冥鬼神之類豈非
荒唐之事乎？荒唐之辭，儒者不言也。子獨樂而
言之何耶？予曰：春秋所書災異非常之事，以爲萬

世僭逆之戒；詩存鄭衛之風，以示後來淫奔之警：大經之中，未嘗無焉。韓柳送窮、瘧鬼、乞巧、李赤諸文皆寓箴規之意於其中：先賢之作，何嘗泯焉？孔子曰：不有博弈者猶賢。予之所作，奚過焉？雖然，人有古今，學有先後，才有優劣。予辭膚陋，固不敢希洪巒二君之萬一；其於勸善懲惡之意，片言隻字之奇，或可取焉。庶幾蠅聲之微，獲附驥尾於千里之遠也。問者唯然而退。遂書以爲識。宣德戊申二月乙丑南平趙弼輔之書。

廣艷異編三十五卷　　内閣文庫

明刊本。首吳大震自序，後署"東宇山人吳大震書於印月軒"。章二，曰"長孺氏"，曰"印月主人"。每卷題"印月軒主人彙次"。凡例"延陵生曰"云云，蓋亦大震自稱。按大震，字東宇，號長孺，又自號市隱生，休寧人，所著傳奇有練囊記、龍劍記二種（曲録四）。其龍劍記成於萬曆三十三年，則此書成亦當在萬曆時。書分二十五類：曰神，曰仙，曰鴻象，曰夢遊，曰義俠，曰幻術佹詭，曰徂異，曰定數，曰冥跡，曰冤報，曰珍異，曰器具，曰草木，曰鱗介，曰禽，昆蟲，曰獸，曰妖怪，曰鬼，夜叉。所收自唐人傳奇以至宋元明人小説，頗至豐富。足資小説考證者不少。此書國内久少傳本，唯見劉仲達鴻書中曾引其獸部蔣生條而已。

删補文苑楂橘二卷　　宮内省圖書寮　成簣堂文庫

此書宮内省圖書寮與德富氏成簣堂均藏一部。宮内省所藏，係高麗鈔本，半葉十行，行二十八字。目二卷，正文乃分四卷鈔之。成簣堂所藏爲高麗活字本，半葉十行，行二十字。書二卷，目與宮内省鈔本同。二書卷首並無序。曰删補，似尚有舊本。所收多唐人傳奇；明人小說，亦有三數種。負情儂及韋十一娘篇見於一卷。負情儂所寫爲萬曆間杜十娘事。馮夢龍情史卷十四杜十娘條結云："浙人作負情儂傳"，即是此文。王漁洋池北偶談卷二十二云明宋幼清有九籥集，如稗官家，劉東山、杜十娘等事皆集中所載。幼清雲間人，不得云浙，豈馮氏一時誤記，偶以文屬之浙人耶？韋十一娘篇記程德瑜事，乃胡汝嘉作託以訴當事者，見顧起元客座贅語。凌濛初初拍程元玉店肆代償錢篇本此。此二篇文皆繁，殊不及唐人之生動，但亦非苟作。此文苑楂橘或爲朝鮮人翻明本，或是當時朝鮮人選宗邦之文，以余謭陋，不能考證。要之，其刊書年代，至早應在萬曆以後耳。

痴婆子傳上下二卷　　長澤規矩也氏

日本京都聖華房刊本。題"芙蓉主人輯，情痴子批校"。序署"乾隆甲申歲桃浪月書於自治書院"，則自中國乾隆本出。書爲文言傳奇體小說。託一老嫗自述夙昔蕩佚情事，文頗流利，雖刻露少蘊藉，而狀物繪聲，亦北里之雄。余曾見舊鈔本二卷三十三則，以俚言演之，乃自此書出。按：清劉廷璣在園雜誌卷二，及三餘堂覆明本三國志序均引痴婆子傳，則亦明人所作。當時士夫之風氣如此，至可唏嘆！昔陳振孫譏洪邁夷堅志以爲謬用其心。若明人所爲，倘以陳氏觀之，更不知作何語也？

新刻鍾情麗集四卷　　成簣堂文庫

明弘治癸亥（十六年）刊本。末卷木記題"金台晏氏校正新刊"。板匡高營造尺五寸四分，寬四寸。無圖，正文半葉十二行，行二十字。題"玉峰主人編輯，南轅通州門中人校正"。卷首有二序。一爲成化丙午序，後署"南通州樂菴

中人書”，已殘缺不全。一爲<u>成化</u>丁未序，署<u>簡菴居士</u>。<u>鍾
情麗集</u>相傳爲<u>明邱文莊</u>作，未知是否。而以此<u>弘治</u>刊本證
之，與<u>文莊</u>時代亦相當。其文今僅於<u>國色天香</u>諸書中見之。
兹爲單行舊本，自足珍貴。按：<u>明晁瑮寶文堂</u>目子雜類著録
<u>鍾情麗集</u>、<u>懷春雅集</u>及<u>嬌紅記</u>，蓋皆單行本。以知此種小
説，原亦與<u>宋元</u>平話及<u>明</u>人之通俗短篇小説同，其單行册
子，當至繁夥，以選録者多，遂漸次散亡也。

附：簡菴居士序

　　大丈夫生於世也，達則抽金匱石室之書，大書特
書，以備一代之實録；未達則泄思風月湖海之氣，長詠
短詠，以寫一時之情狀。是雖有大小之殊，其所以垂後
之深意則一而已。余友<u>玉峰</u>生抱穎敏之資，初鋭志詞
章之學，博而求之，諸子百家，莫不究極；及潛心科第之
業，約而會之，六經四書莫不融貫。偉哉卓越之通才，
誠有異乎泛而無節，拘而無相(？)者。暇日所作<u>鍾情麗
集</u>以示余。余因反覆觀之，不能釋手。窮之而益不窮，
味之而益有味，殊不覺乎手之舞之足之蹈之也。噫！
髦俊之中，弱冠之士，有如是之才華，有如是之筆力，其
可量乎？視彼甘心與草木同腐，達則無以建名於時，窮
則無以垂示於後者，豈有“有”字疑衍。不有間哉！雖然，
子特遊戲翰墨云爾；他日操制作之任，探筆
法之權，必有黼黻皇猷，經緯邦國，而與<u>班
馬</u>並稱之矣。豈止於是而已耶？吾知是集
一出之後，治家者知内外之當嚴下缺。

　　　<u>成化</u>丁未春二月花朝前二日
　　　　<u>簡菴居士</u>書於<u>金台</u>之官舍

忠恕堂
金台晏氏校正新刻
弘治癸亥中秋望日

風流十傳　<small>長澤規矩也氏</small>

　　萬曆庚申（四十八年即泰昌元年）刊本。板匡高營造尺六寸八分，闊三寸八分。半葉九行，行二十字。書衣題籤已失，不知書名，今因長澤氏所擬，取陳繼儒序"客座所述閒情野史風流十傳"之語，姑目之爲風流十傳。序三：一爲陳繼儒序；二爲萬曆庚申閒雲外史顧廷寵序吳孟遴書；三爲韓敬後序後學君銓吳夢遴書。其顧序又有"陳仲醇所删八傳，其筆陳不減於漢，其風采不讓於唐"之語。而按之本書實衹八傳，不見所謂十傳者，此非缺却二傳，即是十字誤寫。書每卷皆題陳眉公先生批評某某卷之幾，次標題又曰某某。每篇前有小序，後有跋（間有無跋者）。諸傳多見收于各類書中。宮內省所藏余公仁刊燕居筆記則全數收入。蓋爲當時最普遍最流行者。今於每篇所述略撮數語，其跋之有關考證者，今亦節錄之，以備參考。

卷之一　鍾情麗集

　　演辜輅瑜娘事，二人相愛，作鍾情賦，故以是名集。

　　跋云："是集詞逸詩工，且鋪叙甚好，予愛之，爲之删訂。參之眉公。眉公曰：其付梓乎？然考其玉峰主人，或者曰：即邱玉峰也。玉峰幼時隨父見黎公，因請婚於黎焉。黎意不許，乃視玉峰戲曰：此是俊兒耶？玉峰不悦，遂作此集梓行。黎即購金來請毁板。而書已遍矣。余不敢證，姑誌之以待觀者。余名金鏡字容成，居小邾巷中。"

卷之二　雙雙傳

　　高氏兄弟二人通於秦氏姊妹。兄取其妹，弟取其姊。後成夫婦，故曰"雙雙傳"。起首國初濮陽里云云。

　　跋：

此汝南姬邦命識之,江都梅禹金撰之。予閱其前半,竊謂此果傳中之白眉,及其後半,大不相似。予爲之校其錯亂,理其詞脈,去其塵語,尋其點綴,然後覺此傳之可以觀也。因是付梓,以待後之觀者。

卷之三　三妙傳

託元季事。趙錦娘李瓊姐陳奇姐三表姊妹皆能詩,白生景雲並得之。曰:真三妙也。

卷之四　天緣奇遇

記元末明初祁生羽狄事。

跋:"一説我朝毛生,甚有奇遇,因託言'祁羽狄'以誌其説。蓋爲'祁毛羽狄',百家姓之成句耳。兹亦存之,以待識者。"

卷之五　嬌紅傳

演申厚卿事,云宋宣和時人。

卷之六　三奇傳

記元末吳生廷璋事。父執王某有二女曰嬌鸞、嬌鳳,妾曰柳巫雲。生並通之,並私其二婢。生後娶鸞鳳。巫雲先以憶生而死。

卷之七　融春集　即"懷春雅集"

記至道時,蘇育春與潘相國女玉貞情事。先通好,後結婚。王平章有女翠瓊欲適生,生拒之。女抑鬱而死。

卷之八　五金魚傳

託宋事。古生初龍,以祖傳金魚五個贈五女,後皆娶之。篇末"至我皇明世宗時"云云,殆隆萬間人所作也。

凡此等文字皆演以文言,多羼入詩詞。其甚者連篇累牘,觸目皆是,幾若以詩爲骨幹,而第以散文聯絡之者。而

詩既俚鄙，文亦淺拙，間多穢語，宜爲下士之所覽觀。此等
作法，爲前此所無。其精神面目，既異於唐人之傳奇；而以
文綴詩，形式上反與宋金諸宮調及小令之以詞爲主附以說
白者有相似之處；然彼以歌唱爲主，故說白不佔重要地位，
此則只供閱覽，則性質亦不相侔。余嘗考此等格範，蓋由瞿
佑李昌祺啓之。唐人傳奇，如東陽夜怪錄等固全篇以詩敷
衍，然侈陳靈異，意在誹諧，牛馬橐駝所爲詩，亦各自相切
合；則用意固仍以故事爲主。及佑爲剪燈新話，乃於正文之
外贅附詩詞，其多者至三十首，按之實際，可有可無，似爲自
炫。昌祺效之，作餘話，着詩之多，不亞宗吉。而識者譏之，
以爲詩皆俚拙，遠遜於集中所載。則亦徒爲蛇足而已。自
此而後，轉相仿效，乃有以詩與文拼合之文言小說。乃至下
士俗儒，稍知韻語，偶涉文字，便思把筆；蚓竅蠅聲，堆積未
已，又成爲不文不白之"詩文小說"。因以詩文拼成，今姑名之
爲詩文小說。而其言固淺露易曉，既無唐賢之風標，又非瞿
李之矜持，施之於文理粗通一知半解之人，乃適投其所好。
流播既廣，知之者衆。乃至名公才子，亦譜其事爲劇本矣。
是以此等文字，以文藝言之，其價值固極微，若以文學史眼
光觀察，則其在某一期間某一社會有相當之地位，亦不必否
認。如斯二者，宜分別論之，不可溷淆。要之，沿波溯原，亦
唐人傳奇之末流也。

通 俗 類 書

京臺新鋟公餘勝覽**國色天香十卷**　内閣文庫

　　萬曆刊本。大型，綿紙。上層半葉十六行，行十四字；
下層半葉十三行，行十六字。卷第下署"撫金養純子吳敬所

編輯，書林萬卷樓周對峰綉鍥"。首謝友可序。有"作者咸臻，養純吳子乃大蒐詞苑"之語。後署"時萬曆丁亥（十五年）九紫山人謝友可撰于萬卷樓"。與萬錦情林、燕居筆記等爲一類之書。此等讀物，在明時蓋極普通。諸體小說之外，間以書翰、詩話、瑣記、笑林，用意在雅俗共賞。因在當時爲通俗類書，不受重視，故今所存者至少。唯國色天香，則坊間翻刻本殊多；此內閣所庋，即是原本。初以爲此書明本早已無存，今乃於日本覯之，亦異事矣。今但取其小說，列表於下。至叢雜瑣語，則略之。

卷　第	上　　層	下　　層
卷　一		龍會蘭池録
卷　二		劉生覓蓮記上
卷　三		劉生覓蓮記下
卷　四		尋芳雅集插小圖
卷　五		雙卿筆記
卷　六		花神三妙傳
卷　七		天緣奇遇上
卷　八	古杭紅梅記 相思記馮伯玉事 蝦蟆牡丹記	天緣奇遇下
卷　九	金蘭四友傳 東郭記 華辯論班超事 虬髯叟傳 俠婦人傳	鍾情麗集上

續表

卷　第	上　層	下　層
卷　十	張于湖傳 續東窗事犯傳 清虛先生傳 自此以下五篇皆遊戲文字 麗香公子傳 飛白散人傳 玄明高士傳 風流樂趣　〔萬曆丁酉春金陵書林周氏萬卷樓重鋟〕	鍾情麗集下

封面題識：

學海遺珠玩味中啓文人博雅
京臺新鋟公餘
周氏萬卷樓重刊
勝覽國色天香
藝林說錦披讀處動才子情思

新刻芸窗彙爽**萬錦情林六卷**　東京帝大研究所

　　書爲萬曆刊本，極不多見。大型，插圖。上層半葉十四行，行十二字；下層半葉十三行，行二十字。署"三台館山人仰止余象斗纂，書林雙峰堂文台余氏梓"。上層選太平廣記及元以來之文言傳奇。下層則爲明人詩詞散文相間之通行小説。其上層之秀娘遊湖一篇爲平話;鋪陳艷冶,結構亦平平;而屬辭比事,雅近宋元,似其時代甚早,至少亦從宋元本出。存此一篇,亦彌足珍貴矣。篇目列表如下:

卷　第	上　　層	下　　層
一　　卷	華陽奇遇 張于湖記 玩江樓記 芙蓉屏記 連理樹記 令言遇仙 崔生遇仙 聚景園記	鍾情麗集
二　　卷	裴航遇仙 秋香亭記 夫婦成仙 田洙遇薛 聽經猿記 天致續緣 秀娘遊湖(平話)	白生三妙傳
三　　卷	東坡三過 羞墓亭記 賣婦化蛇 聯芳樓記 王生奇遇 甘節樓記 會真記	覓蓮傳記
四　　卷		浙湖三奇 情義奇姻
五　　卷		天緣奇遇
六　　卷		傳奇雅集

重刻增補燕居筆記十卷　內閣文庫

明季刊本。大型,寫刻,不甚精。上層半葉十五行;忘記字數。下層半葉十三行,行十五字。第一卷題"金陵書林李澄□”。似是源字。序署“古臨琴澗居士何大掄元士題”。
審其口氣，即是作者。書名“重刻增補”，似尚有原本。

卷　第	上　　層	下　　層
卷　一	天緣奇遇上	
卷　二	天緣奇遇下	
卷　三	鍾情麗集上	
卷　四	鍾情麗集下	
卷　五	（花神三妙傳上） 無標題，讀其細目，知即此種	遊會稽山記 天順間鄒生事 金鳳釵記 聯芳樓記 滕穆醉遊聚景園記 牡丹燈記 渭塘奇遇記 江廟泥神記 蝦蟆牡丹記
卷　六	花神三妙傳下	周秦行記 田洙遇薛濤聯句 鳳尾草記 芙蓉屏記
卷　七	擁爐嬌紅上	心堅金石傳 節義雙全傳 劉方三義傳 吳媚娘傳
卷　八	擁爐嬌紅下	續東窗事犯傳 瓊奴傳 愛卿傳 雕傳
卷　九	懷春雅集上	張于湖宿女貞觀 紅蓮女淫玉禪師 杜麗娘慕色還魂
卷　十	懷春雅集下	古杭紅梅記 綠珠墜樓記 柳耆卿玩江樓記 末有缺葉

增補批點圖像燕居筆記　宮内省圖書寮

清初刊本。小型，圖二十七葉，頗細。正文半葉十一行，行十六字。板心上題筆記畫品。字畫亦工整。卷首序後署"蒼山魏邦達題於玉田舊居"。有總目，有目録。卷第下署"明曵馮猶龍增編，書林余公仁批補"。公仁亦號三峰居士。余在國内見馬隅卿先生藏巾箱本情史，形式與此正同，殆同時同地所刻。其書不分上下層。目録九卷後另起，標下之一卷至下之十三卷。殆其底本乃分上下層者歟？凡所鈔成文，皆改立題目，不遵原書，一如明人舊習。今列其目於下。上集七卷以上，以非成篇小説，略之。

目録

秋香亭記

張老夫婦成仙記
滕穆醉遊聚景園記

八卷　記類

田洙遇薛濤聯句記
聽經猿記

會真記（補遺）
古杭紅梅記

緑珠墜樓記平話
天致續緣記

招提琴精記
舒信道白鱉記

許真奇遇記
孟氏思憶遇精記

緑衣人記
四女同歡記

獨孤遐叔記
杜麗娘牡丹亭還魂記

離魂記
劉方玄記

柳府尹遣紅蓮破月明和尚記

九卷　傳類

劉方三義傳
名閨貞烈傳

朱氏遇仙傳
柳氏傳

非烟傳

瓊奴傳

敝帚惑僧傳

酒麯迷人傳

郭翰遇織女星傳

李玉郎張麗娘傳

愛卿傳

鄭德璘傳

洞庭三娘傳

胡媚娘傳

佞人傳

張無頗傳

劉秀英還魂傳

東坡佛印二世相會傳平話。

下之一卷

浙湖三奇誌

下之二卷

鍾情麗集

下之三卷

高氏雙雙傳

下之四卷

三妙傳

下之五卷

天緣奇遇

下之六卷

擁爐嬌紅傳

下之七卷

　　懷春雅集

下之八卷

　　五金魚傳

　　　　以上八篇前並有小序，與萬曆刊本八

　　　　傳同。

　　　　　下之九卷

　　劉生覓蓮記無小序。

下之十卷

　　劉元普天賜佳兒平話，出初拍。

下之十一卷

　　蔣興哥重會珍珠衫平話，出古今小說。

下之十二卷

　　轉運漢巧遇洞庭紅平話，出初拍，而題馮夢龍增補。

下之十三卷

　　南窗詩集

　　南窗雜錄

　　南窗語錄

　　薛濤詩附傳。

　　　　　　　（注）凡目下不注平話者，皆文言小說。

　　以上燕居筆記二種，與今通行之坊刻小字本燕居筆記
內容不同，蓋坊本又加改換，唯名稱尚沿明之舊耳。

子　部　小　說

新刻皇明諸司公案傳六卷　　帝國圖書館

　　明萬曆間三台館刊本，上圖下文。正文半葉十行，行十

七字。題"山人仰止余象斗編述，書林文台余氏梓行"。書分六類：曰人命卷一。姦情卷二。盜賊卷三。詐偽卷四。爭占卷五。雪冤卷六。目錄葉題"全像類編皇明諸司公案"。封面又題"全像續廉明公案傳"，似尚有初集也。

皇明諸司廉明奇判公案傳上下二卷　　內閣文庫

覆本。不精。有朱筆批"他本有余象斗自序"云云，似他本有象斗序，而此失之。然以勘帝國圖書館藏余象斗編之皇明諸司公案傳，其分類亦不盡同。上卷第一葉題"建邑書林鄭墨筆補此字。氏萃英堂刊"，然係剜改。姦情類中海給事辨詐稱奸條，目云海姓，而文中爲鄒元標，與目不相應，則於原書又有所削改矣。書上圖下文，半葉十二行，行二十二字。分十六類：曰人命，姦情，盜賊，上卷。爭占，騙害，威逼，拐帶，墳山，婚姻，債負，戶役，鬥毆，繼立，脫罪，執照，旌表。下卷。所載各事，往往與海公案、龍圖公案同。"滕大尹鬼斷家私"事，見於此書下卷爭占類第三條。

新刻名公神斷明鏡公案七卷殘存四卷　　內閣文庫

明刊本。題"葛天民吳沛泉彙編，三槐堂王崑源梓行"。上圖下文。寫刻，半葉十行，行十六字或十七字不等。與鄧氏刊許旌陽真君傳同一形式，似是初刻。存第一卷至第四卷。五卷以下缺。唯目錄完全。諸條分類，亦略同廉明公案。所載多明事，亦有取之疑獄集諸書者。盜賊類中，與廉明公案重複者尤多。書中或一事而立二目；或二事前後從同。略異其文字，亦與龍圖公案同。蓋書賈掇拾，強湊成書。其第三卷盜賊類陳風憲判謀布客條，載陳語云："閒閱包龍圖公案，曾有蠅蚋迎馬之事"，則其書尚在龍圖公案之後。又載鄒元標事，蓋昌啓時書耳。

新鐫國朝名公神斷□□詳情公案殘存三卷　內閣文庫

　　覆本。書已殘，但存第二卷至第四卷三卷，亦不知全書卷數。上圖下文，半葉十行，行十七字。每條注"無懷子曰"云云。每卷及板心上所題書名，多剗去二三字。其每類先後次第亦不與吳沛泉書同。人命門中，與吳書同者五條。索騙門中見存者一條，亦與吳書重。長澤規矩也氏云：曾見掬香氏有六卷足本，封面題"存仁堂陳懷軒刻"，書題"陳眉公編"。要之，書肆俗書，輾轉鈔襲，似法家書非法家書，似小說亦非小說，殊不足一顧耳。

　　按：以上四書，搜輯古今刑獄事。其俚拙無文，皆與龍圖公案同。以云通俗小說，則未具小說規模，又不得與疑獄集、折獄龜鑑諸書比。然分類編集，亦竊取法家書體例。唯意在搜集異聞，供一般人消遣，則亦丙部小說之末流而已。

東坡居士佛印禪師語錄問答一卷　內閣文庫

　　日本舊鈔本。半葉十行，行十六字。記東坡與佛印贈答詩詞及商謎行令，均俳調之詞。謂秦少游爲東坡妹婿，所載東坡妹與夫來往歌詩。馮夢龍蘇小妹三難新郎篇，即全採之。然詩實俚拙之至，無足觀也。書凡二十七則，與寶顏堂祕笈所收東坡問答錄爲一書，目亦全同，唯標目間異數字。祕笈本尚載萬曆辛丑趙開美序，亦不詳其來歷。此鈔本第一則中"神廟"二字提行，"上"字上空一格，第二十六則之"朝庭"二字，上亦空一格。今不能定其時代。或宋元以來里巷相傳，有此等語；後之俗人又造作詩詞，從而增益之，因有此本，亦未可知也。

大連圖書館所見小說書目

余既於一九三一年十月閱日本東京公私所藏小說訖，聞大連滿鐵圖書館藏日本大谷氏捐贈小說多種，其中頗有舊本爲内地所不易見者，乃決意往訪。十一月八日抵大連後，識館長柿沼氏，知余來意，引余入專門研究室，與以方便。該館閱覽時間，自上午九時起，至下午九時以後，猶許留止。如此辦法，乃大惠於余。每日晨九時入館，至十時步行回寓。凡五日閱訖。在此一日工作，幾等於在東京之二日也。

　　　　　時一九三二年五月二十八日孫楷第記

短篇總集

二刻增補警世通言

明刊本，圖四十葉，不甚精。半葉十行，行二十字。篇第與通行本通言不同，已見各家論列。封面大書"警世通言"，左爲識語，欄外橫題"二刻增補"。卷三十陳可常篇，卷三十二崔待詔篇，卷三十三李謫仙篇，卷三十四錢舍人篇，卷三十五宿香亭篇，卷三十六金明池篇，卷三十七趙知縣篇，卷三十八況太守篇，皆係鈔補。缺卷二十九晏平仲、卷三十李秀卿二篇。

醒世恒言四十卷

明金閶葉敬溪刊本。封面中央大書"醒世恒言"，右上祇剩"繪像"二字。或係繪像古今小說。左下題"金閶葉敬溪梓"。圖四十葉，極精。四周單邊，十行，行二十字，有界。確是原本，猶在日本內閣文庫藏葉敬池本之上。

鴛鴦針殘存一卷　一枕奇二卷　雙劍雪二卷

此三書行款形式皆同：並是黑紙，寫刻，半頁八行，行二十字。鴛鴦針祇存第一卷。封面已失去。卷首有序，後署"獨醒道人漫識於蚓天齋"。題"華陽散人編輯，蚓天居士批閱"。圖存八葉，殊粗。一枕奇無序，無圖，封面題"蚓天居士批評""粵東藏板"。編輯及批閱署名,悉同上書。書二卷,其第一卷與鴛鴦針所存之一卷全同。雙劍雪書亦二卷,封面題"芸香閣編著,東吳赤緑山房梓",亦無序無圖。余按三書實爲一書。原書當名鴛鴦針。書本四卷,書肆析前二卷單行,則爲一枕奇,析後二卷單行易其卷第,則爲雙劍雪。其證有三:鴛鴦針序謂:世人黑海狂瀾,滔天障日,汎濫名利二關,是扁鵲之所望而却走者。古德拈一語云:"鴛鴦繡出從君看,不把金鍼度與人。"道人不惜和盤托出,痛下頂門毒棒,此鍼非彼鍼,其救度一也。述作書之旨甚明,則書固本名鴛鴦針。今館中所庋鴛鴦針爲原書,故有序。"一枕奇"、"雙劍雪"爲書肆改訂本,易其書名,則原序不可存,故無序。一也。鴛鴦針插圖只存八葉,然檢板心下所記回目,則三書四卷之事儼然俱在。如第一葉記云:"白日鬼飛災生婢子",爲鴛鴦針一卷一回目。第二葉記云:"魘婢説春情,文章有用",爲鴛鴦針一卷三回目。第四葉云:"成進士債主冤家齊證罪",爲鴛鴦針一卷四回目(一枕奇從同)。第五葉云:"出獄重生故舊災",爲一枕奇二卷二回目。第六葉云:"舉罪廢奴婢報恩知",爲一枕奇二卷四回目。第三葉云:"認年家杯酒呈身",爲雙劍雪一卷一回目。第七葉云:"煞風情野猪還原",爲雙劍雪二卷二回目。第八葉云:"不逆詐得財又得官",爲雙劍雪二卷四回目。是一枕奇、雙劍雪二書之事咸具於圖中,其爲一書無疑。二也。三書五卷,去其重複,得四卷十六回,然則圖當有十六葉。今只存八葉。然即此不全之圖,已可以推知全書之本來面目矣。雙劍雪第一卷第一回第二十八葉下,有小字二行云"卷三一回終",是雙劍雪之第一卷原爲鴛鴦針之第三卷。其第二卷當爲鴛鴦針第四卷。得此一證則雙劍雪爲鴛鴦針後半部之説,益的然可信。三也。又按雙劍雪第一卷中有"我朝沈石田王弇州陳眉公"之語，且及弘光登基事，則作書在渡江以後。通俗小說，明朝最盛，自凌、馮二子並起造作，高尚其事，比之唐人，一時好文之士聞風響應，著作連篇，不因國運之摧頹而絲毫減其興味。此書蓋晚明小說最後之一種。明事至此，益不可收拾，而作者又爲感時不遇之人，故亢厲之音，時時流露，如深詆科場之弊，謂朝廷宜破格用人，不當拘於一流一途。於明季文社標榜之習，尤極力抨擊。至謂橫金紆紫者流不如真強盜，則言之特爲憤慨矣。其書卷演一故事，每卷有總目，次爲回目，每卷四回。目皆儷語。除第四卷外，文皆流利。其事或虛或實，要皆寄其不平之思。雖傷蘊藉，較之清代諸腐庸短篇小說猶爲勝之。後人讀書中所記，當有慨於明季士風之弊如此，且徵其爲衰世之文也。今釐爲四卷，並撮其內容如下：

第一卷原存，即一枕奇之第一卷

打關節生死結冤家　做人情始終全佛法

此篇第一回前有入話。一回至四回爲正傳。略謂杭州仁和縣秀才徐鵬子，鄉試時被丁協公結莫推官（時入簾）並賂謄錄陳某，截却徐鵬子卷子以屬之丁。丁中而徐落第。又陷徐于獄，欲殺之以滅口。幸蒙開釋。然困甚，不能安居，輾轉至山東界。妻王氏，尋夫至臨清，則夫已他適。水手李麻子逼姦不從，將賣之。舟停天津，王乘機逃去。而徐在山東，得盧翰林之助，至是以應試赴京，恰遇王氏於路。徐中進士，授刑部主事。丁協公及李麻子以他事犯罪送部，徐反以德報怨，皆善遣之。作者蓋深知科場之弊，所言情事亦似得之閱歷。但寫徐鵬子寬大太過，雖盛德足稱，不免爲消極的道德耳。

第二卷原缺，即一枕奇第二卷

　　　　輕財色真強盜説法　　出死生大義俠傳□

　　此篇亦有入話。正傳寫一窮秀才致以一文錢見窘
於小兒，遇一大盜贈金，屢拯其阨，後與盜立功，共登華
貴。力表彰強盜，至改李涉詩爲"相逢何用相迴避，世
上誰人得似君"？作者憤世不平之氣，一於是篇發之。
略謂：天順時南昌新建秀才時大來，因旱荒失館，出門
欲有所稱貸。徘徊路上，誤撞碎一小兒之碗，所值乃一
文錢耳，竟不能償。一髯客在旁，代還之。並邀至酒樓
痛飲，贈金而去。生心知其盜，然甚感之。於時，有任
知府赴潮州府任，或荐生爲幕賓。任本贓官，行色炫
目。至梅嶺遇盜，盡失其貨。並擄其女去。時生審其
魁，即髯客也。緣髯客呼"時相公"爲知府所聞，疑爲與
黨，抵任，下之獄。而女竟歸。生亦遇救，逃之東昌。
有袁太常賞其文，使改籍應試。時任知府已升山東提
學，知爲生，又置之獄。而其女知生之冤，私放之。生
入京，中進士，授刑部主事。閲籍有黃俠者，以他案寘
誤。審其人，即髯客。乃力爲平反以報之。其後生與
黃俠破倭禦俺答，並有功。生升延綏巡撫，總督三邊；
黃授甯夏總兵。任知府免職，後夤緣得莊浪兵備副使，
隸生爲屬官，深悔前失。生乃作媒，以知府女配黃俠爲
妻云。文寫措大情態，頗盡致。然於黃於任，則安排殊
不自然。至以姻緣配合結束，則猶不脫尋常蹊徑也。

第三卷原缺，即雙劍雪第一卷

　　　　真文章從來波折　　假面目占（玷）盡風騷

此篇一盜虛聲秀才，文頗勁捷。形容晚明文社末流，可謂淋漓盡致。雖失之刻露，然在文木老人前以是等人物入小説者，尚不多見。雖與外史意境懸殊，要不得不謂之奇文也。略謂：東昌人卜亨科考列六等，以里人宋珏黃錦等倡翼社，夤緣加入。而實無所長，遇詩文會，輒托故不終席而去。後至南京捐監，挽宋珏代考，中副榜第一，大肆招搖，刻詩文集。一時官吏文人，亦誤認爲名士。有識者揭其私，遂走北京，改北雍。時宋黃皆中進士。以國事日非，皆不仕而去。卜猶在京招搖。傅御史震其名，引入私邸，請其作文。卜大窘，因門已閉，由狗竇逃出。匆匆出京。至山東，降牛金星，爲之嚮導。丁蔡兩家練鄉兵，擒之。弘光登極，押解過江。末葉板壞，不可復辨（疑文更激烈爲忌者所毀）。所謂卜生者，或實有所指。

第四卷原缺，即雙劍雪第二卷

　　歡喜冤家一場空熱鬧　　撰錢折本三合大姻緣

“撰”，當是“賺”字。

記萬曆時事。南京水西門外有范順者，業米行。一日，有江西客人吳元理寄米千餘擔而去。范私賣之，吞沒其款。吳至則託霉壞。以此致富。後，范至江西貿易，不利，又貪女色，受人局騙，狼狽而歸。抵家，則妻妾淫亂，蕩其家。女嫁一儒生。吳貿山木，大得利。遇范，仍周濟之。後范婿中進士，授知縣。吳遭橫事，賴范婿開脱，得免於罪。此篇有意寫猥褻事，然文甚無味。

附：鴛鴦針序

醫王活國，先工鍼砭，後理湯劑。迨鍼砭失傳，湯劑始得自專爲功。然湯劑灌輸肺腑，鍼砭攻刺膏肓，世未有不知膏肓之愈於肺腑也。世人黑海狂瀾，滔天障〔日〕，總汎濫名利二關。知者盜名盜利，愚者死名死利。甚有盜之而死，甚有盜之而生。甚有盜之出生入死，甚有盜之轉死回生。搏捖空輪，撐持色界，突奧於玄扃絳府，而曰"膏之下肓之上"；是扁鵲之望而却走者也。古德拈一語云："鴛鴦繡出從君看，不把金鍼度與人。"道人不惜和盤托出，痛下頂門毒棒，此鍼非彼鍼，其救度一也。使世知千鍼萬鍼，鍼鍼相投；一鍼兩鍼，鍼鍼見血；上拔梯緣，下焚數（藪）宅，二童子環而相泣：斯世其有瘳乎？獨醒道人漫識於蚓天齋。

連城璧全集十二集外編四卷

日本鈔本，大型。正書十二集，自子集起至亥集止。卷首序署"睡鄉祭酒漫題"。按即杜濬，字于皇，湖北黃岡人。外編四卷則但題卷數，不分集。正書外編共收小說十六篇。日本舶載書目元祿間目有連城璧，云"全集十二回外編六卷"，並有小注云："右小說話正集十二回，外編六卷。"則其書外編本六卷。此少二卷，不知何故。按：此書與十二樓同爲李笠翁所作。書名連城璧，即無聲戲。以余所知，除吾國馬隅卿先生藏一殘本與鈔本爲一書及日本尊經閣前田侯家藏一僞齋主人序本外，殆未有其他傳本。尊經閣藏本書題無聲戲，共十二回，鈔本之外編四回盡在其中，正書除子午申亥四集外亦全收。疑是選本①。已於尊經閣藏書中言之。隅卿先生所藏殘本，序及正文並題"無聲戲合集"。正文寫刻，八行，行二十字。圖十二葉，刻繪俱精，記刊工畫工姓名曰念翌寫，曰胡念翌畫，曰蕭山蔡思璜鐫。刀法遒勁，的是順治刊本，殆原本也。書僅存二篇，即鈔本全集之子丑二集，標目亦同。然全書篇目因目録缺失不存，無從知之。圖亦無題識。余即圖中景物而測得其故事，知此十二葉所寫即鈔本全集之十二集，次序亦同。則隅卿此本至少當有十二篇也。其卷首序亦署"睡鄉祭酒"。余以鈔本序勘此隅卿藏刊本序，乃發見兩種可異之事：一，隅卿藏本序自三頁前半葉末一行末一字以上與鈔本文同；唯刊本"笠翁""李子"，鈔本悉改爲"吾友"；隅卿藏本序文中之"余因取無聲戲一"一"畫下有殘破圓痕，疑本是"二"字，去其下半。集暨風箏誤、憐香伴諸傳奇讀之"二十字，鈔本改爲"余因取其所著之書，趺坐冷然亭上，焚香煮茗而讀之"，似有意避笠翁姓名及所著小説戲曲名目。二，隅卿藏本序第三集前半末行末字，與後半第一行第一字之間，略去鈔本之九十二字。銜接處不能成句，顯係割去兩半葉，以第四葉之後半葉爲第三葉之後半葉。初不知鈔本序之所以改易及刊本序之所以割截之故。細審之，不覺恍然。考刊本削去之九十二字中有云："故余於前後二集皆爲評次，兹復合兩者而一之。"此謂前後二集初本單行，于皇既各爲評次於先，復合刻於後，在序中可謂極重要之文字。隅卿藏刊本之所以割去此兩半葉九十二字者，蓋書已

---

① 補注：孔憲易所見三近堂刊巾箱本無聲戲合選殘本第六册中之第十一回"人宿妓窮鬼訴嫖冤"篇連城璧全集、外編均無之。日本尊經閣所藏無聲戲有此篇，篇次爲第七回，話本題目同。（編者按：孫楷第先生在書中另處寫有："三近堂刊殘本無聲戲合選缺第一册、第五册，全書似是六册十二回，今存四册九回。"）

不完，書賈圖掩其跡已去其目，於此序中之重要文字尤不能不削去。而猶欲表示其爲完繕之序，葉不殘，板不改，則唯有割去第三葉下半葉與第四葉上半葉之一法。以第四葉之下半葉爲第三葉之下半葉，於是原書四葉之序遂成三葉矣。然序葉雖貌似完整，而序文則不能成句。二集之"二"字去其下半，殘破之痕猶儼然在目。且序爲合集序，文中乃云一集，亦自相抵觸。此種罅洞，稍細心者自能辨之，亦徒見其心勞日拙也。至鈔本所以必改易序文之故，則亦顯然。馬氏所藏爲原本，明題"無聲戲合集"；繹杜序語意，亦無名連城璧之事；是知連城璧之名本非于皇合刻時所擬定，乃書賈改換名目以炫世求售者。書名既改，則序中作者及著作名稱悉不可存，故於笠翁姓名及所著本書以及傳奇名目，悉易以泛泛之辭；亦庶幾彌縫無間矣。然亥集後附評云"無聲戲之妙，妙在回回都是説人，再不肯説神説鬼"，此三字未及去，竟存原書之名。又按刊本女開科傳第五回有云："近又看無聲戲，中有一秀才以千金聘娶一孌童，花燭合卺，儼然夫婦"；事見鈔本外編卷三，即尊經閣藏刊本無聲戲第六回。即不言"連城璧"。然則即無馬氏原本作證，亦可知其書之本名"無聲戲"不作"連城璧"也。依余個人意見，鈔本之連城璧全集及外編，即是無聲戲合集後身。今存合集雖只有二篇，然就其插圖十二葉研究之，其故事篇第悉與連城璧全集之十二篇相當，篇目亦同。説已見前。除此十二篇之外，是否尚有與連城璧外編相當之六篇，誠爲一極有趣味之問題。以余觀之，連城璧書名雖僞，其全集、外編之分殆非偶然；今存合集第一篇第三葉板心上尚存"無聲戲一集"字樣，其餘諸葉皆只存"無聲戲"三字。言一集則必有二集可知。一集既與連城璧全集相當，則二集亦必與連城璧外編相當（外編四篇,已見收於偽齋主人序本無聲戲,且觀其文字確是笠翁筆墨)。然則杜序所謂合兩者而一之者,殆是彙刻而非合併,合刻後前後二集仍各自爲書,一依原書之舊。合集之一集爲單行本無聲戲前集之文,在連城璧則爲全集;合集之二集爲單行本無聲戲後集之文,在連城璧則爲外編。此種推測,或與事實相去不遠。無聲戲單行二種,今絕不可見;然彙刻之合集既早登於馬氏書齋,後出之連城璧亦保存於海隅,單行本或終有發見之一日。今之覃心冥追,急欲求一證而不可得者,無意中或得之於異日,亦未可知也。按:笠翁著無聲戲在十二樓之前,十二樓世所習知,無聲戲則傳本殊少,世人幾不知笠翁有此著作。此鈔本連城璧雖所據爲一後出之本,非是原刻,以舶載目考之又少二篇;然馬氏藏合集本殘缺太甚,尊經閣所藏又比此鈔本少四篇,則保存原書文字當以此爲最多最備,研究笠翁著作,自當視此爲瓌寶。余因鈔本而知馬氏藏本序所以被刳削之故;以馬氏藏本而知鈔本所據,爲一改換名稱之後印本。此後印本至少亦在康熙間,因日本舶載目元祿間目已著錄也。不憚瑣碎,爲反復辨明之如此。於以見當古本散亡之今日,苟非博訪精察,即區區名稱數量之微,考證亦殊不易也。

笠翁承明季士夫遺風,起自寒微,奮然有作,甚有令譽;風流文采,照耀當時。於傳奇則有風箏誤等十餘種。於小說則有無聲戲二集共十八篇;有十二樓十二篇;又合錦迴文傳十六卷亦署笠翁作,或係依托,然難詳考。無聲戲殆爲笠翁最初作品,每篇演一故事,中不分回,一如三言、二拍之例。十二樓則稍變其體,每篇有數回。然其爲短篇小說總集一也。若以笠翁小說取材與其作小說之見解論之,則與明季諸賢顯有不同。何者?明代文人風流好事,通俗小說之發達，尤爲鉅觀。自<u>猶龍子</u>造作於前，即<u>空觀主人</u>接武于後，莫不搜奇索古，蔚爲鴻文。然方其從事于此，大抵潦倒場屋功名不遂之時，秉筆市廛，聊抒幽憤。若曰："吾以此自娛而已。"未嘗視爲名山之業，冀與其詞與文並傳不朽者也。而觀其著書，顧多刻意之作，記事言情，並臻美妙。而取材則不免依傍，或據前人之成文，或取當時之記載，演意揣摹，便成自著。雖其美者實有移步換形之妙，謂之純粹個人創作則非也。乃若<u>笠</u>翁諸作，冥心搜索，率出己意；間有所本，什不一二。又自命山人，草芥纓紱，其視傳奇小説殆爲唯一無二之事業。故<u>杜濬</u>叙十二樓述<u>笠</u>翁之言云："吾於詩文非不究心，而得心應手終不敢以稗官爲末技。"以是言之，則<u>笠</u>翁小説，其情節意境固純爲個人造作；自其所以爲小説者言之，則實能認識小説之地位，非視爲消閒餘事，有如昔人所謂"大丈夫不得志者之所爲"者比也。然而識見與成功本爲二事。自昔才士用心，唯在自然；消閒娛老，固非文藝之歸宿；有意爲文，實亦真美之魔障。即曰小説戲曲，意主傳奇；亦當緯以至理，演以恒情，事非習見，理無可移，如<u>唐</u>人所作<u>李娃</u>、<u>柳氏</u>諸傳是也。今觀<u>笠</u>翁諸作，篇篇競異，字字出奇，莫不擺落陳詮，自矜創作。然而命意過新，則失之纖巧。其情節波瀾，雖不虞匱乏；叙次摹寫，亦殊無餘裕。譬之於人，肌膚未充，骨相僅存；以此自炫，詎爲完美？又多着議論，累及正文。雖篇篇皆出力之文，而較之<u>墨憨齋主人</u>所作從容淡雅，不事雕琢而自然曲盡事物之情者，不及遠矣。大抵<u>笠</u>翁爲文，才智有餘而反爲所累：無聲戲如此，十二樓亦如此。小説如此，即傳奇亦往往如此。是以無意不新，無文不巧，而往往流于迂怪，矯揉造作，大非人情。以彼其才，苟涵養有術，移其力於寫情狀物之美，則其所詣當可與<u>凌馮</u>諸子并駕齊驅，爲清代短篇小説生色。乃不知此意，徒張皇于關目結構之間，一生精力，成就衹此，爲可惜也。然笠翁究有才氣足以駕馭其所謂新奇者；自此而下，模仿諸作如八洞天等，則牽強湊合，更無生意。是以求短篇小説於清代，除笠翁外亦更無人也。無聲戲在吾國尤不多見。今記其篇目於下。各篇所述，亦撰爲提要，視其須要，或詳或略，附注於後，以供世之研究笠翁著作者參考焉。

連城璧全集

第一回子集

譚楚玉戲裹傳情　劉藐姑曲終死節①

演譚楚玉劉藐姑再生團圓事，與比目魚傳奇同。坊間有戲中戲、比目魚二書（戲中戲七回，比目魚九回，共十六回，二書回目銜接，實是一書），亦演譚劉事，但改劇本爲之，與小説無關。

第二回丑集

老星家戲改八字　窮皂隸陡發萬金②

演成化間皂隸蔣成事。警世奇觀第十二帙選此回，題曰"行好事蔣成奇發蹟，美刑廳提挈假同年"。坊刊小本燕居筆記、博古齋評點小説欄中亦載之，而改題"行好事天公改八字"。

第三回寅集

乞兒行好事　皇帝做媒人③

---

①補注：三近堂本第二册第四回題作"輕富貴女旦全貞"
②補注：三近堂本第三册第七回題作"改八字苦盡甘來"。
③補注：三近堂本第二册第三回題作"傲公卿乞兒仗義"。尊經閣本無聲戲無此乞兒行好事篇。

此篇入話述二事：一爲唐伯虎扮乞丐向一顯宦求飲，賦詩"一上一上又一上"云云。一爲江寧府百川橋下乞兒題詩橋上自盡。詩云："三百餘年養士朝，一聞國難盡皆逃。綱常留在卑田院，乞丐羞存命一條。"按在園雜誌卷一亦載此詩。拈此二事，以見乞丐之不可輕視。正文略謂：正德時山東一丐，原係甲族。丐輕財仗義，因破其家，棄妻子爲丐，無乞憐之態，有餘仍以濟人。丐之名大噪，人呼"窮不怕"。行乞至太原，去鄉土已遠，無知之者，又憎其倨傲，咸不肯與錢。困甚，殆瀕於死。適至一妓院，妓女劉氏曾受其惠，識之，贈金指環，與結爲兄妹。又有妓所識豪客重丐之行，亦贈以鉅金。頃之，丐別去，至高陽境。有周媼一女爲某天官強逼爲妾，責以六十金取贖。丐於户外聞哭泣之聲，叩門詢之，知其故，即以金指環與客所贈金付之。鄉宦聞而大恨，以爲丐何所得金，指爲盜官銀。送官拘審，即誣服。然向之豪客實即武宗，微行經北直山西間，於丐之事知之甚悉。至是命校拿縣官及鄉宦，定罪訖。以周女賜丐。且欲官之。丐力辭。時劉氏已入宮，因命丐改姓劉，以戚畹待之。後半記武宗審案，文筆頗爲闒茸。

第四回卯集

清官不受扒灰謗　　屈士難伸竊婦冤

記正德時蔣瑜何氏事。書生蔣瑜書齋與鄰婦何氏隔一堵牆。婦之扇墜爲鼠盜置瑜齋。其家人見之，疑婦與瑜有私，訟之官。官亦不能辨。後官失物於子婦室中得之，審視，乃有鼠洞。因悟瑜之冤。云云。坊刊燕居筆記、博古齋評點小說中轉載之，題爲“錯姻緣老鼠爲改正”。所記疑案，詭而不失於正。文亦簡潔。

第五回辰集

美婦同遭花燭冤　村郎偏享溫柔福

此篇所演與奈何天傳奇同。所提出者乃社會上之重要問題，即夫婦間匹配非倫宜如何處理。笠翁認爲欲解決此嚴重問題，只有認命之一法。因舉鄒何吳三女爲例，所適乃至醜惡之闕生，方其入門則不能暫處，知命之後，久而狎之，則亦終身相安，以爲大徹大悟。蓋自命以深刻之思爲奇詭之文者。然實迂怪不可爲訓。古昔聖賢之教，在於易知易行，如此篇所示乃平常人絕不可行者，即行之亦毀理滅性，有何可取？且以闕生之惡，以一美界之不足，而至於三。女固飲恨，男亦跼蹐，至於衽席之上如受追比，則所謂覺悟者究有何意義？忍心害理無非成其命運之說，亦文字之妖孽也。略謂：荆州富家子闕里侯貌至醜，兼有隱疾，患口臭脚臭及腋氣，衆所惡苦，有“闕不全”之稱。然多厚福，其先後結媛，若有天助。始雖乖違，終亦帖然。一娶爲鄒長史女，貌美而多藝，入門纔一夕即憤而別居，長齋誦佛。闕無如之何。乃另娶正室以羞之。得何運判女，亦艷佚，醉以醇酒，僅得一逞。次日即步鄒女後塵。闕亦無如之何。自知惡陋，不足以諧佳麗，因託媒妁，謂事異於昔，甯得一村者爲婦，不計容色。於時袁進士有二妾，一周姓，貌中人而雅有文藻；一吳姓，才色俱佳。進士上京謁選，大婦妬，欲因時會並嫁之。闕擇其次者，得周。一舉人得吳，入門後悉爲通家後生之妾，送還之。周聞闕生之惡，自縊而死。大婦乃誑吳氏，云舉人意轉，即送以歸闕。吳亦厭生之惡，因以實告，謂夫主實不聞知，事非了局，請暫入靜室學佛，俟進士歸家後取決。闕懼禍，亦從之。吳乃與鄒何居一室，以賦命皆同，共相憐愛，因結爲姊妹。已而進士歸，闕乃造門，親致吳氏，並託慇懃，云全女之操，敬以待君。而進士大惡之，以爲辱；謂吳氏曰：佳人薄命，此言不誤。汝自思之，寧有還理！宜終依闕生，無望完聚也。吳不得已，乃隨闕歸，與共寢息。嫉鄒何之獨得清淨也，乃喻以理，斷以命，且爲調處，相約同室不同榻，除通好外，概不近身。二人念事勢至此，終無歸宿，亦俯允之。闕出意外，歡忻殆不自勝。每入三女之室，輒於榻間設几焚名香，以掩其惡臭。虔誠相待，等閑不敢褻瀆。三女後各生一子，皆禀母性，姿容嫻雅，兼有才，登高第云。

第六回巳集

遭風遇盜致奇贏　讓本還財成巨富

託弘治時事。廣東南海人楊百萬飄洋致富，晚歲倦遊，以放債爲業。曾在海外遇異人，深精相法。其放債悉以命相爲斷：福相者則多貸之；薄相者雖多借，亦減少與之。時有二秦姓，一曰秦世良，一曰秦世芳，並來取借。世芳借五百兩，謂其無福，拒之。世良借五兩，以爲相大好，將不勞致巨富，竟貸以五百金。世良慚謝，不可，遂悉金販綢緞（每匹蓋印記）。入海遇盜，空手而回。楊以爲相不誤，又假以五百金。世良乃窟藏二百金於家，餘以販米，北抵湖廣，路遇一襄陽府經歷之僕，盡竊以去。狼狽歸里。乃發所藏金置貨，更往湖廣。忽與秦世芳遇，云千金之產已去泰半，賣產得二百金，至此營業，乃知楊之言不謬也。既言語款洽，結爲兄弟。其夜，世芳失其二百金。館人搜世良囊槖，數適符。世良無以自明，乃委之而去。世芳貿易，大得利。歸家而向所失金具在。知世良之冤，訪得之，請盡以所得三萬金爲贈。世良不從。楊爲調和，平分之。二秦乃合夥，世良留家，世芳主營運。泛海至朝鮮，遇其駙馬，自云中國人，曾於海上劫世良緞匹，今二倍償之，煩爲寄回。其襄陽府經歷之僕盜世良金，贖主人罪。至是主人來南海，爲縣令。亦訪得世良，報以數千金。世良前後皆坐致巨金，一如楊百萬之言。

第七回午集

妒妻守有夫之寡　懦夫還不死之魂

託永樂時事。沈鲁漁伏虎韜本此。浙江衢州府常山縣人費隱公，以進士仕至太守，姬妾二十餘人，咸和睦無間言。眾皆嘆異之。其後大婦死，有新寡某氏妒有名，友人即爲撮和以戲之。費亦欣然迎娶。入門，見粉黛羅列，大憤。投繯，費即入室,爲念往生咒;哭,則命戲子唱戲文以亂之。次日,則妬疾全愈矣。鄰人穆子大,四十無子,妻淳于氏妬甚,禁其納妾。乃投贄于隱公而請業焉。隱公以療妬名,所收弟子甚多。即命門人至其家尋閙,謂子大:如此惡婦何不棄却!淳于氏懼衆之威,即允納妾。隱公乃爲娶二妾,皆妍麗姣好,世所未覯。子大性懦,久之以實告家婦,云:不意卿竟能如此,此乃本師隱公之謀也。淳于氏聞而大恨,盡反前行,且加厲焉。子大不能制,避之隱公家,與妻不相聞。久之,隱公乃託媒妁說淳于氏,俾遣嫁二妾。無何,又使人布流言,謂子大已客死。更使媒說之,謂郎主不幸至此,死守亦復何益。今有某君年少,雅慕清標,遣某來說,此亦天緣也。淳于氏心動,乃斥賣奴婢,受子大之聘。入門,則婢僕環繞,皆是家人,新郎衣冠楚楚立于前者則子大也。駭異已甚,不知所謂。經人說破,乃悉其原委。氏内愧於心,自此相安。時子大與二妾已生三子矣。

第八回未集

妻妾敗綱常　梅香完節操①

　　演嘉靖萬曆間事。江西建昌府秀才馬麟如,正妻羅氏,妾莫氏,婢曰碧蓮,已收作通房。唯莫氏生一子。麟如二十九,病將死,對妻妾言後事,羅莫俱矢守節,發言慷慨。碧蓮言殊冷淡,若不措

---

①補注:三近堂本第三册第六回題作“妻妾抱琵琶梅香守節”。

意者。而馬固愈，以碧蓮寡恩，意甚輕之。已而馬棄儒爲醫，去之揚州，留一老僕守門。馬至揚州，業醫有名，曾治一太守病愈，太守陞陝西副使，請馬偕行。馬不能辭，而欲保存其業，爲後計，乃屬友人萬子淵冒己名行醫，人無知者。越半載子淵死。妻妾以爲實馬也，使老僕運子淵柩回，草草葬之。羅莫皆改嫁，唯碧蓮不去，撫莫所生子，孀孤蕭條，所倚者唯一老僕耳。馬在陝西，甚得副使意，使冒陝籍應試，中舉人。回家，則妻妾已去，唯碧蓮在，詢知其故，大感，即備吉禮，與碧蓮爲夫婦。明年，中進士。莫自縊，羅亦羞憤而死。按後有雙官誥劇本即出於此。

第九回　申集

寡婦設計贅新郎　衆美齊心奪才子

此篇所演，與鳳求鳳傳奇同。略言：弘治時呂哉生籍本福建而住揚州。姿容瀟洒，尤擅長文藻，妙絕於時。婦女皆見而慕之，生受教宿儒，屬行甚端，從無越禮之行。後入南監爲貢士，甚有文譽。娶一顯宦女，貌甚陋，無何病死。自以風調，宜配佳麗，而造次無相當之人，乃寄興烟花，識三妓皆妍麗，歡洽殊甚。約以娶得正室後，以此三人爲妾。三人者慮生自擇配其大婦或不能相容，乃爲媒聘喬氏女，未以相聞。生自聘一寡婦曰曹婉淑，約贅于其家。婚有日矣。三人聞之，大駭，乃賂轎夫載生至一第預置之以備生婚娶者，與喬氏成親。又僞爲生書絕曹氏。生知之而無可如何。念曹氏甚,乃僞病,屬醫者言以爲情思所致。喬與三女皆懼,乃倩人調停。喬爲正妻,曹下之,三女爲妾。

第十回西集

喫新醋正室蒙冤　　續舊歡家堂和事①

此篇入話,記浙人納妾十年不入妻室。一日,妻生日,此人偶往宿。妾憤而縱火,延及鄰家。以見平常人家多是大婦含酸,若在特種情形之下,即妾亦頗能喫醋也。正傳云萬曆時南京富室韓一卿,妻楊氏染風疾,毀其貌。因娶陳氏女爲妾,妾望楊氏早死,己即轉正,以毒進,楊氏轉愈,貌如初。妾知韓性吝而多疑,乃禁其父屬勿來,頻盜物以貽之。楊家以女新愈,輒來省視。遂譖大婦云悉以財物遺母家矣。一日,楊之表兄至,宿外室,時韓方就大婦寢。妾乃男裝入卧室,撫韓之鬚。韓疑妻與表兄有私,欲出之。妻乃禱於家堂,詞甚冤苦。無何,神即附妾,使歷述己之陰謀。韓日就妾宿,神每以妻易之。頃之,妾亦染風疾,醜惡殆非人狀,與楊氏先所患無異云。

第十一回戌集

重義奪喪奴僕好　　貪財殞命子孫愚②

入話記二人,一人無嗣而日飲酒食肉,一人分財與二子,乃皆慳吝,不孝其父。正傳略謂福建泉州府同安縣民單龍溪販菓子於蘇杭。其長子先

---

①補注:三近堂本第四册第八回題作"移妻換妾鬼神奇"。
②補注:三近堂本第三册第五回題作"兒孫棄骸骨奴僕奔喪"。

死，遺一孫曰遺生；次子曰單玉。奴百順，常隨龍溪貿易，敏給忠誠，甚爲得力。龍溪念年已衰老，收其本錢，得三之二，窖於地下；又欲子孫識其顧主，爲後日計，因留百順，而以單玉、遺生往。到彼不久，即患病，恐遂不起，命玉及遺生前，亟以窖金告之。遺生即潛歸，玉知之，恐爲遺生所得，亦託故而歸。百順知龍溪病馳往，則已危篤。龍溪憤子孫不肖如此，因召顧主至，爲遺囑，盡以衆所負者歸之百順。寫訖，瞑目。衆因風百順置財産於外，勿爲歸計。百順以爲奴無承主人家産之理，即焚其遺囑。衆嘆異焉。既歸泉，則玉與遺生因爭金互傷而死。乃厚葬龍溪。其後百順子孫昌大，人以爲忠義之報云。

第十二回亥集

貞女守貞來異謗　　朋儕相謔致奇冤①

弘治時廣東瓊州府定安縣有馬秀才者名鑱，字既閑，妻上官氏，酬唱甚愨。一日，會飲於社友所，酒酣，友人姜念慈昌言云：“某今有薄行，甚愧既閑。”衆驚問之。曰：“頃到既閑家，遇尊嫂，調之，嫂即宛轉相就。婢子在旁，某亦私之。以此自愧。”衆共斥其妄。則曰：“某實有罪，曷敢妄語。請試徵之。馬嫂貌美，但骨勝於肉，觸臀冰冷。婢子顏色，大非嫂比，而膚溫煗，大是可人。”發言益莊，容色益慚。四座愕眙，更決爲風狂。或以巨觥

<hr>

① 補注：三近堂本第四册第九回題作“清官巧斷家務事”。

勸之,曰"罰汝"。又辭以酒冷,曰"適不謹於行,自
當忌此"。衆諠呼强飲之。馬生對此抑鬱,殆不可
勝。終不能無疑。歸召婢子,拷問之。婢不勝笞
楚,承與姜私,但云"不關娘子事"。已而姜病,召
醫視之,云病陰寒。無何,竟死。生益信前言之不
謬。即出妻。妻不服,訴於官。時縣令爲包公繼
元,謂生不應以戲謔之言,疑及愛妻。姜死乃庸醫
採蜇語誤用方劑,以至於此;何足致疑?生問:"妻
婢肌理體態,言之悉符如此,兹所不解。公豈能剖
之乎?"公乃爲牒城隍,謂當有覆文,屬生齋戒往
宿。向曉,生出,即遇本廟道官,謂夜夢神來,云覆
文已加印付馬生矣。宜歸視之。生乃召友人共檢
衣中,果有文牒,緘封甚固,題云二件。以呈包公。
公啓視之,則一爲神覆文,一爲姜生供詞。詞用四
六,略云:向某到馬家,時方入秋。見馬妻猶着單
衫坐石上搗衣,婢着夾襖子撥火灶前。體此景物,
構爲譋言,不虞馬生之固執也。其筆跡點畫,儼然
姜生之字。生乃不疑,迎妻歸,爲夫婦如初。生後
入都,中進士。謁包公於京邸,言及前事,乃曰:
"今夫婦歡好,向公至誠感神,燭見隱微,實所媿
荷。"公大笑,乃言當日情景,實密詢婢子得之。又
檢姜生考卷,審其作風,即爲一狀召書手摹寫訖,
屬道官乘生睡熟置之懷中。以此爲信,故生不復
疑。其城隍文牒亦是僞作。乃信包公精察,其委
曲成全倫好尤不可及耳。笠翁此篇,所設情事,
近於纖巧,而文筆較生動,在全集中猶不失爲
佳作。

連城璧外編

卷之一

落禍坑智完節操　　借讐口巧播聲名

記崇禎間陝西武功縣民婦耿二娘事。二娘多智，人稱"女陳平"。爲李闖王前鋒所擄，前後用七計，卒完貞還家，且致鉅富。

卷之二

仗佛力求男得女　　格天心變女成男

此篇入話載二事：一記一皮匠感夢掘得豬鬃。一記三舉子祈夢於于肅祠，咸得"卒"字，不知其義。一舉子因渡河請道人猜字，道人云："象棋卒不過河，一過河即好。君當中矣。"正傳略謂萬曆初泰州鹽場灶戶施達卿，以燒鹽起家，後棄其業，以錢貸於灶戶之貧者，而取其息，重利盤剝，因成鉅富。施年已六旬，姬妾數人，皆無子，乃虔奉準提菩薩。菩薩旋示夢，謂散家財十之七，則有子矣。施異之，稍出其金以周濟貧乏，計一年中所散者二三千金。而婢之通房者有孕。施幸神言之中，而善念頓衰。已而所生竟是女子，且爲石女。大恨。神又責之，謂其善念不堅，以至於此。乃發憤厲行，去家私之半。所生石女，下體忽生根荄。施大喜，辦道益堅，爲善益力。時方疫癘，多所全活。其女竟爲男身，且明慧，恩選授知縣，大其閭矣。按世言靈應事多附會，此篇所記，尤近于兒戲。似因果報應事如日中交易，一分錢，一分貨，亦豈有此理也。

卷之三

嬰衆怒捨命狗龍陽　　撫孤煢全身報知己

嘉靖之季，閩興化府莆田縣有許生者，名蔵，字曰秀芳。亦風雅士，而酷好男色。妻生子後，病死，竟不再娶。時有尤老子名瑞郎，姿容明媚，號爲第一。許生一見傾倒，因緣結納，破家得五百金，聘之。並迎尤老於家，供待甚厚。瑞郎亦感生之意，委心事之，款暱從容，殆如夫婦。一日，許生對瑞郎而流涕焉。瑞郎怪問之。曰："郎長大，當娶妻，娶妻則情不能專，分當絶矣。且人年與嗜欲俱增，憂子放任，不能自持，則今日綠鬢韶顏，行將爲醜老。是以悲耳！"瑞郎聞之，即自宮。於時嫉許生者衆，共訴于官，謂生私置腐刑，罪在不宥。生受杖，因憤恨而死。命終之際，執瑞郎手嗚咽，要以守節，並撫其子。瑞郎乃改女粧攜其子走漳州，俾就學。子亦端妍，蒙師及諸學友，懷覬覦之心，知縣聞其名，則召爲門子。瑞郎害之，又攜子之廣州，愛護甚至，督教極嚴。旋遊庠，中舉人，後選授知縣，以母事瑞郎，終其身。

卷之四

連鬼騙有故傾家　　受人欺無心落局①

嘉靖初有蘇州王小山以開賭坊爲業。屋宇壯麗，供帳甚備，招子弟遊處其中，其所破滅，不可勝

---

①補注：三近堂本第六册第十二回題作"鬼輪錢活人還賭債"。

計。里有王繼軒，善居積，小阜其家。子曰竺生。繼軒往山東河南販米。竺生閑遊，偶至王所，則誘使博戲。所負者衆，無見金，則教使寫賣田產文約作抵，但注："俟父命終後，任憑接收。"繼軒販易不得意，歸家，旋病死。所遺田產，俄頃蕩然。妻憂憤亦死。竺生遭變後，甚知愧悔，依外家以居。王小山在家，忽有客自稱王少山者來博，舉止甚豪，以四千金付小山，云贏則代置貨，負即代爲兌償。既縱博，大負，罄所有而去。小山徐視其金，則皆紙錙耳。而勝者索負不已，小山無以拒之，竟破其家。

附：連城璧序馬氏藏本題"合集序"。

迷而不悟，江河日下而不可返，此等世界，懲不能得之于夏楚，勸不能得之於道馬本作"道"，是。鐸；每在文人筆端，能使好善之心蘇蘇而運，惡惡之念油油而□。馬本是"生"字。乃知天下能言之流，有裨世道不淺。吾友屏絕塵氛，馬本作"笠翁居湖上"。閉戶搦管，頟頟不休，視其書，非傳奇即稗官野史。予謂古人著書，如班固袁宏賈逵鄭玄之徒，皆以經史傳當世，子何屑屑此事焉？馬本"焉"作"爲"。吾友馬本作"笠翁"。微笑不答。予因取其所著之書，趺坐冷然亭上，焚香煮茗而讀之。自"予因"至此二十一字馬本作"予因取無聲戲一集暨風箏誤、憐香伴諸傳奇而讀之"。其深心具見於是，極人情詭變，天道渺微，從巧心慧舌筆筆鈎出，使觀者于心燄熛騰之時，忽如冷水浹背，不自知好善心生，惡惡念起。予因拍案大呼，吾友馬本作"李子"。洵當世〔有心人哉！

經史之學,僅可悟儒流,何如此爲大衆慈航也。裴光庭
有言曰:但見情僞變詐于是乎生,不知忠信節義于是乎
在。其斯之謂歟? 故予于前後二集皆爲評次,兹復合
兩者而一之。稍可搏節者必爲逸去,其意使人不病高
價,則天下之人皆得見其書。天下之人皆得見其書,
而吾友維持世道之心亦沛然遍于天下。

睡鄉祭酒漫題

(自"有心人哉"至此九十二字在馬本爲第三葉下半葉第四
葉上半葉之文,爲書賈撕去,今以〔　〕標出之。)

珍珠舶六卷

日本鈔本。半頁八行,行二十字。以序係影鈔例之,則
此行款當亦依原書之舊。卷首冠以鴛湖烟水散人序,即慣
作才子佳人小説之徐震。徐氏諸作皆長篇,而此獨爲短篇
總集。余讀之忻驚。以余在内地及國外所見諸徐作,皆陳
陳相因,令人皺眉,此則爲另一體裁之短篇小説,或因體例
關係沐凌馮諸老之遺風而別有新鮮之意境,亦未可知。然
讀過一遍則大失望,蓋其所記者仍半是佳人才子,且其文筆
佈置亦猶是其所爲佳人才子小説者。乃歎由作佳人才子小
説出身者終亦不過作佳人才子之伎倆而已。且不唯其書無
足觀,其於作書體例亦所未達。今所見短篇小説總集,如京
本通俗小説,如三言、二拍所收小説,每篇皆不分節段(唯碾
玉觀音分上下篇),篇各有題。題前書某書書某卷。此承單
行册子之後,統全書觀之則爲一書,自各卷觀之則爲若干
書,爲結集後之最初形式。及後形式稍變,一篇之中或多立
回目,如鴛鴦針,如十二樓,如五色石、八洞天,每一篇中皆
分若干回,回各有目,其事稍繁。此又爲一式。然回目之外

每卷必有總題以爲全篇綱領,其用意仍與篇中不分節段者從同,決不以回目而省其總題。著書之體,固當如是也。自鼓掌絕塵分風花雪月四集,有回目,無總題,其回數且自第一至第四十以次銜接,驟視之若爲四十回之長篇小説,令人迷惑,誠不可爲訓。今觀此編,亦有回目而無總題,雖每卷回數各自爲起訖稍有分別,然但以卷第目一故事,則其憒憒與鼓掌絕塵正同。諸短篇在總集中猶之叢刻中之一書,今但標卷第,將其書即爲某卷乎?且一卷之中尚有數回,將一回演一故事乎?抑此卷中之若干回同演一故事乎?讀者未竟全書,固無從知之。目録之設所以便人,今即此而不知,亦有愧著書矣。此雖小事,而在吾國小説形式上頗爲一重要問題,故因徐氏此書而發其端如此。

此書每卷三回,卷演一故事,爲六個故事之短篇總集。今略記其內容如下:

卷一

第一回　真結義趙大郎託妻寄母

第二回　假肝胆蔣佛哥禪室偷香

第三回　墮烟花楊巧姑現償夫債

華亭趙相,與母妻同居,家道小康。有蔣雲者,里之惡徒,闚相妻之美,便生邪念,而苦於無隙。相偶以債務與人爭,得其周旋,相母尤感之,命子與定交,爲兄弟。時歲不登,相往湖廣販米,蔣託照料,出入甚勤,遂設計與相母通,更奸其妻。相歸家,知之,怒毆其妻。蔣乃唆其母訟之,杖責下獄。又誘相妻逃走,賣爲娼,而使其妻父訟之謂凌逼致死。相母以家產蕩盡,悔恨而死。有令史某知相之冤,爲訪得其妻,具呈於縣,事乃白。蔣杖死。相不忍與妻離異,仍爲夫婦。後至蘇州識一妓，苦欲相從，審之，即蔣雲之妻也。相以事非偶然，乃納爲妾。文前半尚瑣細，後有意寫蔣雲之惡，極不自然。

卷二

第一回　窮秀才十年落魄

第二回　老閨女一念憐才

第三回　貴門生千金報德

江都人金宣，舊家子，早歲遊庠，頗有令譽。而數奇，父母繼亡，所謀皆不如意，且因而連累提攜之人。憤困厄至此，至欲投河而死。或薦之至蘇太常家教讀。太常知爲名士，甚禮敬之。一日，出女秀玉詩屬和，生以爲屬意於己，乃求婚媾。太常怒，逐之。秋闈將近，偶過蘇氏後園，秀玉乃使婢贈金贐行。既報雋榮歸，太常即以女許適之。已而聯捷，中進士，授知縣，欽賜歸娶。以忤上官意，告歸，老於西湖。既苦貧又無子息，乃有門生翰林，致金贈妾，生貴子云。記生前後遭際，似仿通言鈍秀才篇爲之，以爲秀才吐氣。然造次請婚，咎由自取，斯其人品遠在馬生之下。其文平板無味，亦不得與墨憨齋主人相提並論也。

卷三

第一回　石門鎮鬼附活人船

第二回　鄔法師牒譴酆都獄

第三回　桃花橋巧續鴛鴦偶

秀州小户人家楊敬山家有小厮曰阿喜，本黃姓子，賣與楊敬山聽其收養。楊有女在石門縣，遣阿喜駕船迎之。舟覆，阿喜溺死。其鬼即來楊家，出入問答，與之無異，但不見形，亦不爲禍。楊氏久而厭苦之，請法師作法，發禁酆都獄。而阿喜父母兄弟之鬼皆來楊家取鬧。爲之誦經超度乃息。阿喜生時與顧氏婢海棠私通。至是海棠將嫁人，鬼來阻止，云：已爲神，當娶海棠。遂與海棠寢息。自是往來不絕。而海棠生存，至今無恙云。似當時傳聞實有其事。然寫來殊不似小說，不過一新聞而已。

卷四

記明季事，謂無錫謝生字賓又，恃才騫傲，嗜詩與酒，尤好色。寄寓父執杜公處，與其女仙佩相慕，因通款曲。杜升京職去，生睊念不已。值李闖王入京，明思宗殉國，生急馳至京。聞杜全家遭難，悵然南返。其後一年，在樓上忽有一紫燕飛入懷中，翼上以紅線繫小紙條，墨色猶新，則仙佩所題，云在吳淞，因藉玄鳥寄於謝郎。生即啓行。於吳淞嚴參將處得之。

卷五

崇禎時太平府繁昌縣人東方白慕父友賈公女瓊芳美，牡丹花妖即變女形來就之，與之寢息，以玉燕釵爲贈。後與真瓊芳遇，試挑之而意甚莊。向夫人求婚，則謂家有玉釵一隻，有能配合者方許之。生即獻釵。杜公宦河南，爲敵所執，必欲殺之。生往營救，計已窮。有老僕代主人死，杜始免於禍。逃歸，即以女歸生。似仿魚籃記。

卷六

第一回　僧室藏尼偶偕雲雨夢

第二回　佳人施飯大開方便門

第三回　照慶埋踪幸遇燒香客

松江婁縣古稍菴僧證空，與尼私通，發覺，逃之吳興。又與一趙氏婦偕逃，至杭州，返俗，業賣藥。先有無賴子挑趙婦不從，婦忽失蹤，其夫疑此無賴子謀害，訟之，囚禁四年，放出。至是偶來杭，見賣藥人即證空，案乃白。僧判流罪。

附：珍珠舶序

客有遠方來者，其舶中所載，凡珊瑚玳瑁、夜光木難之珍，璀璨陸離，靡不畢備，故以寶之多者稱爲上客。至於小說家蒐羅閭巷異聞，一切可驚可愕、可欣可怖之事，罔不曲描細叙，點綴成帙，俾觀者娛目，聞者快心，則與遠客販寶何異？此予珍珠舶之所以作也。乃論者猶謂俚談瑣語，文不雅馴；鑿空架奇，事無確據。嗚呼！則亦未知斯編實有針世砭俗之意矣。是何異於黃鵠雲飛，而弋者猶盰衡於林藪；徽絃響變，而聽者徒擊節於宮商。殊不知天下有正史，亦必有野史。正史者紀千古政治之得失，野史者述一時民風之盛衰。譬之於詩，正史爲雅頌，而野史則國風也。故夫翻雲覆雨，年老寂寥，則訂交烏可不慎？十載埋頭，一朝釋褐，則際遇各自有時。他如鬼附人船，生諧死偶，實鬼神之變幻；夜晤洞庭，詩傳燕翼，乃伉儷之奇緣。至若遇魅影於花

前,則端己者豈不生疑?敲木魚於月下,則佞僧者可以
爲鑒。凡此種種,皆出于耳目見聞,鑿鑿可據,豈徒效
空中樓閣而爲子虛烏有先生者哉!然則賈舡所載,不
過珊瑚玳瑁、夜光木難,僅足供人耳目之翫而已。若夫
余之所傳,實堪驚世,故不欲自秘而登諸梨棗。世之君
子諒不有按劍斯編者矣。<u>鴛湖烟水散人</u>自題於<u>虎丘</u>
<u>精舍</u>。

幻緣奇遇小説存二回

  <u>日本</u>鈔本,書僅存第二第七兩回,原書編次及回數,均
不得而知。<u>日本天明間秋水園主人</u>所作<u>小説字彙</u>卷首附援
引書目中,有<u>幻緣奇遇</u>,蓋即此書。今記其見存二篇如下:

  第 二 回　青春女錯過二八佳期　少年郎一枕已還冤債

    按:即<u>古今小説閒雲庵阮三償宿債</u>篇。

  第 七 回　傀公子喬粧盜家財　淫寡婦失陷鴛鴦計

    記<u>萬曆</u>辛卯時事。云<u>金陵</u>有<u>商</u>氏寡居。忽有
主僕三人來,云係<u>楊</u>尚書子,名<u>玉京</u>,來<u>南京</u>鄉試,
請賃廡以居。<u>商</u>氏許之,而與私通。而其人乃强
盜冒名,盡捲<u>商</u>之財物而去。

海内奇談

  <u>日本</u>鈔本。總題<u>海内奇談</u>,所鈔凡四種書:一曰<u>西湖文</u>
<u>言</u>;二曰<u>人中畫</u>;三曰<u>古今小説</u>;四曰<u>僧尼孽海</u>。除<u>僧尼孽</u>
<u>海</u>缺外,<u>人中畫</u>所據爲<u>乾隆</u>乙丑本,收小説三篇,以較<u>日京</u>
<u>内閣文庫</u>之<u>乾隆</u>庚子<u>泉州尚志堂</u>刊本,少<u>女秀才</u>一篇。已
詳<u>東京所見小説</u>中。<u>西湖文言</u>收小説九篇,並出<u>西湖二集</u>。
<u>古今小説</u>所據爲<u>映雪堂</u>本,收小説十四篇並出<u>馮夢龍古今</u>

小說。按西湖二集本三十四卷三十四篇,古今小說則四十
卷。此所鈔者皆爲不全之書。其西湖文言又改舊題。或係
書肆翻刻節本,或爲鈔書人節錄,今不可知。然觀所鈔古今
小說,目曰七才子書,則顯係書賈妄爲題目;即西湖文言之
稱,如所據書非日本選刻本,亦必爲此土書肆所改者;因鈔
書者因個人好惡及時間關係選鈔則有之,若改換名稱及無
端妄加品題則殊不必要也。且人中畫日京內閣文庫已有刊
本。僧尼孽海亦實有其書。二書非虛,則九篇之西湖文言
與十四篇之古今小說,當亦實有之,未必鈔書者據完全之本
以意節錄也。西湖二集後有西湖佳話,又後有西湖拾遺,皆遞相因
襲而改易書名。此取西湖二集,而名西湖文言,亦至平常之事。又古
今小說殘本改爲喻世名言,初拍通行本三十六篇,坊間又有二十六篇
本。初拍則繼四十篇古今小說之後,有十四篇之古今小說,亦可能
也。此海內奇談所存三種,余俱目覩,字亦工整。今記於
下,並取日本辛島驍氏所記篇目錄之,以備世之同好者
觀鑒。

西湖文言
目錄

人中畫_{乾隆乙丑新鎸}　　風月主人書　三傳奇　植桂樓藏板
　　目錄

古今小説_{七才子書}　映雪堂藏板
　　目錄

長　篇

講　史　類

新刊京本春秋五霸七雄全像列國志傳八卷殘存五卷

明萬曆丙午(三十四年)刊本。存卷二至卷六五卷。分
三欄，上欄評釋，中欄圖，下層爲正文。每卷第一葉前半葉
爲大圖半葉。正文十三行，行二十字，刻極工。圖亦雅飭。
每卷題"後學畏齋余邵魚編集"，"書林文台余象斗評梓"。
內容文字，與吾國北京圖書館所藏萬曆乙卯刊陳眉公評本
亦同。唯此爲八卷，在陳眉公評本之前。書中每引潛淵居
士讀史詩，及皇明東屏居士詩。據余文台題識，謂編者余邵
魚乃其先族叔翁，書重刻數次，其板業舊，乃校正重刻云云。
以是言之，則余邵魚著書蓋在萬曆以前，或當嘉靖時亦未可
知。今所見余邵魚本列國志，以此本爲最早。今所存者，唯
此五卷殘本及日本蓬左文庫尚藏一八卷全本而已。

新鐫繡像批評隋史遺文十二卷六十回

明原刊本。封面署"名山聚藏板"。板匡高營造尺六寸
四分強，寬四寸一分。四周單邊有界，半葉九行，行十九字。

前附圖三十葉,頗工細。板心上頂格衹一"隋"字,間作"隋唐"二字。首崇禎癸酉(六年)袁于令序。目録葉題"劍嘯閣批評出像隋史遺文",劍嘯閣亦于令自號,則評者仍是于令也。

　　此書在内地極不多見,在日本唯帝國圖書館及米澤文庫各庋一部。記隋末瓦崗諸英雄事,而於秦叔寶特詳。俗傳賣馬事,即見於此書。四十八回以後,始轉入唐公起義及破王世充竇建德事,以玄武門之變太宗受禪即帝位止。褚人穫重編隋唐演義,多取此書。考每回後總評所記,則此隋史遺文乃本從舊本出者。如第三回評:"舊本有太子自扮盜魁"云云。第三十四回評:"此節原有開河記,近復暢言於艷史。"第三十五回評:謂羅士信"原本無之,故爲補出"。又云:"原本以爲徐士勣與魏玄成俱在隋爲官。"第五十五回評:"原本李藝後不得見,兹爲補入。既入李藝,則他人又不得不補矣。"第九回評語注云"原評"。皆爲從舊本出之證。此舊本爲何時刻本,書爲何名,今不得而知。而觀袁于令序,痛斥史官,謂不足以貌英雄,留之奕世。繼云:"向爲隋史遺文,蓋以著秦□國"胡"字剗去於微,更旁及其一時恩怨共事之人。……已足紙貴一時。顧個中有慷慨足驚里耳,而不必諧於情;奇幻足快俗人,而不必根于理;襲傳聞之陋,過於誣人;創妖艷之説,過於憑己;悉爲更易,可仍則仍,可削則削,宜增者大爲增之。蓋本意原以補史之遺,原不必與史背馳也。竊以潤色附史之文,删削同史之缺,亦存其作者之初念也。"似先後二書,皆是于令一人所作。第二十六回記隋煬驕奢,築十六院事,云:劍嘯閣主人常摹出他四時歡暢,繼以四小令,尤足爲書出袁氏手之一證。唯觀其吐屬氣息,誠有如于令所謂"驚里耳而不諧於情,快俗人而不根於理"者。與其謂爲文人著作，毋寧認爲市人之談。如此書固以全力寫秦叔寶一人者，而所記叔寶之態度見解，乃與細民同科，豪邁不群之氣，甚嫌其少。其規模氣象，尚不及梁山泊武二諸人，乃以貌凌烟閣上之胡國公，亦厚誣古人，不稱之至矣。余意韞玉才人，其技當不止此。或本市人話本，韞玉爲潤色之。考余澹心板橋雜記有"柳敬亭年八十餘，過其所寓宜睡軒，猶說'秦叔寶見姑娘'"之語。敬亭所說，以羅彝妻爲叔寶姑母，正與此書同。則此書秦叔寶諸人事，蓋是萬曆以後柳麻子一流人所揣摹敷衍者，于令亦頗採其說而爲書耳。

附：序

　　史以遺名者何？所以輔正史也。正史以紀事：紀事者何，傳信也。遺史以蒐逸：蒐逸者何，傳奇也。傳信者貴真：爲子死孝，爲臣死忠，摹聖賢心事，如道子寫生，面奇逼肖。傳奇者貴幻：忽焉怒發，忽焉嘻笑，英雄本色，如陽羨書生，恍惚不可方物。苟有正史而無逸史，則勳名事業，彪炳天壤者固屬不磨，而奇情俠氣逸均英風史不勝書者，卒多埋没無聞；縱大忠義而與昭代忤者，略已。掛一漏萬，罕覯其全，悲夫！烈士雄心，不關朝宇；壯夫意氣，篤于朋友。侃侃論足驚人，同范增之不用，碩畫與烟草俱沈；落落才堪一世，似項羽之無成，偉業與雲霞共泯。良用惜焉！即其功已冠凌烟矣，名已傳汗簡矣，生平節槩如穎之在囊，所爲義不圖報，忠不謀身，才奇招嫉，運阨多艱，不獲已作飛鳥依人，復作風之隨虎，誰能向百千年里閫中詢問？且也金馬石渠之彦，眼眶如黍，不解燭材；胸次如盂，未能容物；有

手如攣，未能寫照；重之好憎在心，雌黃信口，安得貌英
雄留之奕世哉！向爲隋史遺文，蓋以著秦□國於微，更
旁及其一時恩怨共事之人，爲出其俠烈之腸，骯髒之
骨，坎壈之遇，感恩知己之報，料敵致勝之奇，催堅陷陣
之壯；凜凜生氣，溢於毫楮，什之七皆史所未備者，已足
紙貴一時。顧個中有慷慨足驚里耳，而不必諧於情；奇
幻足快俗人，而不必根于理；襲傳聞之陋，過于誣人；創
妖艷之說，過於憑己；悉爲更易，可仍則仍，可削則削，
宜增者大爲增之。蓋本意原以補史之遺，原不必與史
背馳也。竊以潤色附史之文，刪削同史之缺，亦存其作
者之初念也。相成豈以相病哉？至其忠藎者亟爲襃
嘉，奸回者亟爲誅擯，悼豪傑之失足，表驕侈之喪□，無
往非昭好去惡，提醒顓蒙，原不欲同圖已也。試叩四方
俠客，千載才人，得無相視而笑？"英雄所見略同"；或
於正史之意不無補云。

　　崇禎癸酉玄月無射日吉衣主人題於西湖冶園

氏	令昭

主人	吉衣

警世陰陽夢十卷

　　明刊本。插圖八葉。題"長安道人國清編次"。卷首序
曰"醒言"，後署"戊辰六月硯山樵元九題於獨醒軒"，不知何
人。戊辰當即崇禎元年。其封面題識，謂長安道人與魏監
微時莫逆，忠賢既貴，曾規勸之不從。六年受用，轉頭萬事
皆空，是云"陽夢"。及既服天刑，道人復夢遊陰司，見諸奸
黨受地獄之苦，是云"陰夢"云云。書十卷，自卷一至卷八爲

陽夢，凡三十回。自卷九至卷十爲陰夢，凡十回。卷數銜接，回數則自爲起訖。似一書，非一書。每回以四字標目。所記與皇明中興聖烈傳相出入。多里巷瑣語，無關文獻。陰夢十回，託之冥報，尤覺駢指。

鍾伯敬先生評定東西漢傳

清初刊本。中型。封面記書肆曰拔茅居。西漢圖十葉，東漢無圖。字係寫刻。首袁宏道序。此書西漢六卷，東漢四卷，與通行劍嘯閣本之西漢八卷東漢十卷者不同。然内容文字悉同，實是一書。唯係重刊初印本，較坊間翻刻本稍精而已。

煙　粉　類

合浦珠十六回

清刊本。寫刻。半葉八行，行十九字。題"檇李散人編"，即徐震也。首駢文自序，云："今歲仲夏，友人有以合浦珠倩予作傳。"亦不知何年。以意度之似當在康熙時。略言：蘇州有錢生，名蘭，字九畹。初悅妓趙素馨，約相配偶。後與范太守女珠娘相慕，請婚於范氏。乃云曾有異人言，以明月珠爲聘者，方可許之。已而，生與程生各得一珠，小姐乃面試詩，生即入選得女。復娶向所眷妓趙素馨及白瑤枝。官至侍郎，富貴赫奕。而生羨白樂天爲人，顏其堂曰"希白堂"，亦自謂希白居士云。其設施情節，俱極勉強，間有猥褻語。自序謂"若欲以蕉蔓枯槁之筆，摹繪婉戀靜好之情，是何異瞽目而論妍媸"，自供如此，亦斯書之的評耳。

賽花鈴十六回

清刊本,插圖四葉,記刻工曰黃順吉刻。題"白雲道人編次,烟水山人較閱"。首康熙壬寅(六十一年)徐震題詞,署"檇李烟水散人"。云:"夢中之筆已去,而嗜痂之癖猶存。"因補綴成編。又風月盟主後序,謂白雲道人苔上逸品爲此書,烟水散人嚴加校閱,增補至十六回。云云。蓋即徐震所作。云蘇州紅生,名文畹,與女方素雲相契,誓相配適。素雲兄方蘭,以詩爲素雲所譏,因懷此恨,遂加陷害,致女流離患難。生亦遭暗算,得神佑,逃至京。以軍功貴,與素雲團圓,娶三妻。

女開科傳十二回

清名山聚刊本。封面題"岐山左臣編次"。首江表蠹庵引。圖六葉,記繪工曰"古越馬雲生寫",刻工曰"黃順吉刻",板心下題"花案奇聞"。第一葉題虎丘花案逸史。正文寫刻,半葉八行,行十八字。第一回前有七言韻語四聯,撮全書大意,如傳奇體例。略言:蘇州有才子曰余夢白、梁文昭、張眉。時有名妓倚粧、文娟、弱芳結社聯吟。余等見而異之。因出金大會衆妓,云開女科。點倚粧爲狀頭,文娟爲榜眼,弱芳爲探花。榜發,赴瓊林宴。爲惡少中傷,訴之察院。余等皆逃去。倚粧等亦雲散。後余生梁生張生,均中進士。余娶倚粧,梁娶弱芳,張娶文娟。又謂因花案而連累者,爲小官王子彌及僧三苗,則與梧桐影所記人名同。摻雜文言,亦鮮理致。坊間有花陣奇六回題"雪山柴臣編次,江表蠹庵參訂",亦別題"虎丘花畔逸史",實是此書。但異其名耳。

新編飛花艷想十八回

清刊本,寫刻,半葉九行,行二十字。題"樵雲山人編次”。首己酉樵雲山人序，不記年號。按坊間平鬼傳有康熙庚子黃越序者，題“陽直樵雲山人編次”；當即一人，則亦清初書也。託明嘉靖時事，書中才子爲柳友梅，乃柳宗元之後。佳人爲梅如玉、雪瑞雲，二人爲中表姊妹。友梅探花及第，嚴嵩欲納爲婿，柳拒之。嚴怒，遂令使虜議和。後梅雪皆嫁柳生。

醒風流二十回

清刊本。封面題“崔市主人新編”，且云有二集嗣出。首崔市主人序，不記年月。託宋慶元間事。亦才子佳人書，而謂才子爲不二色之義士，佳人有儒者之風，尤爲酸腐。略言：秀水人梅幹，父某以忤韓侂冑，被害。生乃匿跡易服，隱父友馮樂天所，爲園丁。樂天有女曰閨英。及樂天卒，弟畏天，以女適程某。女執不從，以婢代之。而程旋知其僞，將行劫奪。梅生仗義救之。女往依趙汝愚爲義女。於時侂冑已敗，蒙古南侵，襄陽危急。生禦敵有功，擢丞相。閨英惕國難上平寇疏，天子嘉之，授學士。汝愚乃以女歸生。婚夕，二人皆不入内。汝愚乃奏聞於上，欽賜夫婦。似仿好逑傳。

墨憨齋新編繡像醒名花十六回

刊本，不知撰人。言四川成都雙流縣有湛國英者，幼長文藻，以所作紫燕詩受知梅御史女杏姑，女別號醒名花。中經波折，後乃結媛。湛得一妻六妾，而妾中數人，本爲女冠。旋以武功致身顯要，從杏姑之言，告歸林下。書中小人，乃爲梅小姐之兄富春云。此清人小説而題“墨憨齋新編”，大是謬妄。

新編清平話史炎涼岸八回　生花夢三集

日本鈔本，無序。題“娥川主人編次，青門逸史點評”。

目錄於書名下旁注云"生花夢三集"，似"生花夢"爲叢刻總名，先後所出同類之書尚不少也。演明事，略謂袁七襄者本撫院吏書，與馮國土善，指腹爲婚。後馮生女，袁生子曰化鳳，因結姻媛。後馮中進士，貴賤懸殊，意遂參差。而男女各守信義，女至爲尼。其後卒爲夫婦。化鳳爲劉瑾養子，冒其姓，亦鼎貴云。文短意拙，頗無謂。

世無匹四卷十六回　　生花夢二集

清刻本。題"古吳娥川主人編次，青門逸客點評"。與炎涼岸同爲一人所作。書爲勸戒小説，前有入話，記權一庵負妓女非煙事。正文言南雄人干白虹嗜酒尚義，膂力過人。曾救陳與權於厄，在京都則濟曾九功。干以事流大同。陳負心已甚，佔其家産。干妻子流離失所。妻至寄身於女觀中。子北上尋父，路遇曾九功，得其援助，中解元。無何曾除南雄太守，治陳之罪。而干生則一家團圓云。似廣東人作，文極粗鄙。

梧桐影十二回不分卷

清嘯花軒刊本。記優人王子嘉、和尚三拙奸騙婦女，爲李御史柵死，其事在蘇州。多涉猥褻。今所見徐震著才子佳人及猥褻小説，多爲嘯花軒刊本。疑此書亦清初所刻也。

靈　怪　類

濟公全傳三十六則

康熙刊本。中型。精圖十二葉。半葉八行，行二十字。封面中央大書"濟公全傳"。右題"西墅道人參定"。左題"麪頭陀新本""本衙藏板"。書內題"西湖香嬰居士重編"

“鴛水紫髯道人評閲”。卷首序後署“康熙戊申（七年）竹醉日，香嬰居士題於西湖禪近齋中”。章三，一曰：“香嬰居士”；一曰：“王夢吉印”；一曰：“長齡”。蓋即編者名字矣。所述與日本内閣文庫所藏隆慶本濟顛禪師語録略同，唯前着高宗孝宗事，後加師入滅後軼聞數事，爲稍異。第一則目爲“太上皇情耽逸豫，宋孝宗順旨怡親”。即用西湖二集第一篇目“宋高宗偏安耽遊豫”之文，則書在西湖二集之後矣。

附：子部小説一種

鼎鍥國朝名公神斷詳刑公案八卷

　　明刊本，上圖下文。半葉十一行，行十八字。卷一殘缺不完，僅存一條。餘七卷十六類俱完足。末有木記云“南閩潭邑藝林劉氏太華刊行”，則亦閩刻本。所記諸條，亦多與龍圖公案同。馬隅卿先生曾於書賈手中見此書，録其目還之。題“京南歸正寧靜子輯，吳中匡直淡薄子訂”。書十七類，凡四十目

書名索引

説明:

1. 本索引收録本書三種書目所列全部條目,因各書目體例不盡相同,同一書名重複出現亦分列條目,標注各所出頁碼。

2. 本索引所收各條目以正名爲主,凡正名上品題標榜文字一概不録;部分條目有異題、分集者,均依正文體例附於總題之下。

3. 本索引按漢語拼音音序排列。

A

B

C

D

K

M

R

W

X